MEIKE STOVEROCK

TOD IM MUSEUM

Ein Fall für Skarabäus Lampe

Klett-Cotta

Hobbit Presse
www.hobbitpresse.de
© 2023 by J. G. Cotta'sche Buchhandlung
Nachfolger GmbH, gegr. 1659, Stuttgart
Cover: Birgit Gitschier, Augsburg
unter Verwendung einer Abbildung von © Max Meinzold
Karte: Thilo Corzilius
Gesetzt in den Tropen Studios, Leipzig
Gedruckt und gebunden von GGP Media GmbH, Pößneck
ISBN 978-3-608-98706-5
E-Book ISBN 978-3-608-12210-7

INHALT

UNSICHERE ZEITEN UND
BESUCH VOM MOND

Sorgfältig legte Skarabäus Lampe den schweren silbernen Schlagring neben den sechsschüssigen Revolver auf den Schreibtisch. Der Detektiv konnte zwar in fast allen Situationen improvisieren, aber es war ihm lieber, wenn er es nicht tun musste. Improvisation verschlang Zeit, selbst wenn es wie in seinem Fall meist nur Sekundenbruchteile waren, und diese Zeit konnte über Leben und Tod entscheiden. Deshalb kontrollierte er einmal wöchentlich die Dinge, die fest in seiner Manteltasche installiert sein sollten, um unangenehme Überraschungen in Gefahrensituationen zu vermeiden.

Lampe griff wieder in die Tasche und zog das ebenfalls silberne Zigarettenetui heraus. Nachdenklich betrachtete er es. Es war einer der wenigen Gegenstände, die er nicht dauerhaft in seinem Mantel aufbewahrte, weshalb es ihm immer wieder abhandenkam. Helene, sein ehemaliges Kindermädchen, hatte bereits ein Zweitetui für unterwegs vorgeschlagen, aber Lampe kannte sich selbst zu gut und wusste, dass er deshalb nicht seltener ohne Zigaretten und dafür öfter mit zwei Etuis in seinem Mantel dastehen würde.

Als Nächstes legte er das kleine Blechdöschen mit Gürteltier auf den Tisch. Für gewöhnlich hatte er auch immer einige fertig gerollte, mit der Droge versetzte Spezialzigaretten in seinem Etui.

Gürteltier war ein uraltes Heilkraut, das eine sowohl entspannende wie auch die Sinne schärfende Wirkung hatte. Wann immer Skarabäus Lampe es nahm – Helene fand: zu oft –, beruhigte und erregte es jeweils genau die richtigen Teile seines Gehirns, um ihm zu Höchstleistungen zu verhelfen. Ihren Namen hatte die Droge dem Umstand zu verdanken, dass exzessiver Konsum zu einer Verhärtung der Haut führte, was ihr Ähnlichkeit mit den Rückenpanzern von Gürteltieren verlieh. Lampe kontrollierte daher regelmäßig sowohl seinen Fellbestand als auch die Geschmeidigkeit seiner Haut.

Schließlich zog er noch *Professor Redlichs Kompendium der rezenten Gliederfüßer* und einen zerfledderten Notizblock nebst Bleistift aus seinem Mantel und legte beides vor sich auf den Tisch.

Das Kompendium war ebenso ein Sorgenkind wie das Zigarettenetui. Es existierte in der vollständigen Bibliotheksausgabe mit siebenhundertdreiundachtzig beschriebenen Arten und der schlanken Taschenedition mit nur einhundertsiebenundvierzig Arten. Lampe fand die Taschenausgabe vollkommen ungenügend für seine Arbeit, bei der er es oft mit exotischeren Insekten zu tun bekam oder mit Larvalstadien, die in ihr nicht gelistet waren. Aber die Bibliotheksedition wog beinahe drei Kilo und der Detektiv konnte sie schlecht in einem Handkarren hinter sich herziehen, wenn er Verbrecher verfolgte.

Zufrieden betrachtete er seine Grundausstattung, nahm dann den Schlagring und begann, ihn zu polieren. Er mochte das Gewicht in seiner Hand. Es war wie ein eigener Gravitationspunkt. Dann prüfte er, ob die Trommel des Revolvers voll mit Patronen bestückt war, und steckte bis auf das Zigarettenetui und das Döschen Gürteltier alles wieder in seinen Mantel.

Auf die Schnelle fand er sein Zigarettenpapier nicht und riss vorsichtig einen Streifen von der Tageszeitung des Vortags ab. Die Druckerschwärze gab den Spezialzigaretten immer einen unangenehmen Geschmack, aber er hatte jetzt keine Lust, nach dem Zigarettenpapier zu suchen. Er legte Tabak auf dem Zeitungsschnipsel aus und wollte gerade die roten Gürteltierkrümel darüberstreuen, als Helene in sein Arbeitszimmer trat.

Sie klopfte nie an, weil es keinen Zustand gab, in dem sie Skarabäus Lampe noch nicht gesehen hatte. Dass er in einigen dieser Zustände lieber keine Zeugen gehabt hätte, überging sie. Lediglich wenn Klienten zu Besuch waren, wurde sie schlagartig zu einer zurückhaltenden, diskreten Haushälterin.

Er saß mit dem Rücken zu ihr und schaffte es gerade noch, die Zeitung über seine Drogen zu ziehen, bevor sie ein Tablett mit Tee, Keksen und der neuesten Morgenzeitung vor ihn hinstellte.

»Hier, dein Vormittagstee. Und gib mir die Zeitung von gestern, ich brauche sie zum Anheizen.«

»Die … die habe ich noch nicht durch«, sagte der Detektiv und legte eine Hand auf die Zeitung.

Helene verschränkte die Arme vor der Brust und sah ihn misstrauisch an.

»Solange ich hier lebe, hast du noch nie länger als zwei Stunden gebraucht, um jeden Buchstaben und jedes Satzzeichen der Zeitung zu lesen. Gib sie mir.«

Und noch bevor Skarabäus Lampe es verhindern konnte, zog sie die Zeitung einfach vom Tisch und seine im Bau befindliche Drogendosis lag offen vor ihr. Helene schnaufte.

»Näh! Wusste ich es doch! Eins sage ich dir: Bevor ich dabei zuschaue, wie du dich in meinem Haus mit diesem Teufelszeug zugrunde richtest, kündige ich, deine Entscheidung.«

»Das ist mir bewusst, aber da es sich nicht um dein, sondern um Archibalds Haus handelt, bleibst du mir sicher noch eine Weile erhalten. Was gibt es Neues in Überstadt?«

Das weiße Huhn schnaufte empört und hielt ihm die aktuelle Zeitung hin. Statt sie zu nehmen, fuhr er fort, sich seine Spezialzigarette zu rollen. Also fasste sie kurz die Titelseite für ihn zusammen.

»Das meiste ist über die Aufstände. Vor dem Magistraturpalast gab es einen Verletzten, der im Gedränge des Protestes von einer Mauer gefallen ist. Polizei rund um die Uhr im Einsatz. Im Villenviertel wurden Häuserfassaden mit Farbe beschmiert. Das Hospital der Kundigen Frauen hat eine Sanitätssondereinheit ins Arbeiterviertel geschickt. Und der Stadtrat will nicht von seinen Museumsplänen abweichen.«

»Lies vor, das über den Stadtrat«, unterbrach Lampe sie.

Wie unser Reporter in Erfahrung bringen konnte, lehnt Stadtrat Arson (Kultur und Finanzen) jede Änderung der Pläne zur Neugestaltung des Museumsportals ab. Auf die Frage, ob das Geld im Moment nicht dringender im Arbeiterviertel gebraucht würde, sagte er nur: »Irgendjemand braucht immer gerade Geld.« Seit Wochen werden die Arbeiterquartiere von Fällen der sogenannten Arbeiterkrankheit, Laboribus confici, geplagt.

Eine Instandsetzung des heruntergekommenen Viertels wäre nötig, um die Krankheit einzudämmen. Die Ankündigung der Magistratur, stattdessen das Portal des Nationalmuseums zu sanieren, hatte vor einer Woche schwere Unruhen unter der ärmeren Bevölkerung Überstadts ausgelöst. In Sondersitzungen und mithilfe eines Krisenstabs versucht die Regierung seitdem, des Problems Herr zu werden.

»Das ist nicht gut, Helene, gar nicht gut«, sagte Skarabäus Lampe, lehnte sich in seinem Stuhl zurück und zündete sich die Spezialzigarette an.

Der Ausbruch der Arbeiterkrankheit war vor allem der mangelnden Hygiene in den Arbeiterquartieren geschuldet. Die Kanalisation in diesem Teil der Stadt war uralt, und in den engen Wohnungen drängten sich oft ganze Großfamilien auf engstem Raum zusammen. Die Krankheit brach dort immer mal wieder aus, vor allem in der kalten Jahreszeit, aber weil sie in der Regel nicht sehr schwer verlief und daher nur wenige Tote forderte, konnten die Stadtoberen das Problem bisher immer aussitzen. Sie wussten ganz genau, dass die Instandsetzung des Viertels ein Unterfangen von Jahren, vielleicht sogar Jahrzehnten war.

Die Gegend im Nordwesten war einst der alte Kern von Überstadt gewesen; die Enge, die Kanalisation, die schlechten Lebensbedingungen waren gewissermaßen im Lauf der Zeit organisch gewachsen. Im Grunde hätte das ganze Viertel geräumt, abgerissen und neu wieder aufgebaut werden müssen.

Aber weil Überstadt nur nach Südosten – hin zum Fluss ohne Namen und weg vom Elend der Arbeiterquartiere – gewachsen war, wurde das Viertel vom Herzen der Stadt immer mehr zu ihrem ungeliebten Stiefkind, vom Zentrum zum Rand der Gesellschaft. Auch wegen dieser geografischen Marginalisierung fiel es dem Magistrat nicht schwer, immer wieder anderen Bauprojekten den Vorzug zu geben.

Doch der aktuelle Krankheitsausbruch war wegen der fortschreitenden Verelendung des Viertels schlimm verlaufen, schlimmer als die bisherigen. Im Hospital der Kundigen Frauen arbeitete man an der Kapazitätsgrenze, und es hatte weit mehr Todesfälle als sonst gegeben. Das Viertel erhielt daher in allen Gesellschaftsschichten mehr Aufmerksamkeit als gewöhnlich. Für einen kurzen Moment richtete sich die Aufmerksamkeit *aller* auf die unhaltbaren Lebensbedingungen dort, denn auch viele besser gestellte Einwohner Überstadts zeigten zunächst Solidarität mit den Anliegen der ärmeren Bevölkerung.

Für einen kurzen Moment sah es so aus, als würde sich nun tatsächlich etwas ändern.

Doch der Moment verstrich, als die Magistratur ankündigte, das Hauptportal des Nationalmuseums neu gestalten zu lassen. Das Mitgefühl der Privilegierten kippte in Lokalpatriotismus und Kultureuphorie, und die von Tod und Elend bedrohten Arbeiter waren wieder allein. Ohnehin immer nur einen Arbeitsunfall vom Reißen des Geduldsfadens entfernt, zog das versammlungsfreudige Proletariat seitdem in wütenden Gruppen durch die Stadt. Kein Tag verging ohne Kundgebungen, Straßenblockaden und Fackelumzüge, die zumeist vor dem Regierungspalast oder dem Museum mit wütenden Sprechchören endeten. Weder Verhandlungen noch massiver Polizeieinsatz konnte den Aufruhr besänftigen, der wie eine Petroleumlache durch die Stadt floss. Es war nur eine Frage der Zeit, bis ein brennendes Streichholz hineinfiel und die zivilen Proteste in Gewalt umschlugen.

»Stadtrat Arson ist ein Dummkopf«, sagte Skarabäus Lampe mit gerunzelter Stirn und nahm einen tiefen Zug von seiner Spezialzigarette. Dann stand er auf, trat ans Fenster und schaute schweigend auf die Straße. Helene wartete darauf, dass er noch etwas sagte, und wandte sich, als er es nicht tat, zum Gehen. Erst als sie die Tür des Arbeitszimmers öffnete, drehte er sich zu ihr um.

»War Teddy heute schon hier?«

Auf ihr Kopfschütteln hin bat er sie darum, den kleinen schokobraunen Straßenkater zu ihm hinaufzuschicken, sobald er sich meldete.

Offiziell hatte die Kinderfürsorge die Vormundschaft für Teddy Bärlein, der dem Meisterdetektiv gleichermaßen Helfer wie Hilfsbefohlener war und eigentlich Zacharias hieß, aber der Kater war für sie ebenso wenig zu bändigen wie für andere staatliche Erziehungs- und Versorgungseinrichtungen.

Er lebte und lernte auf der Straße, sein inoffizielles Hauptquartier war die große Lagerhalle am Hafen, in der er so etwas wie einen festen Schlafplatz hatte. Vor zwei Jahren war er dem Meisterdetektiv Skarabäus Lampe auf Umwegen in die Arme gelaufen, der die außergewöhnliche Beobachtungsgabe des Katers sofort erkannt und ihn unter seine Fittiche genommen hatte. Zusammen mit Helene Pick bildete er so etwas wie eine Quasifamilie für den kleinen Kater. Helenes Drängen, den Jungen doch endlich zu adoptieren, war bislang vergebens. Nach dem letzten Fall, bei dem der kleine Kater durch ein Feuer in einem Schuppen schwer verletzt worden war, hatte Skarabäus Lampe die Möglichkeit einer Adoption zwar kurz ernsthaft erwogen. Doch als der kleine Kater wieder gesund war, wollten beide nichts mehr davon wissen. Teddy war seine Unabhängigkeit und Lampe die Freiheit von Verpflichtungen zu wichtig.

Es blieb daher auch weiterhin bei der bewährten Abmachung, dass Teddy sich einmal täglich bei Helene meldete und alle zwei Tage vorbeischaute, damit sie ihn füttern, waschen und mit frischer Kleidung versorgen konnte. Gelegentlich übernachtete der Kater in einer Kiste im Hauswirtschaftsraum, die Helene mit einem Kissen ausgelegt hatte. Doch oft – für Helenes Geschmack zu oft – war ihm nicht nach geborgenem Familienleben und er zog die freie Wildheit des Hafens vor.

Die Zeitungsmeldungen jedoch ließen befürchten, dass die Unruhe in den Straßen in nächster Zeit noch zunehmen würde, und der Detektiv wollte seinen kleinen Partner enger ans Haus binden. Auch wenn sich die Proteste in der Stadtmitte konzentrierten und andere Viertel weitgehend unbehelligt blieben, war es sicherer, wenn Teddy weniger Zeit auf der Straße verbrachte.

Später am Nachmittag saßen sie beide über den Insektenkästen und sortierten Schmetterlinge. Teddy hatte eigentlich nach einer kleinen Mahlzeit wieder verschwinden wollen, um seinen Straßenkaterangelegenheiten nachzugehen, und hätte sich einem Hausarrest niemals gefügt. Daher hatte Lampe ihn nur unter dem Vorwand, dringend seine Hilfe beim Insektensortieren zu brauchen, zum Bleiben bewegen können.

Die Entomologie war Teil von Teddys Ausbildung, auch wenn sie ihn nicht mit halb so viel Begeisterung erfüllte, wie den Detektiv. Insekten zu kennen, war hilfreich beim Klären von Fällen, denn viele Insekten (natürlich nicht alle) trieben sich gerne bei Leichen herum, an denen sie typische Spuren hinterließen.

»Guck mal, Skar, du hast hier bei den Argynnini eine Unterart falsch bestimmt«, sagte Teddy und hielt Lampe mit der Pinzette einen Perlmutterfalter hin. »Den hier hast du als *Speyeria aglaja borealis* bestimmt, aber das ist ganz klar ein *S. a. vithata*.«

Ein irritierter Blick traf den Kater. Skarabäus Lampe wusste nicht recht, ob er Stolz empfand, weil sein kleiner Kompagnon beim Bestimmen von Insekten so große Fortschritte gemacht hatte, oder beleidigt war, weil er ihm einen Fehler nachgewiesen hatte.

»Kann ja nicht sein«, protestierte Lampe.

»Hier«, sagte Teddy und nickte in Richtung der Stereolupe. »Sieh dir die Fühler an, sie haben vier und nicht fünf Glieder. Das hättest du eigentlich sehen müssen.«

Lampe schaute durch die Lupe. Die Fühler hatten eindeutig vier Glieder. Da der Meisterdetektiv noch nicht bereit war, seinen Fehler zuzugeben, lenkte er ab.

»Das, äh, das ist jetzt nicht wichtig«, sagte er und stand auf. »Komm, wir gucken ein bisschen aus dem Fenster.« Er öffnete die beiden Fensterflügel und eisige Winterluft füllte das Zimmer. Es hatte zu schneien begonnen.

Teddy rollte mit den Augen, weil er das Ablenkungsmanöver als solches erkannte, legte den Schmetterling aber trotzdem weg und sprang auf das Fensterbrett. Er schnupperte kurz mit blinzelnden Augen in die Kälte und begann dann, Atemwolken in die Luft zu hauchen wie eine Dampflok. Lampe gewährte ihm den Augenblick kindlicher Begeisterung und unterbrach ihn erst, als er versuchte, Kringel zu machen.

»Konzentrier dich, du Teekessel, es gibt Arbeit.«

Hier im Bürgerviertel bekam man nur wenig von dem Aufruhr mit, in dem sich Überstadt befand. Gelegentlich rannte jemand mit einem Transparent vorbei, in der Ferne ertönten manchmal Kampfrufe, aber insgesamt war es relativ ruhig.

Der Detektiv zeigte auf eine Hirschkuh auf der anderen Straßenseite, die unsicher von einem Fuß auf den anderen trat.

»Sage mir, Kollege: Wer ist die Frau und was treibt sie um?«

Der Kater schaute in die angegebene Richtung und zuckte dann achtlos mit den Schultern.

»Woher soll ich das wissen? Ich habe sie noch nie gesehen.« Und mit den Worten wollte er sich wieder der Produktion von Dampfwölkchen widmen.

»Hör doch mal auf mit dem Blödsinn. Schau dir die Dame an, *genau* an, und sag mir, was du siehst.«

Jetzt verstand Teddy. Gelegentlich gab ihm der Detektiv eine Art Beobachtungsnachhilfe, damit er lernte, Dinge nicht nur zu sehen, sondern auch zu verstehen.

Dank seiner Beobachtungsgabe nahm Teddy viel mehr Details um sich herum wahr als andere Leute. Aber wegen seines Alters – der Kater war erst sieben – wusste er oft nicht, was diese Details jeweils bedeuteten, wofür sie standen, was man aus ihnen lesen konnte. Von Zeit zu Zeit forderte Lampe ihn daher auf, sich bestimmte Personen, manchmal auch Gegenstände, genau anzusehen und Rückschlüsse aus dem Gesehenen zu ziehen.

Also schaute Teddy sich die Dame *genau* an.

Die Hirschkuh auf der anderen Straßenseite war adrett gekleidet wie die meisten Bewohner des bürgerlichen Viertels, in dem Skarabäus Lampe wohnte. Aber etwas passte nicht. Der dunkelblaue, knöchellange Rock war abgetragen und verblichen. Am Saum hatte sich der Schmutz der Straße auf eine Weise festgesetzt, die man nicht mit einem Waschbrett und etwas Kornseife lösen konnte. Unter einer ebenfalls dunklen Schößchenjacke schaute ein verknitterter Kragen hervor, und auf dem Kopf trug die Frau einen extravaganten Hut mit einer roten Feder und einer ausladenden grünen Schleife.

»Der Hut ...«, begann Teddy, ohne den Blick von der Frau zu nehmen.

»Ja? Was ist damit?«

»Ich glaube, er soll davon ablenken, dass ihre restliche Kleidung nicht so piekfein aussieht.«

»Hmhm, und was schließt du daraus bezüglich ihrer Herkunft und Finanzen?«

Teddy überlegte einen Moment.

»Sie hat genug Geld, um sich so einen Hut zu leisten, ist aber zu arm für eine ganze Garderobe in dem Stil. Ich glaube, sie wäre gerne mehr, als sie ist. Vielleicht wohnt sie irgendwo auf der Grenze zwischen dem Arbeiter- und dem Bürgerviertel.«

Der Detektiv nickte zufrieden. »Was hält sie in der Hand?«

»Ein Papier, der Größe nach könnte es eine Fotografie sein. Sie schaut die ganze Zeit abwechselnd zwischen dem Papier und deiner Haustür hin und her. Vielleicht vermisst sie jemanden und überlegt, dich zu beauftragen.«

»Das denke ich auch. Aber warum zögert sie, was denkst du?«

Der Kater drehte sich abrupt zu Lampe um.

»Wahrscheinlich, weil du scheißteuer bist und sie sich deine Hilfe nicht leisten ka… He! Hast du gerade Atemwölkchen gemacht?!«

Lampe hob abwehrend die Hände und überging die Erwähnung der Wölkchen. »Na, so teuer bin ich nun auch wieder nicht und außerdem passe ich mein Honorar immer an meine Klientel an! Schau genau hin, Partner. Es gibt noch einen weiteren Grund, der sie zögern lässt. Sieh in ihr Gesicht.«

Von Lampe Partner genannt zu werden, machte den kleinen Kater immer sehr stolz und spornte ihn zu Höchstleistungen an.

»Sie sieht besorgt aus. Aber zwischendurch schüttelt sie auch immer wieder den Kopf, als ob sie unsicher ist, ob es Grund zur Sorge gibt. Guck mal, was macht sie denn jetzt?«

Ein Zeitungsjunge war die Straße heruntergekommen und rief die Schlagzeilen aus. Als er sich der Hirschkuh näherte, drückte sie die Fotografie an ihre Brust, als wollte sie sie vor dem Jungen verbergen. Erst als er um die nächste Straßenecke bog, hielt sie sie wieder frei in der Hand.

»Was sollte das denn jetzt?« Der Kater war ratlos.

»Hast du auf den Zeitungsverkäufer geachtet? Welche Nachrichten hat er ausgerufen?«

Teddy wiederholte die Schlagzeilen, die Lampe schon von Helene kannte.

»Hm, hat die Frau vielleicht Angst, dass der, den sie vermisst, etwas mit den Aufständen zu tun hat?«

»Das denke ich. Wen vermisst sie also?«

Nachdenklich legte Teddy Bärlein sein kurzfingriges Pfötchen an den Mund und schaute an die Decke.

»Es muss jemand sein, der zwar hin und wieder in Scherereien gerät, aber ansonsten – zumindest in ihren Augen – ein anständiger Kerl ist. Wahrscheinlich jemand, den sie lieb hat. Ihr Mann vielleicht oder ihr Sohn. Er ist verschwunden, und sie glaubt, dass er ernsthaft in Schwierigkeiten steckt. Sie denkt, wenn sie dich beauftragt, rennst du sofort zu Inspektor Sutten und petzt. Sonst sehe ich nichts Auffälliges.«

»Gut. Dann wollen wir jetzt Mamsy holen.«

Skarabäus Lampe öffnete die Tür seines Arbeitszimmers unterm Dach und rief nach Helene, die in der Küche werkelte. Etwas klirrte, und nach einem unterdrückten Fluch erschien sie in der Tür. Ihrer erwartbaren Gardinenpredigt über das Chaos in seinem Arbeitszimmer kam der Detektiv zuvor, indem er sie sofort zum Fenster lotste.

»Mamsy, hättest du die Güte, uns zu sagen, wer diese Dame dort ist?«

Beiläufig warf das weiße Huhn einen Blick aus dem Fenster.

»Das ist Perilla Abernaht, das weißt du doch. Die Ärmste hat nach dem Tod ihres Mannes alles verloren und musste ins Arbeiterviertel ziehen. Früher, als sie noch in der Nachbarschaft wohnte, hat sie uns oft mit ihrem Sohn besucht, da war er noch ein Baby, weißt du das denn nicht mehr?«

Lampe sagte nichts, sondern schaute Teddy schelmisch lächelnd an.

»Der arme Kerl, aus dem ist auch nichts Rechtes geworden. Sie hat sich immer Mühe gegeben, ihn anständig zu erziehen, aber seit dem Ausbruch der Krankheit ist er nicht mehr zu bändigen. Dabei ist er ein guter Junge.«

Zu Lampes breitem Grinsen gesellten sich jetzt zwei hochgezogene Augenbrauen. Teddy hörte aufmerksam zu.

»Er mischt ganz vorne bei den Protesten mit, mehr als einmal hat die Polizei ihn schon bei Frau Abernaht abgeliefert, weil er Farbbeutel geworfen hat. Ich habe Frau Abernaht heute Morgen auf dem Markt getroffen. Sie ist völlig verzweifelt, weil er seit gestern verschwunden ist, da habe ich ihr vorgeschlagen, dich zu beauftragen.«

»Ich danke dir, Mamsy, du hast uns sehr geholfen. Ich glaube nicht, dass sich Frau Abernaht heute dazu durchringen kann, mich aufzusuchen. Wenn du sie wieder triffst, sag ihr, dass ihr Junge für eine gute Sache kämpft. Und wegen der Kosten soll sie unbesorgt sein: Falls er nicht auftaucht, mache ich ihr einen Sonderpreis.«

Und zu dem kleinen Kater gewandt: »Sehr gute Arbeit, Partner, du hast alles Wichtige an der Frau entdeckt.«

Das Huhn schüttelte irritiert den Kopf und verließ das Arbeitszimmer wieder.

Lampe klatschte in die Hände. »So! Schön! Jetzt haben wir uns einen Keks verdient!« Er wollte sich gut gelaunt in seinen Lesessessel fallen lassen, aber diesmal stoppte Teddy ihn. »Hier, du musst das Etikett richtig schreiben.«

Der Kater wies auf den offenen Schmetterlingskasten mit dem falsch bestimmten Exemplar. Der Detektiv, der im Moment überhaupt keine Lust hatte, sich mit Schmetterlingsbestimmung zu befassen, trat maulig an den Tisch und korrigierte das winzige Etikett, indem er *borealis* durchstrich und *vithata* hinschrieb.

Wenig später, es dämmerte bereits, brach Teddy auf in Richtung Hafen. Er fühlte sich schon durch die bloße Existenz eines sicheren Schlafplatzes bei Lampe nur wie ein halber Straßenkater, er brauchte die Zeit auf der Straße, um er selbst zu sein. Unter lautem Gepolter sauste er die Treppe hinunter, informierte Mamsy im Vorbeilaufen über seinen Bestimmungserfolg und Lampes Irrtum und war zur Haustür hinaus, noch bevor sie etwas erwidern konnte.

Sie stand in der Küchentür und schüttelte den Kopf. Die Energie der beiden Jungen war bisweilen unerträglich. Obwohl beide humpelten – der Detektiv aufgrund einer angeborenen Fehlbildung des Fußes, der Kater aufgrund der Verletzungen bei dem Schuppenbrand –, schien nichts ihre Vitalität dämpfen zu können.

Seufzend machte sie sich daran, die Medikamente für Lampes Narben zusammenzusuchen. Bei Teddys Rettung aus dem brennenden Schuppen hatte auch er sich schwere Brandwunden zugezogen. Die Wunden waren zwar gut verheilt, aber damit die Narben geschmeidig blieben und er seine Hände vollumfänglich benutzen konnte, trug Helene ihm täglich eine Salbe auf. Auf der Treppe nach oben hörte sie das Klingeln des Telefons und Skarabäus‹ Stimme, der in seinem Arbeitszimmer ranging.

Als sie das Zimmer, wie immer, ohne anzuklopfen betrat, fand sie ihn reglos aus dem Fenster starrend. Sie trat zu ihm, um zu sehen, was es draußen gäbe, konnte aber nichts Auffälliges entdecken.

»Nanu, Skarabäus! Junge! Was ist denn?«

Endlich löste er sich aus seiner Starre und sah sie an. »Mamsy«, sagte er und seine Stimme klang, als käme sie vom Grund eines engen Erdlochs. Sein Blick war völlig ausdruckslos. »Mamsy, es ist Archibald. Er ist tot.«

Helene ließ das Tablett mit den Medikamenten sinken, die Tuben und Tiegel rutschten klirrend auf den Boden, und dann starrten sie gemeinsam reglos aus dem Fenster.

Der Anruf war von der Direktorin des Nationalmuseums, Ephigynie Mahlzeit, gekommen, die den Detektiv über den Tod seines Vaters informierte. Archibald Lampe hatte als Archäologe am Museum gearbeitet und man hatte ihn am Morgen tot in seinem Büro gefunden – mit friedlichem Gesichtsausdruck, wie Frau Mahlzeit betonte.

Frau Mahlzeit hatte auch die Polizei gerufen, und Inspektor Sutten hatte den Fundort bereits in Augenschein genommen. Und obwohl dort nichts auf übles Spiel hingedeutet hatte, hatte er eine gerichtsmedizinische Untersuchung angeordnet und den Leichnam durch den Polizeiarzt abtransportieren lassen. Ob er, Skarabäus Lampe, trotzdem zum Museum kommen wolle, hatte die Direktorin gefragt, und er hatte sofort bejaht.

Und dennoch stand er jetzt mit Helene am Fenster und starrte hinaus. Er hatte es immer für einen Reflex gehalten, dass sein Gehirn im Bruchteil einer Sekunde in den Ermittlungsmodus schaltete, wann immer er eine Todesbotschaft erhielt. Wo andere Leute geschockt, entsetzt, erschüttert reagierten, wenn sie vom Tod einer Person erfuhren, war es für Lampe, als würde sein Gehirn einfach auf ein anderes Ritzel wechseln. Eines, das ihn klar und sachlich alle nötigen Fragen stellen und jede noch so kleine Ungereimtheit entdecken ließ. Er nannte es das Ritzel der unbeteiligten Neugier.

Doch diesmal reagierte sein Gehirn nicht gleich, er war weder unbeteiligt noch neugierig. In seinem Kopf war eine Leerstelle, als ob jemand etwas in einer Sprache zu ihm gesagt hätte, die er nicht verstand.

Archibald Lampe war für den Meisterdetektiv die meiste Zeit seines Lebens mehr ein Phantom als ein Vater gewesen. Seine Mutter, Geneviève, war bei der Geburt des Jungen gestorben, und anfangs hatte sein Vater noch versucht, dieser Rolle gerecht zu werden.

Er war oft auf Reisen gewesen, meist wissenschaftliche Expeditionen, und hatte Skarabäus, solange er noch klein war, zusammen mit einer Amme einfach mitgenommen. Das Kind war bei allen Arbeiten dabei gewesen, hatte abseits der Grabungsstelle im Schatten eines Sonnenschirms auf einer Decke gespielt oder den Vater nachgeahmt, indem es im Sand nach Kostbarkeiten suchte. Der fehlgebildete Fuß, mit dem der kleine Hase auf die Welt gekommen war, hatte dabei nie ein Problem dargestellt.

Seine frühe Kindheit hatte Skarabäus Lampe in fernen Ländern zugebracht, sein Spielzeug hatte aus Knochenfragmenten, Tonscherben und Käfern bestanden, die er im Sand fand. Erst als er in das Alter kam, in dem die Magistratur von Überstadt für Kinder regelmäßige Besuche von Bildungseinrichtungen vorsah, war das Reisen schwieriger geworden.

Zunächst hatte es Archibald Lampe mit einem Hauslehrer versucht, einem behäbigen Dodo, der von nun an ebenfalls immer mitreiste. Aber der hatte seinen Bildungsauftrag wegen Skarabäus' Umtriebigkeit kaum erfüllen können. Je mehr das Kind von seiner Umwelt verstand, desto schwieriger war es geworden, es zu diszipliniertem Studien zu bewegen. Skarabäus Lampe wollte nicht in fest abgezirkelten Lehrstunden Dinge lernen, die sein Lehrer für wichtig erachtete, er wollte die Welt *begreifen*.

Immer wieder war er dem Lehrer davongelaufen, um

Dinge zu untersuchen, die *er* für wichtig erachtete. Der schwergewichtige Vogel hatte ihm dann durch die Landschaft hinterhergelaufen und ihn rufend an seine Lektionen gemahnen müssen. Worte, für die ein Junge mit wachem Geist und einer unstillbaren Neugier auf seine Umwelt, keine Ohren hatte.

Schließlich hatte Archibald Lampe einsehen müssen, dass es so nicht weitergehen konnte, und seinen Sohn auf ein Eliteinternat im Umland von Überstadt gegeben.

Doch auch dort endeten die Probleme nicht.

Skarabäus Lampe hatte bis zu diesem Zeitpunkt nur Freiheit, Wildheit und endlose Horizonte kennengelernt und leistete großen Widerstand dagegen, sich in ein hierarchisches System aus Disziplin und Ordnung einzufügen. Der Junge war nicht nur mit einer hohen Intelligenz, sondern auch einem enormen Ego ausgestattet, weil er schnell gemerkt hatte, dass er den meisten Leuten haushoch überlegen war. Sich diesen Leuten jetzt unterordnen zu müssen, erschien ihm geradezu widernatürlich.

Er war aufsässig und ungehorsam gewesen und hatte den Lehrkräften ständig Widerworte gegeben – und zwar nicht nur, wenn es um seine Missetaten ging, sondern auch, wenn sie seiner Meinung nach beim Lehrstoff falschlagen. Er hatte sich schlicht geweigert, eine natürliche Hierarchie, nach der eine erwachsene Person immer Recht und ein kleiner Hase immer Unrecht hatte, anzuerkennen, und deshalb bald mehr Zeit im Rektorat als im Klassenzimmer verbracht. Weil er immer wieder auch in handfeste Auseinandersetzungen mit seinen Mitschülern geraten war, hatte die Internatsleitung seinem Vater schließlich *empfohlen*, ihn doch bitte woanders unterzubringen.

Archibald Lampe hatte seinen Sohn daraufhin fest in seinem Haus in Überstadt installiert, Helene Pick engagiert, die sich als wahrer Glücksgriff erwies, und die Lücken in Skarabäus' Bildung sporadisch mit einem Hauslehrer aufgefüllt. Ohne beeindruckendes Wüstenpanorama war es für den Jungen leichter gewesen, sich länger als drei Sekunden auf die Lektionen zu konzentrieren, und er hatte sich in diesen Kompromiss gefügt, der ihm viel mehr Freiheit als das Internat erlaubte.

Von da an, Skarabäus war zu dem Zeitpunkt acht Jahre alt, hatte er mit Helene allein in dem großen Haus im Bürgerviertel gewohnt. Und von da an war sein Vater immer mehr zu einer Erinnerung geworden.

Die wenige Zeit, die Archibald Lampe zwischen seinen Expeditionen in Überstadt verbrachte, war mit dem Katalogisieren, der Beschreibung und Veröffentlichung seiner Funde gefüllt, weswegen er praktisch in seinem Büro im Museum wohnte. Kurzum: Sein eigener Vater wurde für Skarabäus Lampe zu einem Fremden.

Für den Detektiv war sein Vater wie der Mond. Es war wissenschaftlich erwiesen, dass es ihn gab, aber man konnte ihn nur bei gutem Wetter und in weiter Ferne sehen. Skarabäus Lampe hatte sich daran gewöhnt, dass sein Vater nur in einem sehr großen Orbit um ihn kreiste. Das war einfach eine physikalische Tatsache. Lampe nahm sie hin, wie er die Gezeiten hinnahm oder die aufwärtsfallenden Früchte des seltenen Raketenbaumes.

Die Nachricht von Archibalds Tod katapultierte diesen in seine Welt hinein, in der bisher überhaupt kein emotionaler Raum für ihn vorgesehen war. In etwa so, wie wenn der Mond plötzlich nicht mehr klein am Himmel steht, sondern sehr viel größer vor der eigenen Haustür liegt. Ihn dort zu finden, wenn man gerade die Milch oder die Tageszeitung reinholen will, würde bei jedem Verwirrung, Besorgnis und Überforderung auslösen. Der Mond hatte woanders zu sein, in sicherer Entfernung.

Skarabäus Lampe war nach dem Anruf der Direktorin vor allem eines: vollkommen perplex. In ihm gab es keinen Plan, auf den er zurückgreifen konnte, und keine Erfahrung, die ihm zeigte, wie man angemessen auf den Tod des eigenen Vaters reagierte.

Erst als sein ehemaliges Kindermädchen ihn fragte, wie es jetzt weitergehen solle, erinnerten sich seine Synapsen an den normalen Ablauf.

Sie beschlossen, arbeitsteilig zu trauern. Obwohl Archibalds Körper noch untersucht wurde und unklar war, wann er zur Bestattung freigegeben werden würde, wollte Helene in ihrer pragmatischen Art direkt mit den dafür notwendigen Formalitäten beginnen. Lampe selbst würde zum Museum fahren und herausfinden, wie es dazu gekommen war, dass der Mond plötzlich vor seiner Haustür lag. Indem er die Museumsdirektorin zu den Details von Archibalds Tod befragte, würde sich sicher früher oder später irgendwo in ihm eine Schublade öffnen, in der eine angemessene Gefühlsreaktion lag.

Der Schnee fiel immer noch und hatte auf Gehsteigen und Dächern bereits eine dünne Schicht gebildet, als der Detektiv aus dem Haus trat. Es war kein freundlicher, idyllischer Schnee, wie man ihn von Postkarten aus den Bergen kennt. Kein Schnee, der die Geräusche dämpft und wohlige Assoziationen von Kaminfeuer und Kuscheldecken auslöst. Dieser Schnee war gemein. Harte Krümel, die auf dem Boden eine dünne, hinterhältige Schicht hinterließen. Der Schnee schuf eine feindselige Atmosphäre, die zu den sozialen Unruhen dieser Tage nur zu gut passte.

Skarabäus Lampe ließ sich von einem Motortaxi zum Nationalmuseum fahren. Normalerweise waren bei Schnee und Eis mehr Dreischnecks unterwegs, weil sie das einzige öffentliche Transportmittel waren, das nicht ständig ins Schlingern geriet. Aber die langsamen Kutschen waren bei den Protesten immer wieder für Straßenblockaden benutzt worden, indem man sie mitsamt den Schnecken umkippte oder aufstapelte, sodass die meisten ihren Dienst aus Sicherheitsgründen bis auf Weiteres eingestellt hatten.

An vielen Stellen der Stadt wurde die Fahrt durch wütende Mobs und Barrikaden behindert, und Lampes Taxi musste mehrmals wenden und andere Wege nehmen, um zum Museum zu gelangen. Im letzten Dämmerlicht des Tages glitt der Aufruhr an dem Wagen vorbei, doch der Detektiv nahm ihn kaum wahr.

Für gewöhnlich offenbarten sich ihm unzählige Geschichten, wenn er sich unter den großen und kleinen Gestalten Überstadts bewegte. Und unter den gegebenen, das heißt mit Aggression und Verzweiflung aufgeladenen, Umständen hätte er sich normalerweise kein Detail der Straßenszenerie entgehen lassen. Doch jetzt registrierte er das Durcheinander kaum, alles war zu einem verschwommenen Farbrausch geworden, die Leere in ihm hatte ihn der Wirklichkeit entrückt.

Je näher das Taxi dem Nationalmuseum kam, desto dichter wurde der Mob, und schließlich ging es im Gedränge nicht mehr weiter. Lampe musste die letzten fünfhundert

Meter zu Fuß gehen. Nun, da er die Stadt nicht mehr im sicheren Automobil an sich vorbeigleiten lassen konnte, versuchte er, sich auf seine Umgebung zu konzentrieren. Wutverzerrte Gesichter, Fackelschein und laute Stimmen bildeten eine Art Spalier, als er sich seinen Weg bahnte. Die Museumsdirektorin hatte ihn am Telefon schon vor den Verkehrsbehinderungen gewarnt, aber die Heftigkeit der Proteste überraschte ihn dennoch. Er war erleichtert, als das Museum in Sichtweite kam.

Das Gebäude war ein Prachtbau, wie es sich für ein Aushängeschild überstädtischer Kultiviertheit gehörte. Mit kunstvoll gearbeiteten Fenstereinfassungen, Vorsprüngen und Simsen hatte man versucht, einen Vorgeschmack auf die im Inneren des Museums wartenden Natur- und Kulturschätze zu geben. Vier mächtige Säulen hielten das Vordach des Portals und man benötigte drei ausgewachsene Hunde mit ausgestreckten Armen, um eine von ihnen zu umspannen. Die reich verzierte Fassade aus hellem Sandstein wirkte sonst so elegant wie einladend, doch jetzt wurde sie von unzähligen Farbschmierereien verunziert. Kampfparolen formulierten eine gnadenlose Anklage, und im flackernden Feuerschein wirkte das Gebäude beinahe heruntergekommen, wie der Vorbote eines bevorstehenden Endes.

Wie passend, dachte Lampe, und schlug sich zum Seiteneingang des Museums durch. Der Haupteingang war ja gewissermaßen der zündende Funke für die Aufstände, weshalb sich dort auch der ärgste Protest entlud. In der Seitenstraße entdeckte er auch den Wagen von Inspektor Sutten, der sich offenbar noch immer hier aufhielt, und Lampe war erleichtert, dass er nicht erst zum Polizeipräsidium fahren musste, um mit ihm zu sprechen.

Er blickte sich vorsichtig um, weil er keine Verfolger ins Museum führen wollte, und zog dann an dem Klingelzug neben der Seitentür. Drinnen rührte sich etwas, Lampe hörte, wie ein Schlüssel ins Schloss der Tür gesteckt und umgedreht wurde. Gleich darauf erschien das Gesicht eines Flamingos im Türspalt.

Ephigynie Mahlzeit war älter geworden, aber Lampe erkannte sie trotzdem sofort. Bevor Archibald Lampe seinen Sohn vertrauensvoll in andere Hände gegeben hatte, hatte er ihn ebenso oft wie auf seine Reisen mit in das Museum genommen, in dessen hinterem Gebäudeteil, fernab von den Ausstellungsräumen, die Arbeitsräume des angestellten Forschungspersonals lagen.

»Herr Lampe«, sagte sie mit bedauerndem Gesichtsausdruck und hielt ihm ihre Hand hin. »Es tut mir so leid.«

Ihre Stimme klang nach all den Jahren, die seit ihrem letzten Zusammentreffen vergangen waren, immer noch wie eine zerdrückte Trompete, und für Lampe fühlte es sich etwas fremd an, dass sie ihn plötzlich siezte, denn sie kannte ihn von klein auf.

Frau Mahlzeit ließ ihn ein, und sofort wehte den Detektiv der Geruch von Zeit an. Von allen Gerüchen, die er als Farben sehen konnte, hatte der Geruch von Zeit die am wenigsten überraschende Farbe. Es war ein fades Beige mit einer leichten Ahnung von Hellgrau. Die Farben erinnerten an Staub und Tod, an vergilbte Pergamentseiten und eine längst vergessene Vergangenheit, die nur durch die Archäologie am Leben erhalten wurde.

Sie gingen an der Garderobe und dem Empfangstresen vorbei ins Foyer. Dort begrüßten sie die beiden Riesenturmaline von Musansk, sechseckige, spitze Prismen, die in

Form eines V aus einem Felsen herausgearbeitet worden waren. Sie waren das einzige Exponat außerhalb der Schauräume. In Lampes Erinnerung waren sie größer gewesen, doch auch jetzt wirkten die etwa drei Meter hohen Edelsteine beeindruckend.

»Kommen Sie, wir gehen in mein Büro. Ich hoffe, Sie hatten keine Schwierigkeiten, herzukommen. Die Demonstranten legen praktisch das ganze Museum lahm, Publikum traut sich ohnehin nicht her, und auch die Angestellten kommen kaum durch.«

Der Detektiv nickte abwesend, schwieg aber den restlichen Weg.

Er fühlte sich durch den Geruch und die Steine in seine Kindheit zurückversetzt, Erinnerungen an Versteckspiele zwischen Sarkophagen, Fossilien und Schautafeln schoben sich in sein geistiges Blickfeld. Er merkte jetzt, dass der Mond nicht allein zu Besuch gekommen war. In seinem Gefolge befand sich eine Schachtel mit Bildern und Gefühlen, die, sollte sich die Schachtel öffnen, nur schwer zu kontrollieren sein würden. Hier, wo ihn jeder Raum an seine Kindheit mit Archibald erinnerte, war es schwer, die kleine Kiste geschlossen zu halten.

Am Durchgang zum Forschungstrakt kam ihnen Inspektor Sutten entgegen, der gerade gehen wollte. Den Polizisten und den Meisterdetektiv verband eine jahrelange Hassliebe, sie hielten einander für wahre Zumutungen, waren aber bei ihren Ermittlungen immer wieder aufeinander angewiesen. Vor allem der Inspektor auf Lampe. Beide akzeptierten diesen Umstand zähneknirschend, verliehen aber ihrer Entrüstung über das Ärgernis der jeweils anderen Existenz immer wieder Ausdruck.

Jetzt schüttelte Sutten Lampes Hand ungewohnt warmherzig, was bedeutete, dass er die sonst üblichen Begrüßungsbeleidigungen wegließ und nur kondolierte.

Ohne dass irgendjemand etwas sagen musste, schloss sich der Polizist ihnen an, und sie gingen zu dritt in Frau Mahlzeits Büro, das ganz hinten im Forschungstrakt lag. Dort setzte die Direktorin an einem kleinen Kachelofen Teewasser auf.

An den Wänden des Büros hingen naturalistische Schautafeln verschiedener Tiergruppen, außerdem die gerahmte Ernennungsurkunde zur Museumsdirektorin, einige fremdländische Holzmasken und eine ein mal ein Meter große Schieferplatte, aus der das versteinerte Skelett einer Schildkröte herausgearbeitet worden war.

Hier war der Geruch von Zeit weniger stark. Stattdessen stiegen von den Holzmasken her einige Brauntöne in Lampes Nase, vermutlich Gerüche, die aus ihrem Herkunftsland stammten. Die Direktorin selbst roch durchscheinend mit einigen Farbreflexen, wie ein kunstvoll geschliffener Diamant, in dem sich das Licht brach.

Gegenüber dem Schreibtisch war eine kleine Sitzgruppe mit Sesseln und einem Tisch eingerichtet, in der sie nun mit ihren dampfenden Teebechern Platz nahmen.

»Es tut mir so leid«, wiederholte Ephigynie Mahlzeit, und Lampe zündete sich – mehr aus Verlegenheit über ihre Betroffenheit als aus Sucht – eine Zigarette an. Ihm war unbehaglich.

»Frau Mahlzeit«, begann er und beugte sich im Sessel nach vorne. »Warum liegt der Mond vor meiner Tür?«

Der Flamingo blickte verunsichert zu dem Inspektor, und dann sahen ihn beide an, als hätte er den Verstand verloren. Ihre Reaktion zeigte dem Detektiv, dass er etwas Seltsames gesagt haben musste. Er räusperte sich und schüttelte den Kopf, um sich zu konzentrieren. Dann setzte er neu an.

»Ich meine, warum ist mein Vater tot … ich meine, wie ist er gestorben?« Er blickte sie ernst und konzentriert an, als hätte er den Mond nie erwähnt.

Ein Spitzentaschentuch erschien zwischen den Fingern der Direktorin. Sie knetete es, als wollte sie ihm die Antwort abpressen.

»Es kam so überraschend.«

»Wer hat ihn gefunden? Sie?«

»Nein, Herr Hafusi hat ihn heute Morgen in seinem Büro entdeckt.« Auf Lampes fragenden Blick hin ergänzte sie: »Moto Hafusi, der Assistent Ihres Vaters. Er kam dann zu mir, und ich habe sofort die Polizei angerufen.«

»Ich hatte den Geier gleich mitgenommen«, mischte Inspektor Sutten sich ein. »Es war ein Herzinfarkt.«

»Der Geier« hieß eigentlich Doktor Dannados, war Pathologe und Polizeiarzt in Personalunion und meist einer der Ersten an Tatorten und Fundstellen. Er war gründlich und erfahren, das wusste Lampe. Dennoch wollte er sichergehen, dass der Inspektor sich nicht vorschnell mit der Diagnose zufriedengegeben hatte. Er wusste nämlich auch, wie blind die Polizei auf allen Sinnen war, die nicht Nasen waren. Die Polizei, die fast ausschließlich aus Hunden bestand, übersah regelmäßig Anhaltspunkte, die man nicht riechen konnte. Wenn der Geier einen Herzinfarkt diagnostizierte, fragten die Beamten selten noch einmal nach. Die Einseitigkeit der Polizei war ein ewiges Streitthema, nicht nur zwischen Lampe und Sutten, sondern in ganz Überstadt.

Immer wieder gab es Bürgerinitiativen, die mehr Sinnesdiversität bei der Polizei forderten.

»Sind Sie sicher?«

Der Inspektor rollte kurz mit den Augen, weil Lampes kritische Fragen oft zu Mehrarbeit für ihn und seine Leute führten, erinnerte sich dann aber daran, wer der Tote war, und brachte sich schnell wieder unter Kontrolle.

»Ganz sicher. Ihr Vater hatte keinerlei äußere Verletzungen, seine Fingernägel waren grau wie bei einem plötzlichen Herztod, und er hat gestern Abend über Schmerzen in der Brust und Atemnot geklagt, wie sein Assistent uns sagte.«

Der Detektiv schwieg und starrte auf den Fußboden.

»Ihr Vater war alt, Lampe. Die vielen Reisen, heute Südland, morgen Nordland, die häufigen Klimawechsel, das geht nicht spurlos am Körper vorbei.«

»Ich habe Professor Lampe immer wieder gesagt, dass er etwas kürzertreten soll. Herr Hafusi hat ihm bei jeder anstehenden Forschungsreise angeboten, allein zu fahren. Moto wäre erfahren und kompetent genug, die wissenschaftlichen Arbeiten alleinverantwortlich durchzuführen. Aber Ihr Vater wollte davon nichts wissen. Sie wissen ja, wie er war.«

Ephigynie Mahlzeit tupfte sich mit dem Taschentuch eine Träne aus dem Augenwinkel.

Immer noch sagte der Detektiv nichts. Die Wahrheit war, dass er keine Ahnung hatte, wie sein Vater gewesen war. Aber das wollte er nicht jetzt und nicht hier erörtern, und so nickte er nur.

»Es gab keinerlei Auffälligkeiten, weder ungewöhnliche Gerüche noch ...«, Sutten räusperte sich, »... andere Hinweise. Doktor Dannados hat sich Ihren Vater bereits genau angesehen und wird ihn sich in der Leichenhalle auch *noch* genauer ansehen, aber es gibt auf den ersten Blick wirklich absolut überhaupt nichts, was auf etwas anderes als einen natürlichen Herztod hinweist. Für eine richtige Obduktion besteht keine Veranlassung, aber wenn es Sie beruhigt, werde ich dem Doktor sagen, dass er zur Sicherheit einige Proben entnehmen und Tests durchführen soll. Mehr kann ich aber im Moment nicht für Sie tun, wir haben auch so schon genug Arbeit mit den Aufständen.«

Wieder nickte der Detektiv.

Der Inspektor stand auf und legte Lampe kurz die Hand auf die Schulter.

»Nehmen Sie es sich nicht so zu Herzen, Skarabäus. Ich muss jetzt los, hier gibt es vorerst nichts mehr für mich zu tun. Ich informiere Sie, wenn es etwas Neues gibt.«

Sutten verabschiedete sich von Frau Mahlzeit, und auch Lampe, der noch mit Moto Hafusi sprechen wollte, stand auf. Frau Mahlzeit beschrieb ihm, wo sich dessen Büro befand, dann verließ er den Raum.

Statt der allgemeinen Verwirrung über Archibalds Tod spürte er jetzt so etwas wie Unzufriedenheit. Er hatte gehofft, irgendeine Entdeckung zu machen, die den widersprüchlichen Gefühlen in ihm eine Richtung geben würde. Etwas, das der Präsenz des Mondes vor seiner Tür angemessen war. Aber ein Herzinfarkt bedeutete, dass der Mond einfach formlos vom Himmel gefallen war. Lampe, der sich täglich mit Todesfällen befasste, die von zig Geheimnissen umgeben waren, war beinahe enttäuscht.

Irritiert klopfte er an die Tür von Moto Hafusi, und eine kehlige Stimme rief: »Herein!«

Zu Lampes Überraschung kam ihm ein schwarzer Riesensalamander entgegen, als er das Büro betrat. Amphibien traf man nur selten in der Archäologie. Die Ausgrabungen führten oft in sehr heiße, sehr trockene oder sehr kalte Gebiete, was sie für kaltblütige, zur Austrocknung neigende Arten nicht eben reizvoll machte, die meisten wollten Bademeister oder Kanalarbeiter werden.

Hafusi trug eine beige Weste über beigen Hosen, und beide hatten eine Vielzahl von Taschen in unterschiedlichen Größen. Es war jene zweckmäßige Arbeitskleidung, die Lampe von seinem Vater kannte. Und von ihm wusste er auch, was sich in den Taschen befand: Pinsel und Meißel in verschiedenen Größen, Handschuhe in grob und fein, um die Hände vor dem Fundstück und das Fundstück vor den Händen zu schützen, eine Atemmaske, falls aus irgendeiner Grabungsstätte giftige Dämpfe austraten, eine Lupe sowie ein zierlicher Spalthammer und ein zerfleddertes Notizbuch. Die Taschen von Hafusis Kleidung waren sehr ausgebeult.

Sein Körper wirkte nicht weniger ausgebeult, was an der gallertartigen Konsistenz seiner Haut lag. Fleischige Wülste umgaben seine Mimik und Gestik, und Lampe überlegte, wieso jemand mit so üppigen Hautfalten überhaupt Kleidung mit Taschen benötigte. Die Wülste waren so überlappend, dass er sein Pinselset einfach dazwischenklemmen konnte.

»Sie müssen Archibalds Sohn sein«, sagte Hafusi und streckte die Hand aus, die ebenso aufgequollen wirkte wie der restliche Salamander. Sie fühlte sich auch so an, wie Lampe mit Unbehagen bemerkte, als er sie schüttelte. Seltsam wabernd waren die Bewegungen des Lurchs, sie erinnerten Lampe an einen Hefeteig, der auf dem Tisch langsam auseinanderfloss.

Ohne sich unnötig mit Begrüßungs- oder Kondolenzformeln aufzuhalten, begann der Salamander zu erzählen.

»Sie möchten sicher wissen, was passiert ist. Gestern Abend haben wir noch zusammen Knochen nummeriert – wir haben im letzten Jahr ein sensationell erhaltenes Felodon in Rigg gefunden, perfekt konserviert im Permafrost. Es war ein unglaublicher Fund, der uns sicher eine Veröffentlichung in *Scientium* eingebracht hätte. Wir haben Tag und Nacht daran gearbeitet.«

Der Salamander sprühte sich aus einer Pumpflasche etwas Wasser ins Gesicht, gegen die trockene Heizungsluft, und Lampe wartete geduldig.

»Ihr Vater sagte mir gestern Abend, er fühle sich, als sei er gerannt, dabei war unsere Arbeit nicht körperlich anstrengend. Ich bot ihm an, die restlichen Knochen allein zu nummerieren, damit er sich etwas ausruhen konnte, aber er lehnte ab. Es war immer schwer, an ihm vorbeizukommen, wenn es einen neuen Fund zu untersuchen galt. Wissen Sie, ich bin auch ehrgeizig, aber irgendwann fielen mir fast die Augen zu. Ich machte Feierabend, Ihr Vater blieb.«

»Wie lange arbeiten Sie schon für Archibald? Mein Vater und ich haben uns in den letzten Jahren ein wenig, na ja, aus den Augen verloren.«

Der Riesensalamander schaute an die Decke, um sich zu erinnern.

»Wir haben uns bei einem Kongress vor etwa sieben Jahren kennengelernt. Damals stand ich kurz vor meinem Abschluss und war noch ein ganz kleiner Lurch. Aber Ihr Vater glaubte an mich und er bot mir diese Stelle an. Wir kamen gut miteinander aus. Ich habe ihn sehr geschätzt, auch wenn ich etwas besorgt war, weil er immer zu viel gearbeitet hat. Als ich heute Morgen kam, war er schon wieder bei der Arbeit. Ich weiß nicht, ob er in der Nacht überhaupt geschlafen hat.«

Er machte ein betretenes Gesicht, der Hefeteig fiel gewissermaßen in sich zusammen.

»Irgendwann war klar, dass etwas nicht stimmte. Er war blass, schnaufte wie eine Dampflok. Schließlich ließ er sich überreden, sich in seinem Büro etwas hinzulegen, er wohnte ja quasi dort. Als ich später nach ihm sah, fand ich ihn jedoch am Schreibtisch.« Nach einer kurzen Pause fügte er hinzu: »Seine oberen beiden Hemdknöpfe waren offen, als sei ihm warm gewesen, aber sein Gesicht sah ganz friedlich aus. Ich glaube nicht, dass Ihr Vater gelitten hat, falls Ihnen das ein Trost ist.«

Skarabäus Lampe nickte matt. »Wissen Sie, ob er bereits in der Vergangenheit Probleme mit dem Herzen hatte?«

Der Salamander wiegte den Kopf vage hin und her.

»Das kann ich nicht sicher sagen, aber natürlich gab es auf unseren Reisen gelegentlich Situationen, in denen er nicht so konnte, wie er wollte, vor allem, wenn er überarbeitet war. Dass ihm gestern Abend unwohl wurde, war jedenfalls nichts Ungewöhnliches.«

Als Lampe nichts sagte, fragte Moto Hafusi: »Soll ich Sie in sein Büro lassen? Die Polizei hat mich angewiesen, es verschlossen zu halten – nur zur Sicherheit. Aber das gilt sicher nicht für Sie.«

In jedem anderen Fall hätte der Detektiv keine Sekunde gezögert, die Umgebung des Opfers in Augenschein zu nehmen, aber dies hier war kein Fall, sein Vater kein Opfer. Dies war ein Ereignis, wie es in Überstadt täglich passierte: Ein Vater stirbt und ein Sohn muss die Nachricht verdauen. Es fehlten Geheimnisse und Verdachtsmomente, um fieberhaft sein Büro zu durchsuchen. Außerdem erfüllte die Vorstellung, nach Jahren der Entfremdung von jetzt auf gleich mit den persönlichsten Dingen seines Vaters konfrontiert zu werden, Lampe mit Unbehagen. Irgendetwas in dem Detektiv scheute davor zurück, sich den Mond näher anzuschauen, und er schüttelte den Kopf.

»Vielleicht später.«

»Ihr Vater war sehr stolz auf Sie«, sagte Moto Hafusi unvermittelt, und der Detektiv hob überrascht den Kopf. Statt eine weitere Erklärung abzugeben, lächelte Hafusi nur.

»Sie werden es verstehen, wenn Sie sein Büro gesehen haben.«

Skarabäus Lampe dankte dem Salamander und ging.

Das Gefühl der Unzufriedenheit war jetzt noch stärker. Ein Herzinfarkt, ein friedlicher Tod am Schreibtisch. Nein, das alles war eines Mondes nicht würdig. Mindestens drei Nummern zu klein für ein Ereignis dieser Größe.

Teddy hatte am Hafen keine Abenteuer gefunden, die seinem Geschmack entsprachen, und war zu Lampes Haus zurückgekehrt, obwohl er die Abmachung, sich einmal am Tag zu melden, heute bereits eingehalten hatte. Es war ihm draußen zu kalt gewesen.

Helene hatte Schichtnudeln mit Bananenmais und Mehlsauce aufgetragen, die sie schweigend aßen. Danach verschränkte der Kater seine kurzen Arme auf dem Tisch und sah Skarabäus Lampe mit großen Augen interessiert an.

»Bist du traurig?«, fragte er.

Wie immer, wenn ihn etwas interessierte, fragte er ohne Rücksicht auf gesellschaftliche Regeln, die festlegten, wann man was wie fragen durfte. Als Teilzeit-Straßenkater hatte er den Tod schon früh kennengelernt, und Lampe hatte ihm nie erklären müssen, dass diese oder jene Person »nicht mehr wiederkommt« oder »auf einer langen Reise« oder »in Gedanken immer bei uns« ist. Teddy hatte vielleicht schon mehr Tote gesehen als er selbst – und zwar in allen Stadien der Verwesung. Für den Kater gehörte der Tod zum Leben, vor allem zum Leben auf der Straße, und er betrachtete ihn ohne Scheu. Erst recht bei jemandem, der ihm so fremd war wie Archibald Lampe, den er nur einmal kurz getroffen hatte.

Skarabäus Lampe sah ihn nachdenklich an, blickte dann zu Helene und schließlich zur Sammlung gerahmter Fotos auf dem Kaminsims.

»Ich weiß eigentlich gar nicht, was ich fühle. Es fühlt sich irgendwie … hohl an.«

»Hm«, machte der kleine Kater unzufrieden. »Ich glaube, ich wäre traurig, wenn du sterben würdest. Oder Mamsy. Bei Mamsy nicht so doll wie bei dir, aber trotzdem.«

Helene machte ein beleidigtes Gesicht und wollte Teddy gerade aufzählen, was sie alles für ihn tat, aber Lampe hob lächelnd die Hand.

»Ich wäre auch traurig, wenn du sterben würdest, kleiner Kumpel. Und bei Mamsy auch. Bei euch beiden genau gleich.«

Er streichelte Teddy zärtlich über den Kopf – eine Geste, die für ihn so ungewöhnlich war, dass der Kater sich ihr misstrauisch entzog.

Helene, die sich mit gesellschaftlichen Regeln recht wohlfühlte, war dieses Gespräch unbehaglich. Die offenen Worte über unangenehme Dinge überforderten sie. Sie hätte es vorgezogen, statt über ihrer aller Gefühle zu reden, die üblichen Floskeln zum Tod des Archäologen auszutauschen. Floskeln mochten nicht authentisch sein, aber sie schufen ein Sicherheitsnetz, das einen davor bewahrte, zu tief in sich selbst hineinschauen zu müssen. Auch wenn sie die gleiche Liebe wie die anderen beiden spürte, teilte sie sie lieber über fürsorgliche Vorwürfe mit.

»So? Na ja. Jedenfalls werde ich ziemlich sicher bedeutend weniger Arbeit haben, wenn ihr beide nicht mehr ständig um mich herumspringt und alles unordentlich macht.«

Diesmal war Teddy beleidigt.

»So viel Arbeit mache ich ja wohl gar nicht! Da kann man schon traurig sein, wenn ich sterben würde! Zumindest ein bisschen!«

Aber Helene machte nur: »Pff!«, räumte den Tisch ab und verzog sich in die Küche.

Der Kater blickte ihr wütend hinterher und sah Lampe dann verunsichert an.

»Meinst du, sie wäre wirklich nicht traurig, wenn ich sterben würde?«

»Mach dir keine Sorgen, Mamsy wäre sicher am traurigsten von uns allen. Sie würde einen Grund finden, weshalb ich an deinem Tod schuld bin, und mir dann endlose Vorwürfe machen. Du hättest sie erleben sollen, als du entführt und im Feuer verletzt wurdest. Mamsy liebt dich, und dich zu verlieren, würde ihr das Herz brechen. Sie kann das nur nicht so zeigen, weißt du?«

»Und du? Kannst du das bei deinem Vater auch nicht so zeigen?«

Wieder wurde Lampes Blick nachdenklich.

»Ich weiß nicht, ob es das ist. Archibald und ich hatten

schon lange kaum noch Kontakt, und die Zeit, als ich mit ihm gereist bin, ist eine Ewigkeit her, weißt du? Er ist mir irgendwie fremd, wie jemand, von dem man weiß, dass er existiert, zu dem man aber keinen Bezug hat.«

»Ah, wie der Dicke Cedric. Jeder weiß, dass er den Südteil des Hafens kontrolliert, aber ich kenne keinen, der ihn schon mal gesehen hat. Wenn der plötzlich vor mir stünde, dann wär ich wahrscheinlich total platt.«

Überrascht hob der Detektiv die Augenbrauen und nickte dann.

»Ja, das stimmt. Ich bin irgendwie platt, ich weiß nicht, wie ich mit Archibalds Tod umgehen soll, was er bedeutet. Ich glaube, es wäre leichter für mich, wenn er ermordet worden wäre, dann wüsste ich genau, was zu tun ist. Aber ein Herzinfarkt hinterlässt mich platt.«

Nachdem der kleine Kater in der Kiste im Hauswirtschaftsraum schlafen gegangen war, zündete Lampe sich sicherheitshalber eine seiner mit Gürteltier versetzten Spezialzigaretten an, weil er noch nicht genau wusste, wie sich die Mondschachtel voller Erinnerungen und Gefühle nach dem Gespräch mit Teddy verhalten würde. Er nahm einen tiefen Zug, spürte fast sofort die dämpfende Wirkung der Droge und nahm ein Bild, auf dem sein Vater ihn selbst als Baby im Arm hielt, vom Kaminsims. Er setzte sich in den großen Ohrensessel und schaute seinem Vergangenheits-Ich in die Augen.

Vier Tage später fand die Beerdigung statt. In aller Stille, so hatte der Detektiv es gewollt. Nur er und Helene hatten auf dem Zentralfriedhof der schmucklosen Zeremonie beigewohnt und dabei zugesehen, wie der Sarg mit Archibald Lampe darin zu seiner letzten Reise ins Dunkel der Grube hinabgesunken war. Der Schnee war weicher geworden, er hatte die dünne Kruste verdrängt und durch eine dicke Daunenschicht ersetzt. Doch nach wie vor war es bitterkalt und das Erdreich halb gefroren. Die Totengräber, zwei Erdferkel, hatten es nicht leicht gehabt, dem Boden einen Hohlraum abzutrotzen.

Helene ahnte, dass Skarabäus Lampe sich in seiner Lähmung verletzlich fühlte und deshalb keine anderen Leute dabeihaben wollte. Sie hatte daher darauf verzichtet, auf weiteren Gästen zu bestehen, auch wenn nach ihrem Gefühl zu einem anständigen Begräbnis mehr Leute gehörten.

Wie bereits in den Tagen vor der Beisetzung war Lampe auf dem ganzen Weg nach Hause ungewohnt still und Helene begann, sich Sorgen zu machen. Ihre Versuche, beim Abendessen ein Gespräch anzuschieben, waren sämtlich an ihm abgeprallt, und so aßen sie schweigend. Das Huhn hatte seine Redseligkeit tausendmal verflucht, sein Chaos, seine Gedanken, die ständig in alle Richtungen gleichzeitig flogen. Aber dies hier war unheimlich. Es war, als ob ihr Ziehsohn nicht wirklich anwesend war, als ob nur sein Körper neben ihr saß. Wenn diese seltsame Lähmung doch nur nicht zu einem Dauerzustand werden wollte.

Entgegen ihrer sonstigen Gewohnheit, nach dem Essen sofort aufzuräumen und das Geschirr zu spülen, stand sie auf, goss ihnen beiden einen Kräuterlikör ein und nahm im Sessel vor den Kamin Platz. Doch Lampe setzte sich nicht gleich zu ihr. Er stromerte durch das Zimmer, pendelte vom Fenster zum Kamin und wieder zurück. Sanft klopfte Mamsy mit der Hand auf die Sitzfläche des Sessels.

»Komm her, Junge, hier ist es warm.«

Sie hoffte, dass der Alkohol ihm heute Abend ein wenig die Zunge – und die Gefühle – lösen würde. Er warf ihr einen langen Blick zu, hinter dem sich wer weiß was verbarg, blieb dann vor dem Kamin stehen und starrte in die Flammen.

BRENNENDES PETROLEUM
UND HOHLE WORTE

Ephigynie Mahlzeit hatte wegen der nicht-öffentlichen Beisetzung enttäuscht geklungen und den Detektiv gefragt, ob er damit einverstanden sei, dass das Museum eine Gedenkveranstaltung für Archibald Lampe ausrichte.

Eine große Feier widerstrebte ihm – auch weil der minderprivilegierte Teil der Öffentlichkeit momentan nicht gut auf das Museum zu sprechen war. Da es eine städtische Einrichtung war, würde zweifellos die Stadt für die Kosten aufkommen, was wiederum die wütenden Arbeiter, die verzweifelt auf Hilfe für ihr von Elend und Krankheit gebeuteltes Viertel hofften, noch wütender machen würde.

Doch nach einem Gespräch mit Mamsy sah er ein, dass er den vielen Weggefährten seines Vaters eine Gelegenheit zum Verabschieden geben musste. Nur weil er nicht in der Lage war, sich zum Tod seines Vaters zu verhalten, konnte er das nicht allen anderen verwehren. Zumal sich die Unruhen witterungsbedingt etwas beruhigt hatten. Also hatte er eingewilligt und lediglich darum gebeten, dass auf die traditionelle Trauerfarbe Rosa verzichtet würde – ein Wunsch, der Frau Mahlzeit, dem Flamingo, einiges Kopfzerbrechen bereitete.

Das Leben schien durch die Schneedecke irgendwie besänftigt. Selbst die Straßenproteste wirkten seit einigen Tagen etwas zivilisierter. Die Stadträte Arson (Kultur und Finanzen) und Trieson (Gesundheit und Familie) waren in ihren Verhandlungen minimal vorangekommen, sodass ein baldiges Ende der Unruhen plötzlich denkbar schien.

Beinahe hätte man die Atmosphäre in der Stadt als besinnlich bezeichnen können. Wenn der Boden nicht immer noch petroleumgetränkt gewesen wäre und darauf wartete, dass jemand unachtsam ein brennendes Streichholz fallen ließ.

Die Museumsdirektorin ließ großformatige Todesanzeigen, die die Feier ankündigten, in allen Tageszeitungen Überstadts schalten. Es überraschte Lampe nicht, dass die Anzeigen den Moment scheinbarer Besinnlichkeit in Überstadt beendeten und die Empörung der einfachen Leute mit unverminderter Stärke wieder auflodern ließen.

Das brennende Streichholz, das schließlich die Petroleumlache und mit ihr Teile der Stadt in Flammen aufgehen ließ, kam in Gestalt des Formulars X93/4b-004y daher – Antrag auf Bewilligung von Mitteln für sachfremde Zwecke. Es war Frau Mahlzeits Antrag an die Stadt zur Finanzierung der Feier, in dem der geplante Aufwand genau aufgelistet war. Jemand hatte ihn kurz nach dem Erscheinen der Todesanzeigen an die Presse durchgestochen.

Ob die Museumsdirektorin nun im Überschwang ihrer Trauer gehandelt oder die Signalwirkung einer solchen Feierlichkeit auf die um ihr Leben kämpfenden Arbeiter unterschätzt hatte, wusste Skarabäus Lampe nicht. Aber nach dem Bekanntwerden der Pläne wurden aus Straßenbarrikaden brennende Straßenbarrikaden, aus Kundgebungen Faustkämpfe und aus Forderungen Plünderungen. Die

Wut, die sich in den letzten Tagen beruhigt zu haben schien, hatte in Wirklichkeit Anlauf genommen.

Zweiundsiebzig Stunden lang versank Überstadt in Chaos und Zerstörung. Schaufenster gingen zu Bruch, Brandbomben flogen und die Polizei, die die Proteste bislang hauptsächlich überwacht und begleitet hatte, musste mit ganzer Härte durchgreifen. Gewaltsame Zusammenstöße zwischen Ordnungshütern und Unruhestiftern erschütterten den zivilen Frieden. Trotz des Aufrufs zu Besonnenheit seitens der Magistratur, verloren viele vor allem jüngere Polizeibeamte die Nerven und warfen ihre Bananen, die sie mangels echter Waffen bei sich trugen, willkürlich in die Menge.

In dieser Zeit stürmte Wut gegen das Museum an wie eine unbarmherzige Brandung. Und jedes Mal, wenn sie sich kurz zurückzog, hinterließ sie weitere Beschädigungen an der Fassade des Gebäudes. Viele der Angestellten verschanzten sich drinnen, um nicht beim Kommen und Gehen Verletzungen durch die wütende Menge vor den Türen zu riskieren. Sie konnten die Belagerung nur aushalten und auf Hilfe der Polizei, Fortschritte bei den politischen Verhandlungen oder die Zermürbung der Protestierenden hoffen.

Das Hospital der Kundigen Frauen, das wegen des Laboribus-Ausbruchs ohnehin völlig überlastet war, musste sich in den Tagen der Gewalt zusätzlich um siebenundsechzig Verbrennungen, einhundertdreiundvierzig Fleischwunden, vierundzwanzig Knochenbrüche (einundzwanzig stammten von durch Bananen auf dem Pflaster verursachten Stürzen) und sogar eine Schussverletzung kümmern.

Nur Stunden nachdem der erste Brandsatz geflogen war, hatte der Detektiv Frau Mahlzeit angerufen und sie eindringlich darum gebeten, die Feier abzusagen.

»Frau Mahlzeit, es wird Tote geben, wenn Sie die Feier stattfinden lassen.«

Lampe neigte nicht zu übersteigerten Sorgen, aber er hatte aufgrund seiner Arbeit genug Kontakte im Arbeiterviertel, um zu wissen, dass es sich jetzt um mehr handelte als die üblichen Protestaktionen der Minderprivilegierten. Diesmal waren sie zum Äußersten entschlossen.

»Ach, Herr Lampe«, sagte Frau Mahlzeit, »ich weiß, es war dumm von mir, aber wir können nicht zurück. Der unselige Antrag wurde erst veröffentlicht, als die Planung schon in vollem Gange war. Die Mittel sind längst bewilligt, Verträge mit Dienstleistungsunternehmen wurden abgeschlossen, die Einladungen sind verschickt. Außerdem …«, sie zögerte, »… außerdem ist es völlig unmöglich, nach dem Tod eines Ehrenbürgers der Stadt *gar nichts* zu tun. Ich *kann* die Trauerfeier nicht mehr absagen.«

Lampe schloss die Augen und rieb sich die Nasenwurzel.

»Also schön, dann verkleinern Sie die Feier. Reduzieren Sie den Aufwand. Machen Sie es weniger luxuriös. Sprechen Sie sich mit dem Stadtrat ab, er soll die Meute da draußen beruhigen. Das ist mein letztes Wort, Frau Mahlzeit. Der Tod meines Vaters *darf* nicht zum Tod Unschuldiger führen.«

Die Härte und Not, die aus seinen Worten sprachen, ließen die Museumsdirektorin schließlich einlenken.

Stadtrat Arson trat nach mehreren hektischen Telefonaten mit Frau Mahlzeit vor die Presse und verkündete, dass der Umfang der Feier reduziert werden würde. Die Theatergruppe, die Archibalds Karriere schauspielerisch hätte darbieten sollen, würde ebenso gestrichen werden wie das zwanzigköpfige Orchester und die hochpreisigen Speisen und Getränke vom Buffet. Nach seiner Pressekonferenz brannten in Überstadt zwar noch immer unzählige Feuer, aber die Zahl der Verletzten ging etwas zurück.

Knapp zwei Wochen später fand die Feier in leicht abgespeckter Form statt. Eigentlich hatte Skarabäus Lampe nicht daran teilnehmen wollen, aber Helene hatte ihm auf ihre freundlich bestimmte Art mitgeteilt, er könne natürlich zu Hause bleiben, sie kündige dann aber fristlos, es sei seine Entscheidung.

»So weit kommt es noch, dass in einem Haus, in dem ich arbeite, ein Sohn seinen Vater nicht ehrt, Skarabäus Lampe. Wir fahren hin, und Zacharias kommt auch mit.«

Und damit war zu der Angelegenheit alles gesagt gewesen.

Rund vier Wochen waren vergangen, seit die ersten Proteste begonnen hatten, und die Tatsache, dass weder der strenge Wintereinbruch noch persönliche Opfer die Unruhen zerstreut hatten, zeigte, wie entschlossen die einfachen Leute diesmal waren. Dennoch kam das Motortaxi, das die drei zum Museum brachte, etwas besser durch als bei Lampes letztem Besuch.

Der Polizeipräsident hatte für diesen Tag eine Sperrzone um das Museum angeordnet. Auf den Zufahrtsstraßen waren Versammlungen untersagt worden, und unmittelbar um das Museumsgebäude hielten von Polizeibeamten bewachte Absperrungen die wütende Menge auf Abstand.

Es war noch früh, kurz nach Mittag, und der offizielle Teil sollte erst um drei Uhr beginnen, aber Helene war den ganzen Vormittag über so aufgeregt gewesen – wie immer, wenn sie bei seltenen Gelegenheiten offizielle Veranstaltungen besuchen musste –, dass Lampe sie und Teddy schließlich entnervt in ein Motortaxi gesetzt und mit ihnen losgefahren war.

Inspektor Sutten befand sich unter den Polizisten und überwachte die Absperrung, hinter der sich bereits ein großer Pulk Arbeiter drängte. Obwohl es taghell war, hatten einige von ihnen brennende Fackeln in den Händen.

Als Sutten die drei aussteigen sah, nickte er ihnen zu und tippte mit zwei Fingern an seinen Hut. Lampe schickte Helene und Teddy ins Museum und ging dann zu ihm. Sofort erhob sich Tumult hinter den Absperrungen und die wütenden Sprechchöre, die schon seit Wochen durch die Stadt hallten, erhoben sich.

»Und? Wie sieht es aus?«

Der Inspektor schob seinen Hut etwas in den Nacken und atmete schwer aus.

»Sie sehen es ja. Das Versammlungsverbot hat natürlich neue Wut ausgelöst, weil die Leute um ihre Meinungsfreiheit fürchten, aber bis jetzt ist die Situation unter Kontrolle.«

»Gut. Aber behalten Sie nicht nur die Demonstranten im Auge, sondern auch Ihre Leute. Ich will hier keine willkürlichen Bananenschlachten, weil ihnen die Sicherungen durchbrennen«, sagte der Detektiv mit Blick auf die Beamten, von denen einige die Hände auf ihren Bananen liegen hatten.

Der gesamte Justizapparat Überstadts litt unter Umstrukturierungen, die die Magistratur ironischerweise nicht nur eingeführt hatte, um Kosten einzusparen, sondern auch, um das Vertrauen der Bevölkerung in die Polizei zu stärken. Die jüngeren Abschlussjahrgänge der Polizeischule wurden daher nicht mit Knüppeln und Schusswaffen ausgerüstet, sondern mit Bananen. Fliehende Verbrecher konnten damit zu Fall gebracht und Konflikte besänftigt werden.

Das klappte oft besser, als es sich auf dem Papier las – mehr als einmal konnten Kriminelle verhaftet werden, nachdem die Ordnungshüter die Bananen als eine Art Friedensangebot mit ihnen geteilt hatten. Doch in unübersichtlichen Situationen wie Massenprotesten waren Bananen eher schädlich zur Wiederherstellung des Friedens.

Der Inspektor schaute Lampe kritisch an.

»Können Sie mich nicht einmal in Ruhe meine Arbeit machen lassen? Nicht einmal heute? Gehen Sie rein, verabschieden Sie Ihren Vater, wir kümmern uns hier schon darum, dass die Feier sicher ist.«

Der Detektiv kräuselte die Lippen, zog die Augenbrauen grimmig zusammen und ging dann ebenfalls ins Museum.

Beinahe verschlug es ihm den Atem, als er das Foyer betrat, das kaum wiederzuerkennen war. Wo die Todesumstände seines Vaters ihm unangemessen unspektakulär erschienen waren, war die Trauerfeier – selbst in ihrer reduzierten Form – geradezu bombastisch. Man konnte über sie alles Mögliche sagen, aber nicht, dass sie drei Nummern zu klein war.

Das hallenartige Foyer war zu einem Festsaal umgeräumt worden. Den eher zweckmäßig anmutenden Empfangstresen gegenüber dem Eingang des Museums hatte man unter einer weißen Tischdecke und Blumen verschwinden lassen. Schwarze Paravents vor der großen Fensterfront verbargen die aufgebrachten Demonstranten vor den Gästen (und umgekehrt) und lediglich der Feuerschein brennender Fackeln, der an die Decke fiel, verriet ihre Anwesenheit. Auch die

Garderobe hatte man mit Paravents umstellt. Neben dem Eingang stand ein geschmückter Tisch, auf dem Reihen von Sektgläsern auf die Gäste warteten. Einige Kellner aus der Museumscafeteria waren damit beschäftigt, sie zu füllen.

An der einzigen Wand, zwischen der Fensterfront und dem Durchgang zur Ausstellung, war ein Buffet für den Leichenschmaus aufgebaut. Links und rechts auf dem langen Tisch befanden sich zwei prachtvolle Glühwürmchenleuchter.

Ein gutes Dutzend üppiger Blumensträuße in Bodenvasen umrahmte den ganzen Raum. Ephigynie Mahlzeit hatte sogar zwei Zigarettengeckos engagiert, die die Gäste, die dem Tabak zuneigten, später mit Feuer und Rauchwaren versorgen würden.

An den Riesenturmalinen von Musansk war ein Banner befestigt, auf dem »Große Archibald-Lampe-Gala: Ewige Neugier« stand. Die etwas ungünstige Abkürzung, die sich aus den Anfangsbuchstaben ergab, war wohl niemandem aufgefallen.

Direkt davor hatte man ein Rednerpult und ein großes Porträt von Archibald Lampe aufgestellt. Ein Stück dahinter zurückgesetzt waren Stühle für ein kleines Kammerorchester zusammengeschoben worden. Etwa zwanzig festlich gedeckte Tische bildeten einen Halbkreis um die Steine. Der gesamte Saal hatte eher etwas von einem Debütantinnenball als von einer Trauerfeier.

Die Kostspieligkeit des Arrangements war nicht zu übersehen, und Skarabäus Lampe war froh, dass der Mob vor dem Portal nichts davon mitbekam. Vermutlich hätte er in kollektiver Wut das Gebäude gestürmt.

Gemäß Lampes Wunsch war auf die übliche Trauerfarbe

Rosa verzichtet worden. In den Blumengestecken waren die sonst üblichen pinken Nelken durch cremefarbene Lilien und schwarze Rosen ersetzt worden. Auch der Trauerflor, den man um das große Porträt gelegt hatte, war schwarz. Die gedeckten Farben setzten ein beruhigendes Zeichen gegen die grelle Dramatik der Todesfarbe Rosa.

Gäste waren noch keine anwesend, und auch Moto Hafusi schien noch nicht da zu sein, aber an einem der Tische entdeckte der Detektiv Farolia Topps, die an ihrer Kamera nestelte. Vor ihr stand bereits ein halbleeres Glas Sekt. Die Manguste war Reporterin der *Überstadt Gazette* und sollte über die Trauerfeier berichten.

Skarabäus Lampe hatte schon öfter mit ihr zu tun gehabt, meistens zu seinem Missfallen, weil ihre Ermittlungen die seinen störten. Wenn sie eine gute Geschichte witterte, nahm sie keine Rücksicht auf die Nerven oder Gefühle der beteiligten Personen. Jetzt allerdings hielt sie sich zurück; sie nickte ihm nur schweigend zu und leerte dann hinter dem schwarzen Schleier ihres Hutes ihr Glas.

Lampe begrüßte Frau Mahlzeit und setzte sich dann mit Helene, Teddy und einem Glas Sekt an einen der vordersten Tische. Er nahm einen großen Schluck und schlug eines der Programmhefte aus handgeschöpftem Papier auf, die auf allen Tischen auslagen und neben dem Programm auch eine Liste der Ehrengäste enthielten.

Es würden kommen (in alphabetischer Reihenfolge):

◊ Stadtrat Arson, Kultur und Finanzen
◊ Harpo Lichtenstein, Kunsthändler
◊ Graf Kritor von Lugosch, Förderer des Museums
◊ Prof. Dr. Barnabas Nkolo, Vorsitzender der Archäologischen Gesellschaft

◊ Prof. Dr. Ragnelda Pussala, Archäologin (Universität Hoppsala)
◊ Scheich Cüglü bin Schleich, Premierminister von Subien
◊ Atlatus September, Jugendfreund
◊ Monda Swanovski, Millionenerbin und Hobby-Archäologin

Bis auf die beiden Politiker und die Millionenerbin, die regelmäßig in der Zeitung auftauchten, waren Lampe die Namen unbekannt.

Zunächst würde die Direktorin einige begrüßende Worte sagen, danach war eine Rede von Stadtrat Arson über den Ehrenbürger Archibald Lampe geplant. Anschließend ging es weiter mit einem Lichtbildvortrag über dessen zahllose Expeditionen, durch den Moto Hafusi führen sollte. Nach einer kurzen Pause, die das kleine Kammerorchester mit Musik füllen würde, sollte der Vorsitzende der Archäologischen Gesellschaft eine Zusammenfassung der beeindruckenden, vierzigjährigen Karriere des Verstorbenen geben. Den Abschluss bildete der Leichenschmaus mit offenem Ende.

Ephigynie Mahlzeit hatte auch Skarabäus Lampe gefragt, ob er einige Worte sagen wolle, aber er hatte nicht den Eindruck, etwas zur Verabschiedung seines Vaters beitragen zu können.

Im Moment herrschte noch die hektische Atmosphäre letzter Vorbereitungen. Die Musikerinnen – ein Quartett aus zwei Trompetenkranichen, einem Leierschwanz und einem Ochsenfrosch – stimmten ihre Instrumente. Kellner waren dabei, das Buffet zu befüllen und die Tische herzurichten. Lediglich die Zigarettengeckos und die Begrüßungskellner, die die Mäntel und Einladungen der Ankommenden gegen Alkohol tauschen sollten, waren in Ermangelung von Gästen noch untätig.

Die Museumsdirektorin stand in all dem Durcheinander, gab Anweisungen und überprüfte ihre ordnungsgemäße Ausführung. Hin und wieder sauste eine Ratte durch den Saal, um ihr Nachrichten zu überbringen oder entgegenzunehmen.

»Kann ich Mumien angucken?«

Teddy hatte es nicht lange auf seinem Stuhl gehalten. Mamsy hatte ihn morgens in ein weißes Oberhemd, eine schwarze Weste und ein schwarzes Halstuch gezwungen, unter denen es ihn zwickte und juckte. Er zupfte ständig an der Kleidung herum, was ihm jedes Mal eine gezischte Ermahnung des Huhns einbrachte. Viel lieber wäre er in die Schauräumen gelaufen; es wollte ihm nicht in den Sinn, weshalb er die Wartezeit nicht mit etwas historischer Bildung überbrücken durfte.

Die Ausstellung war heute zwar offiziell geschlossen und der Durchgang mit einer Samtkordel versperrt, aber Lampe war sicher, dass Frau Mahlzeit für den kleinen Kater eine Ausnahme machen würde. Doch Helene führte ein unerbittliches Regiment im Angesicht gesellschaftlicher Konvention.

»Ha, das fehlte mir noch, dass du hier herumgeisterst und am Ende womöglich in einen Sarkophag fällst. Du bleibst hier.«

Eine Auseinandersetzung mit Helene war das Letzte, was Lampe heute gebrauchen konnte, und so schaute er bedauernd zu Teddy und zuckte mit den Schultern.

Irgendwann fügte der Kater sich in seine Gefangenschaft, verschränkte die Arme vor der Brust und schaute schmollend ins Nichts. Skarabäus Lampe beobachtete seinen kleinen Kompagnon voller Verständnis. Er spürte selbst Unbehagen, weil der Zeitpunkt näherrückte, Hände zu schütteln, Kondolenzworte entgegenzunehmen und zu lächeln, obwohl er nicht lächeln wollte.

Am liebsten hätte er sich vor der Kondolenzrunde gedrückt. Für ihn waren die vielen Worte der Anteilnahme von völlig Fremden eine lässliche Geste; schließlich war der Mond vom Himmel gefallen. Aber Helene würde sicher nicht zulassen, dass er sich drückte, sondern ihm zum wer weiß wievielten Male mit Kündigung drohen und dabei betonen, dass es seine Entscheidung sei.

Um Zeit totzuschlagen, ging er zu Frau Mahlzeit. Als Flamingo hatte sie es aufgrund ihrer Gefiederfarbe nicht leicht, Rosa zu vermeiden, und war daher in einen bodenlangen, schwarzen Kaftan gekleidet. Sie sah etwas erschöpft aus, einzelne Federn standen ihr vom Kopf ab und ihr Blick flackerte hektisch.

»Probleme, Frau Mahlzeit?«

Sie seufzte. »Ein Rattenbote hat mir gerade mitgeteilt, dass Professor Nkolo sich verspätet, weil er dummerweise am Bahnhof einen Dreischneck genommen hat, aber irgendetwas geht bei größeren Veranstaltungen ja immer schief.«

Lampe nickte. »Und die Sicherheit?«

»Es gab ihm Vorfeld zwar einige Drohungen gegen uns, aber ich glaube nicht, dass hier irgendjemand in Gefahr ist. Sie haben ja das Polizeiaufgebot draußen gesehen.«

»Drohungen?« Lampe horchte auf.

»Ach, wir bekommen seit Wochen welche, nicht erst seit

der Ankündigung der Feier. Ich habe natürlich Inspektor Sutten informiert, als es anfing, aber er war sich sicher, dass es nur Agitationsgeschmiere war. Und weil sich die aktuellen Schreiben nicht von denen unterscheiden, die wir vor Archibalds Tod bekommen haben, steckt dahinter bestimmt keine Gefahr.«

Bevor der Detektiv etwas erwidern konnte, gesellte sich Moto Hafusi zu ihnen, der inzwischen auch eingetroffen war. Er trug seine übliche taschenreiche Expeditionskleidung, allerdings diesmal ein schwarzes Ensemble.

Zu Skarabäus Lampe gewandt sagte er: »Ich habe meine Halbschwester mitgebracht, ich hoffe, Sie haben nichts dagegen.«

Überrascht sah Frau Mahlzeit ihn an. »Ich wusste gar nicht, dass du eine Schwester hast, Moto.«

»Ich auch nicht, stell dir vor. Sie ist woanders aufgewachsen, wir hatten bis vor vier Wochen keine Ahnung von ihrer Existenz.«

Er blickte sich suchend um. »Sie wollte sich frisch machen, aber ich stelle sie euch nachher vor. Es ist eine verrückte Geschichte.«

Und damit entfernte er sich in Richtung des Buffets. Lampe und Frau Mahlzeit wechselten einen irritierten Blick.

Der Wind, der der kleinen, tief vermummten Gestalt entgegenschlug, als sie aus dem Bahnhof trat, war schneidend kalt. Er drang durch alle Schichten der Vermummung, obwohl sie mit fünf nicht zu knapp bemessen waren.

Andere Fahrgäste, die in Überstadt ausgestiegen waren, machten sich über den Aufzug lustig. Für sie war dies ein normaler Wintertag, nicht einmal besonders kalt und beileibe nichts, dem man wie zu einer Polarexpedition ausgerüstet begegnen musste.

Sie wussten natürlich nicht, dass die kleine Person nicht an solche Temperaturen gewöhnt war, sondern aus dem Südland stammte. Genauer: der Zentralrepublik Graffa, wo keine Jahreszeit Kälte brachte. Im Graffanischen gab es nicht einmal ein Wort für »kalt«.

Die Gestalt schlug ihren Kragen hoch, zog den Schal fester und wedelte dann mit ihrem Stock, um jemanden auf sich aufmerksam zu machen und zu fragen, wie sie am besten zum Nationalmuseum komme.

»Am günstigsten und sichersten ist es bei dem Wetter mit einem Dreischneck, aber da müssen Sie etwas Zeit haben. Außerdem ist es wegen der Unruhen momentan nicht sicher, die Fahrzeuge werden gerne zu Barrikaden aufgestapelt«, sagte eine Dame.

»Ach, solche Zustände kenne ich aus meinem Heimatland, das schreckt mich nicht. Würden Sie mir sagen, wo ich so einen Dreischneck anmieten kann?«

Sie wies auf den Dreischneckstand am Rande des Bahnhofsvorplatz, doch die kleine Gestalt folgte der Bewegung nicht.

»Na, da drüben«, sagte sie in einem Ton, als sei ihr Gegenüber begriffsstutzig, auch wegen seines Akzents und seiner umständlichen Ausdrucksweise.

Erst als der Professor, denn es handelte sich bei der Person um den Vorsitzenden der Archäologischen Gesellschaft, seine Kapuze leicht lupfte und sie sehen konnte, dass er keine Augen hatte, verstand sie. Er war blind.

»Oh, Verzeihung, ich habe nicht gesehen, dass Sie … Der Dreischneckstand liegt direkt vor Ihnen, etwa zwanzig

Meter, wenn Sie einfach geradeaus gehen, können Sie ihn nicht verfehlen.«

Aus den Tiefen der gefütterten Kapuze, die Nkolo sich wieder übergestülpt und tief ins Gesicht gezogen hatte, kam ein Dank. Dann tastete er auf seiner Taschenuhr nach den Zeigern und steuerte, da es erst halb zwölf war, den Stand an.

Es gab nur wenige Dreischnecks, die sich trotz der Unruhen noch trauten, Fahrgäste zu befördern, und Nkolo musste etwas warten, bis ein Wagen frei wurde. Ein schlanker Windhund übersah den Professor und schickte sich an, ihm den Wagen wegzuschnappen. Doch Barnabas Nkolo hatte solche Situationen mit großen Personen schon zu Tausenden erlebt, klopfte einfach mit dem Stock gegen die Beine des Hundes, um auf sich aufmerksam zu machen, räusperte sich dabei mit erstaunlich tiefer Stimme und kletterte in das Gefährt.

Als Barnabas Nkolo sicher auf dem Sitz saß, passierte zunächst nichts, weil die Leitschnecke den ausgesprochen kleinen Fahrgast nicht bemerkt hatte. Er klopfte ihr mit seinem Spazierstock sanft von oben zwischen die Augen.

»Der Sonne zum Gruß mein Freund. Ich möchte zum Nationalmuseum, bitte.«

Dann lehnte er sich zurück, zog seine fünf Schichten Bekleidung fester um sich und genoss die Geräusche der um ihren sozialen Frieden kämpfenden Stadt, die ihn an seine Heimat erinnerten.

Es ging auf halb zwei zu, als dem südländischen Besucher dämmerte, was die Frau am Bahnhof mit »Sie müssen etwas Zeit haben« gemeint hatte. Sie waren in den zwei Stunden gerade einmal vier Blocks weit gekommen, und auch wenn

Nkolo nicht genau wusste, wie weit das Museum noch entfernt war, wurde er etwas nervös.

Er fragte die Leitschnecke, wie lange sie voraussichtlich noch unterwegs sein würden, er habe einen wichtigen Termin, worauf die Schnecke einen ihrer Augenfühler nach hinten streckte und ihn ansah. Ihre Stimme klang so wie zähflüssige Lava, die langsam ins Meer rollt.

»Es dauert so lange, wie es dauert.«

»Hm«, machte der Professor unbefriedigt. »Wie kann ich von hier aus jemanden benachrichtigen, dass ich mich verspäte?«

»Rattenboten. Da kommt gerade eine.«

Noch bevor die Schnecke den Satz beendet hatte, war die Ratte schon vorbeigeflitzt.

Die Ratten von Überstadt hatten sich in den letzten Monaten von unliebsamen Randexistenzen zu verlässlichen Telekommunikationsdienstleistern gemausert. Weil eine Rattenstunde nur siebenundfünfzigkommadrei Minuten hatte, waren sie für ein normales Angestelltenverhältnis vollkommen ungeeignet, denn ihr verfrühter Feierabend führte regelmäßig zu Konflikten mit der restlichen Belegschaft. Die meisten arbeiteten daher selbstständig oder waren Streuner und Tagediebe.

Anwalt Raglan von Oben, mit dem Lampe regelmäßig zusammenarbeitete, hatte jedoch vor einigen Monaten herausgefunden, dass sie für Botengänge, die jeweils einen Zeitaufwand von siebenundfünfzigkommadrei Minuten nicht überschritten, geradezu ideal waren. Nachdem er im Finanzdistrikt unermüdlich herumerzählt hatte, wie zufrieden er mit seinen Boten war, waren sie schnell zur ersten Wahl für günstige Nachrichtenübermittlung aufgestiegen. Wo sie früher an den Straßenecken in zerschlissenen Lumpen auf eine Gelegenheit lauerten, warteten sie heute in Pagenuniformen mit blinkenden Knöpfchen auf Kundschaft, die eine Transferleistung in Auftrag geben wollte.

Da Nkolo nicht sehen konnte und die Schnecke zu langsam reagierte, um einen Boten zu erwischen, rief er einfach immer wieder: »Bote gesucht!« Nach kurzer Zeit meldete sich eine Ratte piepsend und etwas kurzatmig, denn sie musste neben der noch fahrenden Schneckenkutsche herlaufen. Der Professor schickte die Ratte mit einer Verspätungsnotiz zum Museum, gab ihr fünfzig Zert dafür und lehnte sich etwas beruhigter wieder zurück.

Stadtrat Arson traf als Erster auf der Trauerfeier ein, was kaum verwunderlich war, denn der Magistraturpalast lag nur wenige Gehminuten vom Nationalmuseum entfernt. Skarabäus Lampe wappnete sich innerlich für die Begrüßung.

Frau Mahlzeit hatte die dreitägige Gewaltorgie mit ihrer überdimensionierten Veranstaltungsorganisation zwar ausgelöst, aber der eigentliche Verantwortliche für die sozialen Unruhen war er. Er hatte nach Ausbruch der Krankheit abermals zum Nachteil der Schlechtergestellten entschieden und sich, bis die Gewalt schließlich eskalierte, vollkommen uneinsichtig gezeigt. Lampe hatte von Natur aus eine Abneigung gegen Obrigkeiten, aber dieser spezielle Kandidat war ihm besonders zuwider. Er hatte bereits früher dessen Bekanntschaft gemacht und wünschte, es wäre ihm erspart geblieben.

Obwohl Stadtrat Arson ein Nilpferd war, war er schlank, beinahe mager. Sein Kopf mit dem übergroßen Mund wirkte auf dem Körper fehl am Platz. Mit dem silbernen Zwicker auf der Nase, dem dünnen Schnurrbart, der kaum mehr als eine waagerechte Linie auf der Oberlippe war, und dem steingrauen Anzug strahlte er die bürokratische Härte aus, für die er in der Magistratur bekannt war. Er entschied Finanzfragen nur nach Zahlen, nie nach Anstand.

Jetzt nahm er die Zigarettenspitze aus dem Mund und hielt Lampe seine Hand hin. »Herr Lampe, mein Beileid.«

Das Wort »Beileid« hatte bei ihm keinerlei aufrichtigen Klang. Er hätte auch »meine Lockenwickler« oder »mein Kleingartenverein« sagen können; beides hätte nicht sinnloser klingen können.

Ein toter, silbriger Geruch stieg dem Detektiv in die Nase, und er spürte einen unwillkürlichen Drang, sich nach dem schlaffen Händedruck seine Hand abzuwischen.

»Stadtrat Arson.«

»Ihr Vater war ein feiner Kerl, wusste immer, wohin er gehört.«

Lampe war nicht klar, was der Stadtrat mit diesem Satz andeuten wollte, ahnte aber, dass nicht das Museum gemeint war, in das Archibald gehörte. Er setzte zu einer eisigen Antwort an, doch Frau Mahlzeit kam mit einem neuen Gast dazwischen.

Ein übertrieben eleganter Wolf stand neben ihr. Er trug einen Smoking und dazu ein hellrotes Seidencape, seine Haare waren streng zurückgekämmt, wodurch seine Ohren noch spitzer wirkten, an der linken Hand prangte ein prächtiger Goldring mit einem Familiensiegel. Mit einer ausholenden Bewegung zog er seinen Umhang vor die Brust und verbeugte sich förmlich vor Skarabäus Lampe.

»Graf Kritor von Lugosch. Angenehm. Ich chabe Ihren Vater sehr geschätzt.«

In seinen Augen glühte ein dunkles Feuer und bei jedem Wort blitzten seine langen Eckzähne auf. Sein Akzent verriet Lampe, dass er aus Achtbürgen stammte, vermutlich irgendwo nahe der Kappatok. Sein Geruch war eine Mischung aus Gold und Rostrot, wie der metallische Geschmack von Blut. Es wirkte wie ein plumpes Klischee, dass der Blick des Wolfs immer wieder an Frau Mahlzeits langem Flamingohals hängenblieb.

»Herr von Lugosch ist einer der großzügigsten Förderer Ihres Vaters und unseres Museums im Allgemeinen«, erklärte die gerade. Offenbar hatte sie seine Blicke nicht bemerkt, denn sie lächelte ihn an. »Schön, dass Sie die Reise auf sich nehmen konnten, um heute bei uns zu sein, werter Kritor.«

Der Graf verbeugte sich bei Frau Mahlzeits Worten ein weiteres Mal und entfernte sich wieder.

Innerlich seufzte Lampe matt, er hätte sich gerne eine seiner Spezialzigaretten angezündet, um den an leerer Höflichkeit ausgerichteten Anlass zu überstehen. Vier Stück von ihnen hatte er in sein Zigarettenetui geklemmt. Aber es war noch früh und der Vorrat musste bis abends reichen.

Am Museumseingang gab es wieder Unruhe, als ein Goldfisch ankam. Der Detektiv hatte ihn noch nie gesehen, aber die norsische Aufmachung verriet ihm, dass es sich um Ragnelda Pussala handeln musste, die Professorin von der Universität Hoppsala. Mit ihrem grob gestrickten Nordländerpullover und den links und rechts ihres Mundes zu Zöpfen geflochtenen Barten bildete sie einen krassen Gegensatz zu dem aristokratischen Auftritt des Grafen.

Ihr Geruch war eine Mischung torfiger Metallic-Töne. Auf dem Kopf hatte sie den für alle landlebenden Fische üblichen Briser, der ihnen ermöglichte, auf dem Trockenen zu atmen. Die flüssigkeitsgefüllte Kuppel an ihrem Hinterkopf, in der der Umgebungssauerstoff angereichert wurde, war schlicht und zweckmäßig. Zwei Schläuche führten von dort zu weiteren Kuppeln, die die Kiemen umschlossen und mit sauerstoffreichem Wasser versorgten. Pumpen an allen Ventilen erlaubten eine Regulierung des Durchflusses.

Das Gesicht der Professorin hellte sich auf, als sie die Museumsdirektorin entdeckte, und sie kam herüber.

»Ah, Frau … äh … Frau …«

»Mahlzeit«, half ihr der Flamingo. »Ephigynie Mahlzeit, ich bin die Direktorin des Museums.«

Zu Skarabäus Lampe gewandt, flüsterte sie: »Professorin Pussala ist manchmal etwas vergesslich, sie arbeitet seit vielen Jahren mit uns zusammen und wir kennen uns gut.«

Unter Aufbietung aller Selbstbeherrschung konnte der Detektiv ein Augenrollen unterdrücken. Höflichkeitsfloskeln an sich waren unangenehm, aber sie mit jemandem auszutauschen, der sich zwei Minuten später nicht mehr daran erinnern konnte, empfand er als Zumutung.

»Eine schöne Feier haben Sie hier, Frau Wohlzeit«, plapperte die Professorin drauflos. »Was ist noch gleich wieder der Anlass? Meine Sekretärin hat versäumt, mich zu informieren. Sie ist leider etwas vergesslich, die Gute.«

Nachdem Ephigynie Mahlzeit sie mit sanftem Lächeln aufgeklärt hatte, schüttelte sie Skarabäus Lampe betreten die Hand.

»Es tut mir leid, mein Junge, ich habe schon viel von Ihrem Vater gehört.«

Er nickte mit einem steifen Lächeln, und der Goldfisch machte sich auf den Weg zum Buffet.

»Professorin Pussala hat mit Ihrem Vater an vielen Projekten gearbeitet und ist seit vier Wochen als Gastforscherin an unserem Institut. Aber wie gesagt – sie ist eben ein bisschen vergesslich.«

Verstohlen blickte der Detektiv auf seine Uhr. Er sehnte sich nach etwas Ruhe, aber die Gäste trafen jetzt Schlag auf Schlag ein. Es war kurz vor halb drei.

Ein Krokodil näherte sich ihm. Es trug einen weißen Kaftan, dem schwarzen von Frau Mahlzeit nicht unähnlich. Allerdings nicht aus Pietätsgründen, sondern weil es die traditionelle Bekleidung der Subier war. Ihm folgte eine Entourage von sechs ebenfalls weiß gekleideten Männern.

»Skarabäus, darf ich Ihnen den Premierminister von Subien, Scheich Cüglü bin Schleich, vorstellen? Ihr Vater war sehr oft zu Ausgrabungen dort, uns verbindet eine lange wissenschaftliche Freundschaft mit Subien.«

Zu Lampes Überraschung hörte man nicht den geringsten Akzent, das Krokodil sprach blütenreines Hochüberstädtisch. Offenbar vertraut mit der Überraschung seiner Gesprächspartner, lächelte der Scheich und sagte: »Ich habe hier viele Jahre gelebt und studiert. Und als ich in meinem Heimatland, nun ja, politische Karriere gemacht habe, haben Archibald und ich uns kennengelernt.«

Die Art, wie er »politische Karriere« aussprach, ließ keinen Zweifel daran, dass diese Karriere nicht das Ergebnis demokratischer Volksbegeisterung gewesen war. Aber Lampe war nicht hier, um die Lebenswege südländischer Putschisten nachzuzeichnen, und so schüttelte er nur lustlos die ihm dargebotene Hand und dankte zum gefühlt tausendsten Mal an diesem Abend für die Anteilnahme.

Er fühlte sich wie eine Art Trauerreliquie, die jeder einmal anfassen wollte. *Pst, hast du gesehen, das ist der Sohn des großen Archibald Lampe.* Jeder begegnete ihm mit diesem distanzierten Mitgefühl – gerade so, als hätte er den Verstand verloren und sei nun völlig unzurechnungsfähig.

Ohne Erklärung entschuldigte er sich bei Frau Mahlzeit und steuerte mit grimmiger Entschlossenheit den Ausgang an, um sich eine Zigarettenpause von dieser Trauerparade zu gönnen. Doch daraus wurde vorerst nichts, denn Moto Hafusi trat auf ihn zu, um ihm endlich seine Schwester vorzustellen. Als der Detektiv sich zu ihm umdrehte, war der Platz neben dem Riesensalamander allerdings leer.

»Nanu«, sagte Hafusi und sah sich verwirrt um, »eben war sie doch noch da. Vermutlich ist alles etwas zu viel für sie, nervöse Blase wahrscheinlich, später vielleicht.«

Mit einem knappen Lächeln nickte Lampe und verließ das Museum in abrupter Zackigkeit. Selbst das Aufsetzen seines Gehstocks bei jedem Schritt, klang zackig.

Noch dämmerte es nicht, aber das Nachmittagslicht hatte bereits jene kaltgraue Farbe, die anzeigte, dass es nicht mehr lange dauern würde.

Der Mob schien die Absperrungen zwar weiterhin zu respektieren, aber jedes Mal, wenn sich vor dem Hauptportal etwas tat, überbrückten immer wieder wütende Sprechchöre und matschiges Gemüse die Distanz.

Lampe stellte sich hinter eine der dicken Portalsäulen, um nicht gesehen zu werden. Er zündete sich eine normale Zigarette an und atmete tief ein. Rauch und kalte Winterluft vermischten sich in seiner Lunge, und er musste ein Hüsteln unterdrücken. Langsam ließ die genervte Ungeduld etwas nach, und der Detektiv entspannte sich.

Jedoch nicht für lange, denn ein Motortaxi hielt vor dem Museum, und ein Schwan stieg aus. Aussteigen war allerdings eine Untertreibung; er quoll eher aus dem Automobil hervor, weil er ein voluminöses Gewand aus weißem Chiffon trug, das seinen Bewegungen eher vorgriff, als ihnen zu folgen. Der Eindruck der wenig würdevollen Ankunft verflüchtigte sich jedoch sofort, als der Vogel sich auf dem Gehsteig streckte und sein Gefieder schüttelte.

Der Schwan war eine Frau, eine in ihrer ganzen Gestalt atemberaubende Frau. Ihr Kleid war atemberaubend, ihr Augenaufschlag war atemberaubend, ihr Schmuck war es und ihre Haltung auch. Der Detektiv vergaß einen Moment, sich hinter der Säule zu verbergen, und starrte sie an wie ein Junghase, dem die Hormone einschießen. In Gedanken ging er die Liste mit Trauergästen durch und kam zu dem Schluss, dass es sich um Monda Swanovski handeln musste, Millionenerbin und Hobby-Archäologin.

Bei ihrem Auftritt erhob sich sofort Lärm hinter den Absperrungen, denn es war unschwer zu übersehen, dass diese Frau unermesslich reich war. Bei dem Klassenkampf, der Überstadt zurzeit erschütterte, reichte das, um Hass auf sich zu ziehen. Beleidigungen und Beschimpfungen von ungeahnter Kreativität flogen Monda Swanovski um die Ohren. Doch sie tat so, als existierte der Aufruhr gar nicht. Sie kam die Treppenstufen hoch, sie *schwebte* hinauf, und hielt Lampe eine Hand zum Handkuss hin. Ihre Hand steckte in einem beinahe armlangen Seidenhandschuh, an ihren Fingern glitzerten einige große Hochkaräter, und an ihrem Handgelenk baumelte ein Juwelenarmband.

»Sie müssen Archibalds Sohn sein, habe ich Recht? Monda Swanovski.«

Ihre Stimme klang überraschend rauh.

Der Detektiv nahm die dargebotene Hand und deutete einen Kuss an, er fühlte sich wie hypnotisiert. Ein weißer Geruch stieg ihm in die Nase, durchsetzt von metallisch schwarzen Splittern und olivgrünen Schlieren. Die Frau roch nach ungeheurem Luxus, aber auch nach Abenteuer und Mut. Ihr Reichtum allein gab ihr offensichtlich keine Identität. Monda Swanovski war gewiss kein zerbrechliches Püppchen, auch wenn ihr offenkundiger Reichtum zu Vorurteilen verleitete.

Bei der Nennung ihres Namens hatte sie kurz den Blick niedergeschlagen und Lampe kam es einen Augenblick lang so vor, als hätten sich seine Knie in Helenes guten Grießbrei verwandelt.

»Äh, ja«, stotterte Lampe, »äh, Skarabäus Lampe, sehr erfreut.«

»Ihr Vater und ich«, Augenaufschlag, »haben manche Abenteuer zusammen bestanden. Fachliche und«, gesenkte Lider, »weniger fachliche.«

Ihre Augen verwirrten den Detektiv. Sie waren riesige wasserblaue Teiche mit dramatisch langen Wimpern. Der Wechsel zwischen beinahe schamhaft gesenktem Blick, verführerischem Wimpernaufschlag und herausfordernd direkten Blicken hatte etwas Einlullendes, beinahe Paralysierendes.

Es dauerte einen Moment, bis Lampe bemerkte, dass hinter ihren Augenbewegungen eine Art Choreografie zu stecken schien. Diese Frau mochte keine Identität aus ihrem Millionenerbe ziehen, aus ihrer Erscheinung tat sie es gewiss. Und diese Wimpernklimperei war nichts anderes als ein Manipulationsversuch, um andere für sich einzunehmen.

Mit ihrer verführerischen Art fiel es ihr sicher nicht schwer, immer zu erreichen, was sie wollte. Diejenigen, die immun gegen monetäre Bestechungsversuche waren, erlagen letztlich ihrem aparten Wesen.

Sie lächelte spöttisch in Richtung der Demonstranten. »Da haben Sie Ihren Gästen ja einen schönen Empfang bereitet.« Bevor Lampe antworten konnte, sprach sie weiter. »Huh, wie kalt es ist. Dieser Fetzen wärmt wirklich kein bisschen. Ich werde besser hineingehen, damit ich mir keine Lungenentzündung hole. Bis später, Skarabäus.«

Sie zog den zum Kleid passenden Umhang fester um ihre Schultern, berührte den Detektiv kurz am Arm und verschwand dann im Museum. Lampe schüttelte verärgert den Kopf. Beinahe wäre er in die Falle getappt.

Er wollte eben auch wieder hineingehen, als vor dem Portal des Museums ein weiteres Taxi hielt. Diesmal entstieg dem Gefährt ein Gürtelbär, der nur unwesentlich weniger reich zu sein schien als Monda Swanovski. Sein Aufzug war so extravagant, dass es sich nur um den Kunsthändler Harpo Lichtenstein handeln konnte. Außer ihm fehlten nur noch Professor Barnabas Nkolo und Atlatus September, und dieses Knallbonbon hier sah weder wie der Vorsitzende der Archäologischen Gesellschaft noch wie ein enger Freund seines Vaters aus.

Der Bär steckte in einem auffälligen rot-grün karierten Anzug aus feinstem Schmetterlingshaar. Über seinem mächtigen Bauch spannte eine dicke goldene Kette. Skarabäus Lampe zweifelte nicht daran, dass die Taschenuhr an ihrem Ende genauso dick und golden war. An allen Fingern trug er weiteres dickes Gold, und sogar in seinem linken Ohr blitzten drei goldene Ringe. Auf einem Auge trug er ein

Monokel, und um seine Schultern lag locker ein Mantel mit einem Kragen aus Lammwolle. Auch sein unübersehbarer Reichtum wurde von den Demonstranten mit wütenden Rufen und fliegenden Lebensmitteln, die ihre beste Zeit lange hinter sich gelassen hatten, quittiert.

Der Bär bemerkte den Detektiv hinter der Säule nicht, aber als er sie passierte, zog er den faulig grünen Geruch obszönen Reichtums hinter sich her.

Lampe holte tief Luft, um den Geruch aus der Nase zu bekommen, und folgte ihm mit etwas Abstand ins Gebäude.

Nun, da sich das Foyer mit Gästen und die Gäste sich mit Sekt gefüllt hatten, war die Atmosphäre nicht mehr ganz so steif, wie er erleichtert feststellte. Lampe nahm sich ebenfalls einen der Kristallkelche vom Buffet.

Über ihnen kreiste eine kleine Motte um einen der Glühwürmchenleuchter. Der Detektiv hätte sie sich gerne näher angeschaut und ärgerte sich, dass er seine Handausgabe von *Professor Redlichs Kompendium der rezenten Gliederfüßer* nicht dabeihatte. Aber vermutlich würde Helene ihm ohnehin das Buch wegnehmen, wenn er versuchen würde, auf der Trauerfeier seines Vaters, auf Insektenjagd zu gehen.

Frau Mahlzeit teilte den anwesenden Gästen gerade mit, der Vorsitzende der Archäologischen Gesellschaft verspäte sich, weil er am Bahnhof einen Dreischneck statt eines Motortaxis genommen hatte. Sie rechne allerdings in den nächsten sieben Stunden mit seinem Eintreffen.

Die Personen von außerhalb, die mit dem öffentlichen Nahverkehr von Überstadt nicht vertraut waren, hielten das für einen Scherz und lachten leise. Skarabäus Lampe dagegen verdrehte die Augen, weil er wusste, dass sieben Stunden für die Fahrt mit einem Dreischneck vom Bahnhof zum Museum eine ziemlich optimistische Schätzung waren.

Er ging zu der Direktorin und schlug ihr vor, Barnabas Nkolo den Umstieg auf ein Motortaxi zu empfehlen.

Professor Nkolo teilte der Leitschnecke nach Erhalt der Umsteigeempfehlung mit, die Fahrt sei zu Ende und er wünsche, sofort auszusteigen. Die Schnecke hob zu einem Protest an, kam aber nicht weiter als bis »D a s g e h t a b e r n i …«, weil der kleine Fahrgast sein Vorhaben einfach umsetzte, indem er ihr eine Gimmling-Note zwischen die Augen klemmte und aus dem Sitz kletterte.

Der an diesem Tag fernmündlich durch die Ratte geführte Dialog zwischen Frau Mahlzeit und dem Vorsitzenden der Archäologischen Gesellschaft brachte die Ratte, die die Verspätungsnotiz, mehrere besorgte Nachfragen und schließlich die Umsteigeempfehlung übermittelt hatte, trotz der Kälte ins Schwitzen. Aber sie war danach auch eine gemachte Ratte, denn die Konversation hatte ihr ganze drei Gimmling eingebracht – genug, um den restlichen Winter in der Gemütlichkeit der großen Lagerhalle am Hafen zu verbringen und die Kälte zwischen weichen Getreidesäcken zu verschlafen. Ein guter Tag, dachte sie, als sie Richtung Hafen lief. Ein wirklich guter Tag.

Mit einem Motortaxi war die verbliebene Wegstrecke zum Museum normalerweise nur etwas mehr als ein Katzensprung. Doch wegen der Umwege, die es aufgrund der Unruhen und Straßenbarrikaden nehmen musste, dauerte es diesmal eine halbe Stunde. Als das Automobil vor dem Eingangsportal hielt, war die Dämmerung angebrochen.

Das Taxi hielt ein wenig zu weit vom Gehsteig entfernt, und der Vorsitzende der Archäologischen Gesellschaft fiel in die Lücke. Graffanische Flüche ausstoßend zog er sich wenig würdevoll am Bordstein hoch und beschmutzte sich dabei seinen dicken Mantel mit Schneematsch. Professor Nkolo richtete sich auf und versuchte, den Zustand seiner Garderobe durch Klopfen und Wischen wiederherzustellen. Sein Blindenstock stieß gegen ein Hindernis. Er tastete mit dem Stock dessen Konturen ab und ließ dann genervt die Schultern hängen. Stufen! Barnabas Nkolo seufzte und begann, sich an der ersten Stufe hochzuziehen.

Auf seinem Weg nach oben wurde er von einem Schuhschnabel überholt, der kurz nach ihm angekommen war. Obwohl er viel schneller war als Professor Nkolo, trafen sie sich vor der Eingangstür wieder, denn der Vogel hatte offenbar seine Einladung vergessen und das Empfangspersonal wollte ihn nicht einlassen.

Den Vorsitzenden der Archäologischen Gesellschaft dagegen kontrollierte niemand, und wie immer in solchen Fällen war er nicht sicher, ob es an seinem internationalen Renommee lag oder doch nur daran, dass ihn aufgrund seiner geringen Größe niemand bemerkt hatte. Er schlüpfte zwischen den vielen Beinen hindurch ins Museum.

Schnaufend ließ Skarabäus Lampe sich auf den Stuhl neben Teddy fallen. Die beiden warfen einander genervte Blicke zu, aber bevor sie sich in ihrer Langeweile verbrüdern konnten, räusperte sich Helene streng. Der kleine Kater schnitt von ihr abgewandt eine Grimasse, und Lampe musste sich ein Lachen verkneifen.

Er wollte gerade beginnen, die Bodenkacheln aus Marmor zu zählen, als Moto Hafusi ihm die Hand auf die Schulter legte.

»Jetzt aber! Skarabäus, ich möchte Ihnen meine Halbschwester vor..., ach geh, wo ist sie denn jetzt schon wieder?!«

Er sah sich suchend um, und der Detektiv zog leicht belustigt eine Augenbraue hoch. »Sind Sie eigentlich sicher, dass es diese Halbschwester wirklich gibt und sie nicht nur in Ihrem Kopf existiert, Moto?«

Als der Riesensalamander zu empörten Beteuerungen anheben wollte, wurde am Haupteingang erneut Tumult laut.

Offenbar gab es dort Unstimmigkeiten bezüglich eines Gastes. Frau Mahlzeit eilte hinüber, und auch Lampe ließ Moto Hafusi einfach stehen, um am Eingang nachzusehen. Ein großer Schuhschnabel debattierte mit den Empfangskellnern, weil er nur einen Mantel, jedoch keine Einladung zum Tausch gegen den Begrüßungssekt anbieten konnte. Die Kellner schüttelten gerade bedauernd den Kopf und wiesen ihm die Tür.

»Halt, halt!«, rief Frau Mahlzeit und ging dazwischen. »Das ist doch Herr September!«

»Aber er hat keine Einladung.«

Der Flamingo legte den Arm um den Schuhschnabel und zog ihn vom Eingang weg ins Foyer, ohne auf den Empfangskellner zu reagieren.

»Entschuldigen Sie bitte vielmals, Herr September. Das Empfangspersonal hatte aus Sicherheitsgründen den Auftrag, die Einladungskarten zu kontrollieren, aber das gilt selbstverständlich nicht für persönliche Freunde des Hauses. Darf ich Ihnen Skarabäus Lampe vorstellen? Er ist der Sohn.«

Der Detektiv runzelte die Stirn. *Der Sohn.* Sicher, Archibald Lampe war sowohl in Überstadt als auch in der internationalen Archäologenszene eine große Persönlichkeit, aber war das ein Grund, ihn – Skarabäus Lampe – auf das Sohnsein zu reduzieren?

»Skarabäus, das ist Atlatus September, ein Jugendfreund Ihres Vaters und langjähriger … Begleiter der archäologischen Arbeiten des Museums.«

So wie sie den Vogel vorstellte, merkte Lampe sofort, dass etwas an der Begleitung besonders war, aber sie führte den Begriff nicht weiter aus.

Der Schuhschnabel reichte Lampe wortlos die Hand. Mit seinem unbewegten Gesichtsausdruck und dem eisgrauen Gefieder hatte er etwas von einer Statue. Seine Bewegungen waren langsam, ja, man könnte sagen, sie wirkten unbewegt. Er trank einen Schluck von seinem Sekt und blickte den Detektiv dabei durchdringend über den Rand des Glases an. Der erwiderte den stechenden Blick – mehr aus Neugier, denn aus Provokation.

Dieser Vogel unterschied sich sehr deutlich von den anderen Gästen. Keine hohlen Kondolenzworte kamen aus dem gewaltigen Schnabel, und irgendwie fühlte Lampe sich mit dieser versteinerten Begegnung wohler als mit der konventionellen Höflichkeit, die er heute bereits hatte erdulden müssen. In gewisser Weise zeigte Atlatus September in seiner schweigsamen Starre mehr Leben als die steifen Trauerbezeugungen.

Ephigynie Mahlzeit klatschte in die Hände. »So, dann fehlt jetzt nur noch Professor Nkolo, und wir können beginnen.«

»Aber ich bin doch hier«, kam es von ihren Füßen her.

»Der Sonne zum Gruß, liebe Ephigynie. Gibt es etwas zu trinken? Ich sterbe vor Durst.«

Skarabäus Lampe blickte erstaunt über die tiefe Stimme, die zu einem Bären gepasst hätte, nach unten. Tatsächlich hatte niemand bemerkt, wie der Vorsitzende der Archäologischen Gesellschaft in dem Gemenge um die fehlende Einladungskarte das Museum betreten hatte.

Frau Mahlzeit nahm eines der Gläser und reichte es Barnabas Nkolo unter tausend Entschuldigungen.

In der dicken Vermummung seiner Winterkleidung war von ihm nicht viel zu sehen, außer dass seine großen Hände und der kleine, tonnenförmige Körper wie von unterschiedlichen Arten stammend wirkten. Er kippte das Glas, das fast größer war als er, aber perfekt in seine riesigen Hände passte, in die höhlenartige Kapuze, und leerte es hörbar.

Erst als einer der Kellner Nkolo den dicken Wintermantel abnahm, erkannte Skarabäus Lampe, dass er ein Goldmull war. Er trug ein weißes Hemd und einen schwarzen Frack, dessen Schöße leicht über den Boden schleiften. Sein Fell schimmerte im kalten Licht der Glühwürmchenleuchter eher grünlich als golden.

Da nun alle Ehrengäste eingetroffen waren und es endlich und mit nur zwei statt sieben Stunden Verspätung losgehen konnte, nahmen alle ihre Plätze ein. Lampe wollte sich gerade zu Helene und Teddy setzen, als Moto Hafusi wiederum auf ihn zutrat.

»Ich habe ihr gesagt, wenn sie noch einmal wegläuft, kette ich sie an mich, haha! Skarabäus – das ist meine Halbschwester!«

Er präsentierte dem Detektiv eine schwarz gekleidete Frau, die er untergehakt am Arm hielt.

Der Detektiv hörte seine Worte nicht, beim Anblick der Frau war ihm schlagartig schwindelig geworden. Die hellblaue Eidechse, die bei Moto Hafusi stand, war ihm nur allzu bekannt.

Miniko. Sie war im Wanderzirkus Helios als der Tätowierte Tod aufgetreten und hatte sich Lampe bei seinen Ermittlungen im letzten Fall als Mitglied des Clans der Silberfinken zu erkennen gegeben, was sie schlagartig zur Hauptverdächtigen gemacht hatte. Silberfinken reisten immer mit einem Auftrag, und am Ende solcher Aufträge gab es immer Arbeit für ihn. Diese Frau war brandgefährlich.

Im Zirkus war sie immer nur in einen cremefarbenen Kimono, der auf geradezu hinterhältige Weise ihren wohlgeformten tätowierten Körper umspielte, gehüllt gewesen. Jetzt trug sie einen schlichten schwarzen Hosenanzug, und der Detektiv konnte beim besten Willen nicht sagen, in welcher Kleidung sie betörender aussah. Sofort stieg ihm ihr nachtblauer Duft mit den jadegrünen und dunkelroten Schlieren in die Nase, und er fühlte sich, als hätte er zu viel Gürteltier genommen.

Ein elektrisches Kribbeln zog durch seinen Körper, und er widerstand ungefähr siebenundzwanzig Impulsen gleichzeitig, von denen ein Kuss und ein achtkantiger Rauswurf nur die zwei drängendsten waren.

Sie durchbohrte ihn mit ihrem undurchdringlichen Blick, der absolute Souveränität ausstrahlte, und hielt ihm ihre Hand hin. Er ignorierte sie, aber sie führten ein so leidenschaftliches Blickgespräch, dass alle Anwesenden froh sein konnten, es nicht zu bemerken.

Bevor sich jedoch an den Blicken der beiden eine gewaltige Feuersbrunst entzünden konnte, trat Ephigynie Mahlzeit an das Rednerpult, was das Zeichen für alle im Saal war, Platz zu nehmen und leise zu trauern. Lampe setzte sich wieder zu Mamsy und Teddy und spürte, dass Miniko am Tisch, der ihm am nächsten war, Platz genommen hatte. In ihrer Nähe stellten sich seine Nackenhaare auf.

Frau Mahlzeits Stimme hallte unangenehm in dem hohen Raum, wodurch aus der zerdrückten Trompete ihrer Stimme eine zerdrückte Posaune wurde.

Die Direktorin sagte nicht viel; sie begrüßte die Anwesenden, bedauerte die Verspätung, drückte Archibald Lampes Angehörigen ein weiteres Mal ihr Mitgefühl aus und überließ das Mikrofon dann Stadtrat Arson.

Das Nilpferd trat mit zwei Zetteln in der Hand hinter das Pult, rückte seinen Zwicker zurecht und räusperte sich umständlich.

»Überstadt hat Archibald Lampe viel zu verdanken«, begann der Stadtrat, klang dabei aber, als verlese er den Wetterbericht (»Morgen Kälte, Schneeregen, eisiger Wind«).

»Seine unermüdliche Hingabe an die Wissenschaft hat ihm nach einer beeindruckenden, fast vierzigjährigen Karriere – über die uns der Vorsitzende der Archäologischen Gesellschaft später einen Überblick geben wird – vor zwei Jahren sogar die wichtigste Forschungsauszeichnung der Welt, den Hobelpreis, eingebracht. Mit Leidenschaft hielt er die Fackel des Wissens hoch, und ein Teil seines verdienten Ruhms fiel auch auf Überstadt zurück – seine Ausbildungsstätte, seine Heimat, das Hauptquartier seiner Arbeit. Doch darüber hinaus war er auch ein guter Kollege, ein Freund«, hierbei sah er zu dem Schuhschnabel hin, »und ein liebender Vater.«

Diesmal galt der Blick Skarabäus Lampe, der bei diesen Worten die Lippen aufeinanderpresste und mit den Zähnen knirschte.

»Ohne Frage wird sein Vermächtnis seine viel zu kurze Lebenszeit überdauern und nach ihm noch Generationen von Forschenden inspirieren, ermutigen und zu wissenschaftlichem Diskurs veranlassen. Seine Arbeiten prägten die internationale Lehrmeinung und viele seiner Entdeckungen haben wertvolle Hinweise für das Verständnis des Lebens und der Kultur gegeben.«

An der Stelle schluchzte Frau Mahlzeit leise und der Stadtrat machte eine Pause, bis sie sich den Schnabel geputzt hatte. In dem Moment der Stille waren nur die gedämpften Protestchöre der Demonstranten vor dem Museum zu hören.

»Wenn sich jemand den Respekt der Magistratur verdient hat, so war es Archibald Lampe, und deshalb war es für die Stadtregierung, der auch ich in bescheidener Funktion angehöre, keine Frage, ihn letztes Jahr zum Ehrenbürger von Überstadt zu ernennen.«

Arson wandte sich dem großen Porträt auf der Staffelei zu und senkte den Kopf. »Archibald Lampe, wir verneigen uns vor Ihnen.«

Er blieb einen Augenblick so stehen, faltete dann seine Notizen und ging zurück zu seinem Platz. Einsetzende Musik begleitete ihn.

Skarabäus Lampe war nach der Ansprache etwas frustriert. Nicht nur, weil Stadtrat Arson ein Technokrat übelster Sorte und seine salbungsvolle Rede nichts als Heuchelei war. Er hatte auch gehofft, auf dieser Trauerfeier mehr über den Mond herausfinden zu können und darüber, warum er vor seiner Tür lag. Aber bislang war er nur von einer unangenehm hohlen Situation in die nächste geraten. Leere Worte wie die Hüllen von Bananenmais. Nirgendwo ein Anknüpfungspunkt an den Mann, den der Meisterdetektiv als Vater gekannt hatte, bevor er zu einem Phantom mit regelmäßigen Bankanweisungen wurde.

Hier war Archibald eine Funktion, ein Beruf, eine unpersönliche Reputation. Und er selbst war nicht der Sohn eines Mannes, sondern einer Koryphäe. Es war alles sehr unbefriedigend.

Das Musikstück war sehr getragen und für eine so unpersönliche Veranstaltung unverhältnismäßig traurig. Lampe zweifelte nicht daran, dass Ephigynie Mahlzeit die Musik zusammengestellt hatte und dass das Stück für sie angemessen war – sie schien Archibald Lampe aufrichtig gerngehabt zu haben. Aber in der Öffentlichkeit der Feier, bis zu deren Beginn sich einige Gäste mehr für das Buffet interessiert hatten als für das Porträt des Verstorbenen, schien es Lampe etwas dick aufgetragen.

Anschließend moderierte Frau Mahlzeit den nächsten Programmpunkt – den Lichtbildvortrag – an. Moto Hafusi, der durch den Vortrag führen sollte, stand auf und machte sich an dem Projektor hinter dem Publikum zu schaffen. Die Direktorin schloss derweil die Vorhänge – unnötigerweise, denn mittlerweile war es ohnehin fast dunkel. Danach zog sie an dem großen Banner an den Riesenturmalinen von Musansk, das sich zu einer Leinwand ausrollte. Einer der Kellner löschte den elektrischen Deckenleuchter. Der Raum wurden nun nur noch von den Glühwürmchenlüstern am Buffet erhellt.

Einen Moment lang ratterte und klickte es noch aus Richtung des Projektors, dann flammte ein Lichtstrahl auf und Archibald Lampe erschien überlebensgroß auf der Leinwand. Die Plötzlichkeit seines Anblicks riss den Detektiv aus seiner mürrischen Genervtheit und hinterließ in seinem Bauch ein Gefühl, als hätte er Wackersteine gegessen.

Schlagartig war Lampe hellwach und schaute gequält zu, wie ein Bild nach dem anderen über die Leinwand sprang. Moto Hafusi erklärte, bei welchen Gelegenheiten die Bilder entstanden waren, und spickte seine Erzählungen mit charmanten Anekdoten, die einzelne melancholische Lacher zur Folge hatten. Skarabäus Lampe hörte kaum zu, er sah nur seinen Vater.

Sein Vater in der Sonne Subiens.

Sein Vater im Permafrost von Rigg.

Sein Vater vor einem norsischen Hühnergrab.

Sein Vater, der einen Sun-Ma-Krug in die Kamera hielt.

Sein Vater, der in dem Krug etwas fand.

Sein Vater, der das Etwas in den Mund steckte.

Sein Vater, der sich übergab.

Eine Motte war vom Licht der flackernden Fotografien angezogen worden und setzte sich auf der Leinwand mitten auf Archibalds Nase. Doch bevor der Moment unangemessen komisch werden konnte, fuhr Hafusi mit seinem Vortrag fort, das nächste Bild erschien, und die Motte war plötzlich eine unfreiwillige Verzierung an einem der Krüge.

Mitten im Vortrag wurde der Raum plötzlich von einem grellweißen Blitz erleuchtet und alle Gäste wurden vorübergehend blind. Farolia Topps hatte ein Foto von der ganzen Szenerie gemacht und sah schuldbewusst ins Publikum.

»Keine Kameras während des Lichtbildvortrags!«, rief

jemand wütend, und die Reporterin steckte ihr Arbeitsgerät wieder weg.

Skarabäus Lampe spürte eine leichte Übelkeit. Nein, unpersönlich war der Vortrag wirklich nicht. Hafusi hatte die Bilder gut ausgewählt, sie zeigten die Mischung aus ernsthafter Wissenschaft und naiver, beinahe kindlicher Neugier, die Archibald Lampe wie ein Wegweiser durch sein ganzes Leben dirigiert hatte. Ein liebenswerter, kluger und trotz einer gewissen Nachlässigkeit respektabler Mann war dort zu sehen.

Gelegentliches Schniefen und nostalgisches Lachen wechselten sich im Zuschauerraum ab, und als der Kronleuchter unter der Decke wieder eingeschaltet wurde, glänzten hier und da feuchte Augenpaare.

Nach dem Ende des Vortrags war eine Pause vorgesehen, und Skarabäus Lampe beschloss, dass jetzt der perfekte Zeitpunkt für eine seiner Spezialzigaretten war. Er informierte Mamsy über sein Rauchansinnen, die es mit einem Naserümpfen quittierte, und verließ das Foyer.

Wie beinahe jeden Tag hatte sich der Mob hinter den Absperrungen gegen Abend etwas ausgedünnt. Einsetzende Dämmerung und sinkende Temperaturen ließen viele Arbeiter abends die eigene Behausung der Straße vorziehen, mochte sie auch noch so schäbig sein. In den Nächten beruhigten sich die Unruhen daher immer ein wenig.

Anstelle von lauten Stimmen und Wurfgeschossen einer aufgebrachten Menge empfing den Detektiv jetzt nur ein eiskalter Wind. Doch kalter Wind, der ihm die Gehirnwindungen durchblies, war genau das, was er jetzt brauchte. Er wollte sich die Zigarette gerade anzünden, als ihm einer der

Zigarettengeckos zuvorkam, der ihm in diskretem Abstand gefolgt war. Lampe nickte ihm höflich lächelnd zu, und der Gecko entfernte sich wieder. Das Gürteltier in seiner Zigarette zeigte rasch Wirkung und das Chaos aus Erinnerungen, Eindrücken und Gefühlen in Lampes Kopf verlor seine Spitzen.

Er sortierte.

Erstens: Archibald war tot, und er musste herausfinden, was das für ihn bedeutete. Zweitens: Diese Veranstaltung. Konnte dieser Barnabas Nkolo nicht einfach seinen Sermon aufsagen und sie allesamt dann endlich nach Hause gehen? Drittens: Miniko. Dass sie hier war, war ungeachtet ihrer Beweggründe kein gutes Zeichen. Sie bedeutete in jedem Fall Ärger.

Als hätte die Eidechse seine Gedanken gelesen, öffnete sich die schwere Museumstür und Miniko trat, eingehüllt in einen breiten schwarzen Schal, zu ihm.

»Guten Abend, Detektiv«, sagte sie, und der Klang ihrer Stimme ließ die Unruhe in ihm sofort wieder aufleben. Ihr Geruch, ihr verdammter, betörender, verführerischer Geruch aus Nachtblau, Jadegrün und Dunkelrot vernebelte ihm die Sicht auf das Wesentliche. Er funkelte sie feindselig an.

»Miniko! Was wollen Sie?«

Sie sah ihn unschuldig an. »Aber warum so misstrauisch, Detektiv? Sie haben es doch gehört: Ich bin die verschollene Halbschwester von Moto Hafusi, die vor ein paar Wochen aufgetaucht ist und herzlich in den Schoß der Familie aufgenommen wurde.«

Die Art, wie sie das sagte, offenbarte ihre Worte als Lüge, und Lampe war klar, dass sie zur Tarnung wieder eine neue Identität angenommen hatte. Der Detektiv sah sie forschend an, aber ihre Miene war so unergründlich wie eh und je.

Sie nahm ihm die Spezialzigarette aus der Hand und zog tief daran. Ihre Pupillen weiteten sich leicht, wodurch ihr Blick etwas Hypnotisches bekam.

Verdammt, konnte es denn sein, dass diese Frau bei allem, was sie tat, noch verführerischer wurde?! Verärgert blickte der Detektiv zur Seite. Sie gab ihm die Zigarette zurück.

»Guter Stoff.«

Er nahm selbst auch noch einen Zug und schmeckte dabei eine Ahnung ihrer Lippen. Mit aller Macht bekämpfte er den Wunsch, sie zu küssen, der durch ihren Geschmack stärker geworden war. Er schnippte den Zigarettenstummel in den Schnee, der unter dem Nachtdunkel viel weißer aussah als bei Tageslicht, und hielt Miniko seinen Finger unter die Nase.

»Kommen Sie mir nicht in die Quere! Diesmal nicht!«

Sie betrachtete seine vernarbte Hand und berührte sie leicht. Er zuckte zusammen.

»Das mit Ihren Händen tut mir leid.«

Einen winzigen Moment ruhten die vergifteten Pfeilspitzen, die beide sonst mit ihren Augen aufeinander schossen. Für Lampe fühlte sich der winzige Friede an, als würde ein verbogener Fahrradreifen durch seinen ganzen Körper eiern. Doch bevor der Reifen Schaden anrichten konnte, wandte Miniko sich abrupt von Lampe ab, um wieder hineinzugehen.

Vor der Museumstür schaute sie noch einmal über ihre Schulter und warf Lampe einen Blick mit ungefähr achtunddreißig möglichen Bedeutungen zu.

»Und das mit Ihrem Vater auch«, ergänzte sie leise.

Dann fiel die Tür hinter ihr zu und Lampe ballte die Fäuste.

Ihre Entschuldigung für seine Narben konnte sie sich an den Hut stecken! Immerhin hatte sie selbst das Feuer gelegt, bei dem Teddy und er verletzt worden waren. Er hasste es, dass Miniko so eine starke Wirkung auf ihn hatte. Sie zog seine Gedanken auf die gleiche Weise auf sich, wie Murmeln immer zum tiefsten Punkt eines unebenen Bodens rollten. Sie war eine ständige Ablenkung. Und dann dieser verdammte Duft!

EINE TRAUERFEIER
FÜR ZWEI TOTE

Nachdem alle Gäste wieder ihre Plätze eingenommen hatten, wurde der Vorsitzende der Archäologischen Gesellschaft von Frau Mahlzeit zum Rednerpult geführt und die Musik erstarb. Jemand hatte für ihn eine Trittleiter herangeholt, damit er direkt auf das Pult steigen und neben dem Mikrofon stehen konnte.

Nach einem Räuspern, das wegen seiner tiefen Stimme und der Nähe zum Mikrofon wie das Donnergrollen eines nahenden Gewitters klang, begann er zu sprechen.

Er entschuldigte sich wortreich für seine Verspätung und scherzte über seine Dreischneckfahrt, die so lange gedauert habe, dass während dieser Zeit in seiner Heimat schon dreimal die Regierung hätte wechseln können. Dankbares Gelächter erklang.

Nkolo wirkte immer noch etwas gehetzt, Schweiß verklebte sein Fell zu feuchten Strähnen und die Worte kamen etwas kurzatmig, aber angesichts seiner Odyssee durch Überstadt war das wenig verwunderlich. Er öffnete seinen obersten Hemdknopf, wischte sich mit einem Taschentuch über Gesicht und Hals und wurde wieder ernst.

»Archibald Lampe«, begann er mit feierlicher Stimme. Dann fror sein Gesicht ein. Er sah aus, als hätte er am anderen Ende des Saales etwas Schlimmes entdeckt, was ja nicht sein konnte, da er blind war. Dennoch folgte Skarabäus Lampe instinktiv seinem Phantomblick, konnte aber in dieser Richtung nichts Auffälliges sehen. In dem Moment, als der Detektiv sich wieder nach vorne umdrehte, ging ein entsetztes Raunen durch die Gäste, denn der kleine Mull war auf dem Rednerpult zusammengebrochen.

Sofort sprang Lampe auf und stürzte mit Frau Mahlzeit zu ihm. Der Detektiv warf einen Blick auf den leblosen Körper und ihm war sofort klar, dass hier niemand mehr zu retten war. Kein Atem bewegte mehr die kleine Brust, und nach einem letzten Zucken des rechten Beines wurde auch der restliche Körper still. Der starre, erschrockene Gesichtsausdruck des Mulls war friedlicher Gleichgültigkeit gewichen. Barnabas Nkolo sah aus, als ob er schliefe.

Die Gäste wirkten wie eine Gruppe auf einem klassischen Gemälde. Der Gürtelbär Lichtenstein war erschrocken aufgesprungen, wodurch sein Stuhl umgefallen war. Monda Swanovski hatte sich an ihr sündhaft teures Collier gegriffen und für einen Moment vergessen, mit den Wimpern zu klimpern. Scheich bin Schleich war beim Tod des Professors ebenfalls aufgesprungen, aber sofort von seiner Leibgarde von jeder möglichen Gefahr abgeschirmt worden. Stadtrat Arson hatte die Brille abgenommen und begonnen, sie hektisch zu putzen. Kritor von Lugosch, der Wolf aus Achtbürgen, hatte sich halb von seinem Stuhl erhoben, und Professorin Pussala neigte den Kopf zu dem Schuhschnabel September, um ihn zu fragen, ob Barnabas Nkolo ein Nickerchen mache. Nur Miniko hatte sich nicht von ihrem Stuhl gerührt.

Mit dem kleinen Finger prüfte Skarabäus Lampe den Puls

des Professors und informierte die Anwesenden dann über dessen vollständiges Ableben.

»Meine Damen und Herren, offenbar haben wir heute nicht nur einen Toten zu beklagen, sondern zwei. Barnabas Nkolo, der Vorsitzende der Archäologischen Gesellschaft, ist soeben von uns gegangen.«

Erschrockenes Gemurmel erfüllte den Raum, und Helene fächelte sich mit der Hand Luft zu, um nicht in Ohnmacht zu kippen. Farolia Topps war die Erste, die sich aus der Starre löste; vermutlich, weil eine berufliche Neugier sie als Reporterin vor dem Schrecken des Todes schützte. Sie näherte sich mit gezückter Kamera dem Rednerpult, doch Lampe drängte sie zurück.

Er fühlte sich, als könne er zum ersten Mal seit der Nachricht vom Tod seines Vaters klar denken. Es gab etwas zu untersuchen, ein Rätsel zu lösen, und das schuf Ordnung in seinem Kopf. Monde, Wackersteine und Eidechsen rückten schlagartig in den Hintergrund, und das Ritzel der unbeteiligten Neugier, das seit Wochen blockiert war, setzte sich so butterweich in Bewegung, als hätte es nie geklemmt.

Nachdem er – mehr aus kriminologischem Reflex, denn aus begründetem Verdacht – allen Anwesenden verboten hatte, irgendetwas zu berühren, funktionierte er die Samtkordeln, die sonst die Riesenturmaline von Musansk vor neugierigen Besucherhänden schützten, zu einer Todortabsperrung um.

Die Museumsdirektorin wollte sofort zum Eingang eilen, um Inspektor Sutten zu benachrichtigen, der draußen die Absperrungen überwachte, doch Skarabäus Lampe hielt sie zurück.

»Warten Sie bitte noch einen Moment. Ich möchte mir

den Toten erst ansehen. Wenn Sutten dabei ist, will er wieder jeden meiner Handgriffe ausdiskutieren. Ich werde ihn gleich selbst reinholen.«

Da die Zeitungen von Überstadt nach jedem seiner Fälle ausführlich über den Detektiv (und die auf seine Veranlassung hin ausgegebenen Steuergelder) berichteten, kannte Ephigynie Mahlzeit zwar seine Profession, aber von seinen Arbeitsmethoden und dem ständigen Kompetenzgerangel mit der Polizei wusste sie nichts. Sie schaute ihn skeptisch an, wartete aber.

Skarabäus Lampe betrachtete Nkolo. Von außen gab es kein sichtbares Zeichen, das erklärt hätte, warum er nicht mehr atmete. Frack und Hemd waren am Kragen etwas verschwitzt, aber sonst unauffällig.

Ohne Vorwarnung für sensible Gemüter nahm er den kleinen Leichnam mit einer Hand hoch und hob ihn an sein Gesicht. Wer es sah, wandte sich entsetzt ab, weil es so aussah, als wollte er von ihm abbeißen. Stattdessen führte er den Körper an seine Nase und sog tief ein, wodurch aus dem Entsetzen der Umstehenden Ekel wurde.

Der Detektiv roch eine Mischung aus warmen Braun- und Gelbtönen, die ihn an die Holzmasken in Frau Mahlzeits Büro erinnerten. Es war der würzige Geruch des Südlandes. Daneben etwas Hellblau, das wahrscheinlich vom Schweiß des Goldmulls stammte; der Schweiß der meisten Arten lag geruchlich irgendwo zwischen Blau und Grün. Neben diesen relativ leicht einzuordnenden Farben nahm er eine Note Rosa mit hellgrünen Schlieren wahr.

Da der Detektiv nicht wusste, wie Barnabas Nkolo im Leben gerochen hatte, war es schwierig, dieses Rosa zuzuordnen. War es ein lebendiger Geruch oder ein toter? Stammte er aus Nkolos südländischer Heimat oder von hier? War er normaler Bestandteil von Nkolos Geruchsaura oder fremd? All diese Fragen mussten für den Moment unbeantwortet bleiben.

Behutsam legte er ihn wieder auf das Pult, auf dem auch die zwei winzigen Notizzettel lagen. Lampe nahm sie an sich, um sie später mithilfe der Lupe zu entziffern, und sah die Museumsdirektorin an.

»Ich werde jetzt Inspektor Sutten Bescheid sagen. Bitte sorgen Sie in der Zwischenzeit dafür, dass alle Türen des Museums unauffällig verriegelt werden.«

Sie sah ihn verstört an.

»Verriegelt? Denken Sie etwa …?«

»Zwei Archäologen von Weltrang sterben kurz nacheinander. Beide hier im Museum. Beide völlig überraschend. Und haben Sie bemerkt, wie kurzatmig und verschwitzt Professor Nkolo war? Genau wie mein Vater vor seinem Tod. Das riecht fischig, meinen Sie nicht?«

Ihre Augen weiteten sich vor Entsetzen.

»Meinen Sie etwa, Professorin Pussala hat etwas damit zu tun?«

»Nein, äh, fischig, das sagt man doch so. Im Moment meine ich noch gar nichts, außer dass wir genau – *ganz genau* – hinschauen sollten, warum in diesem Museum in kurzer Zeit zwei Männer gestorben sind. Lassen Sie die Türen verriegeln. Auch die Nebeneingänge.«

Zögernd gab sie die Anweisung an einige Kellner weiter, die sich sofort daran machten, die Türen zu verriegeln. Obwohl sie dabei zurückhaltend vorgingen, bemerkten es einige Gäste.

»Was ist mit Professor Nkolo passiert?«, fragte der Gürtelbär Lichtenstein laut in den Raum, und einige andere Gäste ließen zustimmendes Gemurmel hören. »Warum sperrt man uns ein? Wir haben ein Recht, das zu erfahren!«

Der Detektiv trat vor die Trauergemeinde, die sich in erschrocken flüsternden Grüppchen zusammengefunden hatte, und hob die Arme.

»Ich verstehe Ihre Fragen, ich habe auch welche. Aber im Moment kann ich nichts sagen, außer dass Barnabas Nkolo tot ist. Und bis geklärt ist, warum das so ist, habe ich die Ausgänge verriegeln lassen. Hier verlässt heute niemand mehr das Gebäude.«

Dem erneut aufbrandenden Tumult hielt er stoisch stand.

Hinter ihm führte eine Motte über dem Pult einen Totentanz auf.

»Gut, dass Sie kommen, Lampe.«

Der Inspektor kam Skarabäus Lampe auf der Eingangstreppe entgegen, als der aus dem Museum trat. »Ich breche jetzt auf. Die Lage hier draußen hat sich beruhigt und mit den wenigen Steine-, Gemüse- und Farbwerfern kommen meine Leute allein zurecht.«

Lampe ignorierte seine Worte. »Es hat einen Toten gegeben, Sutten.«

»Lampe?«, sagte der Inspektor. »Ist alles in Ordnung? Natürlich hat es einen Toten gegeben. Ihr Vater …«

Weiter kam er nicht, denn Skarabäus Lampe fiel ihm ins Wort.

»Ach, lassen Sie das doch! Nicht mein Vater, der Vorsitzende der Archäologischen Gesellschaft ist während seiner Rede tot zusammengebrochen! Ich muss prüfen, ob es ein natürlicher Tod war.«

Die Stimme des Inspektors bekam einen jammernden Klang. »Lampe! Bitte! Geht es nicht ein Mal, ohne dass jemand stirbt?!«

Suttens Vorwürfe gehörten ebenso zu ihrer Zusammenarbeit wie die Begrüßungsbeleidigungen. Lampe ließ sich davon schon lange nicht mehr aus der Ruhe bringen.

»Sie müssen nicht hierbleiben, Sutten, ich habe den Toten bereits untersucht. Aber der Geier soll die Leiche abholen, und ein paar Beamte müssen die Ausgänge bewachen. Vielleicht können Sie an den Straßensperren jemanden erübrigen. Das geht am schnellsten.«

Einen Moment stand der Polizist untätig herum, gebremst von Lampes unvermitteltem Informationsfluss. Dann schnaufte er.

»Ha, so weit kommt es noch, dass jemand in Überstadt aus unbekannten Gründen stirbt und ich nicht da bin, um den Tatort zu untersuchen.«

»Todort«, korrigierte der Detektiv.

»Was?«

»Todort. Solange wir noch nicht wissen, ob es ein natürlicher Tod oder etwas anderes war, ist es ein Todort, kein Tatort.«

Inspektor Sutten machte eine unwirsche Handbewegung und sie betraten das Foyer.

Während der Inspektor die Leiche in Augenschein nahm, setzte Lampe sich an einen der Tische, um die beiden Zettelchen zu lesen, die Barnabas Nkolo im Augenblick seines Todes aus der Hand geglitten waren. Die Notizen waren in Blindenschrift verfasst, die Lampe zwar grundsätzlich lesen konnte. Doch die Zettel waren so klein, dass es ihm schwerfiel, die einzelnen punktartigen Erhebungen mit seinen großen Fingern zu ertasten. Soweit er es richtig verstand, enthielt die Rede viel fachliches Lob, zählte die wichtigsten Etappen von Archibalds Karriere auf und schloss mit versöhnlichen Worten über die Konkurrenz unter Kollegen.

Sutten kam zu ihm. »Sieht für mich erst einmal nicht ungewöhnlich aus. Was halten Sie von der Leiche?«, fragte er.

»Stimmt, nicht ungewöhnlich.«

Die Augen des Inspektors weiteten sich in ungläubiger Freude. Sollte heute der erste Tag sein, an dem er und Skarabäus Lampe einer Meinung über den Tod einer Person waren? Er spürte, wie Tränen der Überwältigung in ihm aufsteigen wollten.

»Nicht ungewöhnlich und doch ungewöhnlich.«

Sofort kippte Suttens beginnende Euphorie in die altbekannte Genervtheit. Er rollte mit den Augen und sagte nichts. Lampe ignorierte seinen Widerstand.

»Sutten, roch mein Vater rosa und hellgrün?«

Wie immer, wenn der Detektiv von Gerüchen als Farben sprach, traf ihn auch jetzt ein ratloser Blick. Die Tatsache, dass Lampe Gerüche als Farben sah, die Polizeibediensteten aber nicht, führte regelmäßig zu Verständnisschwierigkeiten. Für den Detektiv war jeder Geruch vollumfänglich mit seiner Farbe beschrieben, denn jeder war so individuell wie ein Fingerabdruck; keine zwei Gerüche hatten exakt die gleiche Farbe. Es kostete ihn immer wertvolle Zeit, seine Farbsprache in eine zu übersetzen, die normalbegabte Leute besser verstehen konnten.

»Ich meine, äh, roch er süßlich und nach frischen Schnittblumen?«

Der Inspektor brummte nachdenklich.

»Oder vielleicht nach Zuckerwatte und frisch gemähtem Gras? Nach Eiscreme und frischen Trieben? Süß und frisch, Sutten, rosa und hellgrün! Denken Sie nach!«

»Sie gehen mir auf den Geist mit Ihren Gerüchen, Lampe. Aber ja, ich glaube, da war so etwas. Allerdings nur schwach. Was ist mit dem Geruch?«

Lampes Blick verdunkelte sich, aber das bemerkte Resfaldo Sutten nicht.

»Ich weiß es nicht. Zwei Todesfälle im Museum so kurz nacheinander. Beide haben vor ihrem Tod stark geschwitzt, und an diesem Toten«, er wies auf die Leiche auf dem Rednerpult, »habe ich einen unbekannten Geruch gesehen. Einen Geruch, den auch die Leiche meines Vaters aufwies, wie Sie mir soeben bestätigt haben. Das sollte auch Ihnen reichen, um eine gründliche Untersuchung der Leiche durch den Geier anzuordnen. Er soll Nkolo abholen und die Todesursache feststellen.«

»Es reicht! Sie erklären mir jedes verdammte Mal, dass Gerüche nicht alles sind, und jetzt kommen Sie mir mit Zuckerwatte und Schnittblumen?«

Lampe war nur zu bewusst, dass der Inspektor Recht hatte. Gerüche *waren* nicht alles. Würde Sutten ihm aufgrund eines schwachen Geruchs seinen Verdacht mitteilen, wäre er genauso misstrauisch. Und doch – sein Bauchgefühl sagte ihm, dass dieser Geruch wichtig war.

»Tun Sie, was ich sage, Inspektor. Vielleicht ist es nichts, vielleicht haben wir es aber auch mit einem Doppelmord zu tun. Und falls das so ist, sind womöglich weitere Personen in Gefahr.«

Kurz darauf betraten die Wachtmeister Clementine und Mandarine – im Polizeipräsidium allgemein als die »Zitrusfrüchte« bekannt – sowie Doktor Dannados das Museum. Der Detektiv nahm alle drei in Empfang und führte sie zum Rednerpult.

Als hätte ein anderer Teil ihrer Persönlichkeit die Kontrolle übernommen, hatte Farolia Topps ihre anfängliche Zurückhaltung vollständig aufgegeben. Wie Skarabäus Lampe war auch sie jetzt in ihrem Element, das in erster Linie aus Toten bestand. Die Reporterin folgte dem Detektiv und den Polizisten zu dem Toten, drängte sich hier und da dazwischen und wollte um keinen Preis die erste Einschätzung des Geiers verpassen – vermutlich um sie brühwarm an ihre Redaktion durchzugeben. Lampe verhinderte das, indem er die Manguste vom Pult wegschob und mit einem allgemeinen Störverbot in Helenes Obhut übergab.

Jemand hatte den bedauernswerten Barnabas Nkolo mit einer Serviette zugedeckt, und der Anblick des kleinen Leichnams hatte beinahe etwas Würdevolles. Behutsam zog der Detektiv die Serviette weg. Dann trat er etwas zurück und ließ Doktor Dannados seine Arbeit tun.

»Und? Was denken Sie, Doktor?«

Der Geier machte ein nachdenkliches Gesicht. »Schwer zu sagen. Auf den ersten Blick gibt es keine Auffälligkeiten, aber genauer kann ich es erst sagen, wenn ich ihn auf dem Tisch habe.«

»Haben Sie eine Idee, was dieser rosafarbene Geruch sein könnte?«

Der Geier schaute ihn ebenso ratlos an wie zuvor der Inspektor, und Lampe holte tief Luft.

»Riechen Sie diesen etwas herben Geruch nach Erde und

Bäumen? Gut, daneben ist etwas ganz leicht … Süßliches und ein Hauch von frisch geschnittenen Blumen. Haben Sie das?«

Doktor Dannados strengte sich sichtlich an, und nachdem Skarabäus Lampe ihm weitere geruchliche Assoziationen gab, nickte er langsam. »Ich glaube, ich weiß, was Sie meinen.«

»Was ist das für ein Geruch, ich habe diese Farbe noch nie gerochen.«

»Hm, kommt mir nicht bekannt vor.«

»Finden Sie es heraus, Doktor, so schnell wie möglich. Unterziehen Sie auch die Proben meines Vaters, die Sie seiner Leiche entnommen haben, den Tests. Der Tod der beiden Männer in so kurzer Zeit kann Zufall sein, aber ich habe das Museum sicherheitshalber abriegeln lassen, bis wir Sicherheit darüber haben, woran beide gestorben sind. Beeilen Sie sich. Und rufen Sie mich an.«

Mit unbekümmertem Achselzucken, als gingen ihn die Abriegelungsangelegenheiten des Detektivs nichts an, wies der Geier die Zitrusfrüchte an, den Leichnam abzutransportieren.

Es hatte etwas unfreiwillig Komisches, wie die beiden Beamten den Toten vom Rednerpult und in einen Leichensack hoben. Der Körper von Barnabas Nkolo war so winzig, dass man ihn bequem in der Jackentasche hätte transportieren können. Aber weil das nicht dem Protokoll entsprach, fassten die Wachtmeister Clementine und Mandarine mit Daumen und Zeigefinger je eine der winzigen Gliedmaßen und legten ihn in den verschließbaren Beutel. Lampe hoffte, dass der winzige Leichnam in dem riesigen Sack nicht verloren ging.

Schweigend betrachteten die Gäste, wie der Leichnam hinausgetragen wurde. Die formelle Handlung verlieh der Aufregung ein Leitsystem, an dem sich die Anwesenden kurz festhalten konnten.

Durch die geöffnete Eingangstür konnten alle hören, wie in der protestierenden Menge vor dem Museum Jubel ausbrach, als sie die Polizisten mit dem Leichensack sah. Das Museum war für sie zum Symbol höherer Klassen geworden, genau wie die Trauerfeier und die geladenen Gäste, und auch, wenn sie nicht wissen konnten, wer in dem Sack lag, war ihnen klar, dass es eine Person aus der gehobenen Gesellschaft war. Zum ersten Mal seit Beginn der Unruhen spürte Skarabäus Lampe angesichts dieser proletarischen Freude Ablehnung gegen die Bewegung. Die Tür wurde geschlossen, man hörte noch den Treffer einer matschigen Tomate, die jemand geworfen hatte, und es wurde wieder still im Foyer.

Teddy, den bei der ganzen Aufregung keine zehn Helenes auf seinem Platz gehalten hätten, kam zu Skarabäus Lampe.

»Also? Wie gehen wir vor?«

Sein Gesicht hatte bei der Frage einen konzentrierten und erwartungsvollen Ausdruck und strahlte dabei so viel heiligen Ernst aus, dass Skarabäus Lampe trotz der angespannten Gesamtsituation lächeln musste.

»Langsam, Partner«, sagte Lampe. »Wir wissen noch zu wenig. Wir haben noch nicht einmal ausreichend Hinweise darauf, dass bei dem Tod von Archibald und Nkolo mehr als Zufall im Spiel war.«

»Ach so?«, machte der kleine Kater. »Ich dachte, wir fangen jetzt wieder einen Gangster.«

»Oder eine Gangsterin«, antwortete Lampe gedankenversunken, »ja, vielleicht. Beiden Leichen entströmte ein unbekannter Geruch, und es ist auffällig, dass sie so kurz nacheinander gestorben sind. Womöglich hat ihnen jemand Gift verabreicht, aber bis jetzt haben wir keine konkreten Verdachtsmomente. Vorerst können wir nur Augen und Ohren offen halten.«

»Also das, was wir sowieso immer machen«, sagte Teddy enttäuscht.

»Ja und nein«, entgegnete Lampe. »Erinnerst du dich an Perilla Abernaht, die Hirschkuh mit dem verschwundenen Sohn? Misch dich unter die Gäste und beobachte sie. Es reicht nicht, einfach nur zu gucken, du musst *sehen*, sie *lesen*. Was tun sie? Was sagen sie? Wie sehen sie dabei aus?« Er blickte Teddy nachdenklich an. »Vielleicht findest du nur echten Schreck über einen plötzlichen Todesfall. Vielleicht hat hier aber auch jemand etwas zu verbergen.«

Teddy salutierte und wollte schon losflitzen, aber Lampe hielt ihn zurück.

»Eins noch, kleiner Partner. Du hast ja gesehen, dass Miniko auch hier ist. Ich weiß noch nicht, was sie hier treibt, aber ich möchte, dass du dich von ihr fernhältst. Ich kümmere mich selbst um sie.«

Teddys Gesicht verfinsterte sich. »Pah! Die soll lieber sehen, dass sie sich von *mir* fernhält, sonst gebe ich ihr eins auf die Nase!«

Und mit den Worten lief er davon.

Etwas schüchtern trat eine der Musikerinnen, der Leierschwanz, auf den Detektiv zu und fragte, ob sie auch bleiben müssten. Er teilte ihr – halb streng, halb bedauernd – mit, dass *alle* bleiben müssten, die Musikerinnen, die Zigarettengeckos, die Kellner aus der Cafeteria, alle. Der Vogel überbrachte seinen Kolleginnen die unangenehme Nachricht, worauf alle vier genervt protestierten, sich aber dann in ihr Schicksal fügten und das Buffet ansteuerten.

Wie ein Platzwart saß Helene Pick neben der Reporterin Farolia Topps und versuchte, größtmögliche Strenge und Entschlossenheit auszustrahlen. Doch als sie sah, wie Teddy mit Skarabäus tuschelte und dann losflitzte, um wahrscheinlich irgendwelche für ein siebenjähriges Kind völlig unangemessenen Dinge zu tun, musste sie sich zurückhalten, um ihre beiden Jungen nicht zu maßregeln. Wie sie Skarabäus kannte, freute er sich sogar in gewisser Weise über den Tod des kleinen Mulls, weil er eine in seinen Augen langweilige Formveranstaltung zu etwas Aufregendem gemacht hatte. Etwas Spannendem.

Sie hingegen fühlte sich vollkommen überfordert.

Dies hier war nicht das, worauf sie sich vorbereitet hatte.

Ein steifer, gesellschaftlicher Anlass, durch den sie sich trotz ihrer Nervosität mithilfe von Konventionen hangeln konnte: Darauf war sie vorbereitet. Hier und da etwas Rührseligkeit und ein leicht gesteigerter Beaufsichtigungsaufwand, um Teddy auf seinem Platz zu halten: Darauf war sie vorbereitet.

Doch jemandem beim Sterben zuzusehen und hernach – *unter Verdacht* – eingesperrt zu sein: Darauf war sie nicht vorbereitet.

Dass Skarabäus Lampe ihr den Auftrag gegeben hatte, Farolia Topps in Schach zu halten, gab ihr wenigstens etwas Struktur. Auch wenn sie im Moment nicht viel zu tun hatte, denn die Reporterin beobachtete wie alle anderen den Abtransport der Leiche und schrieb zwischendurch immer wieder eifrig in ihren Notizblock. Erst als die Polizisten weg und die schrecklichen Freudenrufe von draußen wieder ausgesperrt waren, sah sich die Reporterin auf der Suche nach mehr Material, das sie zu einem Artikel verarbeiten konnte, um.

»Oh-oh«, machte sie, als sie den vergesslichen Goldfisch auf ihren Tisch zukommen sah.

Helene schaute Professorin Pussala mit dem steifen Lächeln einer Person entgegen, die keine Gesellschaft wünscht, aber zu höflich ist, das zu zeigen. Durch das Lächeln ermutigt, setzte der Goldfisch sich neben das Huhn.

Farolia Topps nutzte die Gunst des Augenblicks, um Helenes Stuhlarrest zu entkommen, und ging einfach. Die sah ihr gleichermaßen empört wie hilfesuchend hinterher, fand aber keinen Weg, beiden Situationen gerecht zu werden, ohne Aufsehen zu erregen.

»Was für ein Durcheinander, nicht wahr?«, plapperte Professorin Pussala drauflos. »Auch einen Schluck?«

Sie hielt Helene einen silbernen Flachmann hin, der vermutlich Snörf enthielt, starken norsischen Alkohol, eine Art Nationalgetränk. Helene hätte die angebotene Flasche gerne genommen; Alkohol beruhigte ihre Nerven, aber er hatte auch eine verheerende Wirkung auf sie, und Skarabäus Lampe wäre sicher nicht damit einverstanden, wenn sie sich jetzt betrank. Also schüttelte sie den Kopf.

Nach einem kräftigen Schluck blickte sich die Professorin neugierig im Saal um. »Wer heiratet denn?«

Helene stutzte kurz über die Frage, aber dann war klar, dass Frau Pussala einmal mehr in Raum und Zeit verloren gegangen war. Als sie dem Goldfisch antwortete, sprach sie sehr langsam und deutlich.

»Niemand, dies ist eine Trauerfeier und der Festredner Barnabas Nkolo ist überraschend während seiner Ansprache verstorben.«

Mit einem entrüsteten Blick schaute der Goldfisch das weiße Huhn an, als hätte es gerade eine ungeheuerliche Beleidigung ausgesprochen. »Aber das weiß ich doch, halten Sie mich für senil?«

Der abrupte Wechsel zwischen Erinnern und Nichterinnern, zwischen Erinnertwerdenmüssen und Nichterinnertwerdenwollen verwirrte Helene Pick einen Moment, und sie wechselte das Thema.

»Sind Sie nur für die Feier aus dem Nordland angereist?«

»Aber nein, wo denken Sie hin? Ich bin schon seit vier Wochen hier. Ich bin doch Gastforscherin.«

Da Helene nichts von den Forschungsgepflogenheiten am Museum wusste, war sie unsicher, ob es sich um eine klare oder eine verwirrte Aussage handelte, und sagte nichts. Auch die Professorin schwieg einen Moment. Dann neigte sie sich zu dem weißen Huhn und fragte mit gedämpfter Stimme: »Worauf warten denn alle?«

»Wir warten darauf, dass Skarabäus Lampe, der Sohn des einen Verblichenen, den Tod des anderen Verblichenen aufklärt.«

Der Goldfisch schaute sie fragend an.

»Na, Barnabas Nkolo!«

»Barnabas Nkolo ist tot?!« Frau Pussalas Stimme überschlug sich beinahe, was durch den Briser klang, als würde sie ertrinken.

Helene Pick atmete tief, aber höflich ein und setzte dann an, Frau Pussala den Sachverhalt des Abends noch einmal zu erklären, aber der schien plötzlich etwas einzufallen.

»Ach ja, natürlich ist er tot, dies ist seine Trauerfeier, nicht wahr? Hat Frau Mahlheim, die Leiterin des Museums, mir gesagt. Alles klar, alles verstanden. Der arme Barnabas.«

Als Skarabäus Lampe an den beiden Frauen vorbeikam, warf Helene ihm einen hilfesuchenden Blick zu, aber er zwinkerte ihr nur zu. Sein Vertrauen in ihre Nerven war – wie immer – so groß, dass er nicht beabsichtigte, sie aus ihrer misslichen Lage zu befreien. Ihr blieb nichts anderes übrig, als auszuhalten, bis der Goldfisch sich ein anderes Opfer suchte. Sehnsüchtig blickte sie zum Buffet und auf die mittlerweile sehr geschrumpfte Zahl von Windbeuteln. Moto Hafusi hatte ihr gesagt, sie wären sehr gut.

Entgegen seiner Vorliebe für Abgeschiedenheit beim Drogenkonsum zündete Skarabäus Lampe sich in aller Öffentlichkeit eine Spezialzigarette an, um neu zu sortieren.

Erstens: Archibald war immer noch tot, und er musste immer noch herausfinden, was das für ihn bedeutete. Doch da sich an diesem Punkt bis auf Weiteres nichts ändern würde, hatte seine Erledigung Zeit, und Lampe schob ihn nach unten auf die Liste. Noch einmal von vorne.

Zweitens: Barnabas Nkolo war auch tot, gestorben aus noch unbekannter Ursache. Sollte sich diese tatsächlich als Gift herausstellen, musste er herausfinden, auf welche Weise es Nkolo verabreicht worden war. Zweitens: Was könnte ein Motiv gewesen sein, einen oder sogar zwei Stararchäologen umzubringen? Die Direktorin hatte Drohungen erwähnt, die möglicherweise doch nicht so harmlos gewesen waren, wie Inspektor Sutten sie eingeschätzt hatte. Drittens: Miniko war hier. Wegen ihrer Zugehörigkeit zum Clan der Silberfinken lag es nahe, einen Zusammenhang zwischen ihr und Nkolos Ableben herzustellen. Aber Lampe hatte bei seinem letzten Fall gemerkt, dass die Eidechse sich einer klaren Bewertung als verdächtig oder unverdächtig entzog. Er setzte gedanklich ein Fragezeichen hinter diesen Punkt und beschloss, als Erstes mit Ephigynie Mahlzeit und Moto Hafusi zu sprechen, die allein an einem der Tische saßen.

»Frau Mahlzeit, Sie haben vorhin Drohungen erwähnt, die das Museum in den letzten Wochen bekommen hat. Können Sie mir mehr darüber sagen?«

Ihr Blick huschte durch den Raum und Besorgnis flackerte darin. »Ja, äh, man drohte uns mit Gewalt, weil man in unserer Institution den Grund für die soziale Ungerechtigkeit in Überstadt sah.«

Lampe rieb sich das Kinn, während er zuhörte. »Welche Art von Gewalt?«, fragte er.

»Das hat der Absender – oder die Absenderin – nicht ausgeführt. Es waren allgemeine Formulierungen wie ›Sie werden bezahlen‹ und ›Das wird Ihnen noch leidtun‹, nichts Konkretes.«

»Auch kein konkretes Ziel? Eine bestimmte Person, die bedroht wurde?«

»Nein. Ich sagte ja schon, dass es sich wie Agitationspropaganda las. Inspektor Sutten kam zu demselben Schluss. Ich habe ihn gleich nach dem ersten Brief informiert und ihm diesen und alle weiteren Briefe übergeben. Es waren insgesamt vier.«

Nachdenklich nickte der Detektiv und wechselte dann abrupt das Thema. »Wissen Sie beide, was das Letzte war, was Archibald und Nkolo vor ihrem Tod gegessen oder getrunken haben?«

Die beiden Museumsangestellten wechselten bei der Frage

einen beklommenen Blick. Der Riesensalamander legte einen teigigen Finger an die breiten Lippen und überlegte einen Moment. Dann hellte sich seine Miene auf.

»Hm, ja, richtig! Ich hatte Ihnen doch gesagt, dass wir sehr in die Arbeit am Felodon vertieft waren. Deshalb haben wir keine richtige Pause gemacht. Zusammen mit der Gastforscherin Pussala, die in ihrem provisorischen Büro an einem eigenen Projekt arbeitete, haben wir uns nur etwas von einer zweiostländischen Straßenküche geholt und während der Arbeit gegessen. Archibald hatte ... warten Sie, ja, er hatte Pampelmusengrassuppe. Dazu trank er Brennnesseltee. Allerdings stand ein leeres Glas auf seinem Schreibtisch, als ich ihn später fand. Er könnte also noch etwas anderes getrunken haben, nachdem ich ihn wegen seines Unwohlseins in sein Büro gebracht hatte. Warum? Glauben Sie etwa, er wurde vergiftet?«

Der Detektiv antwortete nicht, sondern sah Frau Mahlzeit an, die von dem im Raum stehenden Verdacht sichtlich überfordert war. Ihr rosa Gefieder war blass, und sie brauchte einen Moment, um sich zu sammeln.

»Äh, Professor Nkolo, ich weiß nicht. Auf der Reise von Graffa hat er sicher gegessen und getrunken, aber ich weiß natürlich nicht w...«

»Nur seit seiner Ankunft hier«, unterbrach Lampe sie.

»Äh, ach ja, nun, da war der Begrüßungssekt, den alle Gäste bekommen haben. Sonst wüsste ich nicht ... oder war er noch am Buffet vor seiner Rede?«

Sie hatte ihre Frage an Moto Hafusi gerichtet, der den Kopf schüttelte.

»Ich verstehe. Wer hat die Gläser gefüllt, Sie oder das Personal? War das Tablett beaufsichtigt?«

»Wir haben uns abgewechselt«, sagte Frau Mahlzeit. »Und eigentlich stand auch immer jemand daneben.«

»Eigentlich?«, fragte Lampe.

»Na ja, es fehlten nur noch Professor Nkolo und Herr September, die Hauptankunftswelle war ja schon vorbei. Und für die verbliebenen zwei Gläser brauchte man natürlich keine Rund-um-die-Uhr-Betreuung, verstehen Sie?«

»Jemand könnte also etwas in Nkolos Glas getan haben.«

Frau Mahlzeit zog ihren Schnabel noch krummer, als er ohnehin schon war, und legte die Stirn in Falten. »Ich nehme an, es wäre schon möglich gewesen.«

Skarabäus Lampe sah zu dem Tisch am Eingang hinüber, auf dem noch immer das Tablett mit den zwei Gläsern stand, und dachte einen Moment nach.

»Ich brauche eine Liste mit allen Leuten, die sich im Museum aufhalten«, sagte er dann. »Gäste, Angestellte, das Hilfspersonal für die Feier, Musikerinnen, alle. Können Sie mir die zusammenstellen?«

Wieder tauschten die Direktorin und Archibalds Assistent einen bedrückten Blick, dann nickte der Flamingo.

Skarabäus Lampe bedankte sich und ging zu dem Tisch mit den Gläsern. Eines auf dem Tablett war noch fast voll. Atlatus September, der Schuhschnabel, hatte nur kurz daran genippt. Das andere war leer, ganz unten war nur noch ein einziger Tropfen. Lampe nahm es in die Hand, untersuchte es auf sichtbare Auffälligkeiten und steckte dann die Nase tief hinein.

Rosa und hellgrün. Ganz unverkennbar.

Der Geruch in dem Glas war stärker als an Nkolos Leiche, womit bewiesen war, dass er weder zu dem lebenden noch zu dem toten Vorsitzenden der Archäologischen Gesellschaft, sondern zu dem Sekt gehörte. Um sicherzugehen, roch er auch an dem anderen Glas, aus dem September getrunken hatte, doch hier nahm er nur die zitronengelben Gerüche eines zwar hochpreisigen, aber dennoch ganz normalen Schaumweins wahr. Jemand hatte Barnabas Nkolo etwas in seinen Begrüßungssekt getan, und das reichte dem Meisterdetektiv, um seinen Tod als Mord zu behandeln.

Einen winzigen Moment lang wollte sein Gehirn auf dem Ritzel der unbeteiligten Neugier weiterlaufen, aber dann wurde ihm klar, was dieses Glas bedeutete.

Die Tatsache, dass auch sein Vater nach dieser Substanz gerochen hatte, hieß, dass der Mond keineswegs formlos vor seine Haustür gefallen war, sondern ihn jemand mit Gewalt vom Himmel geholt hatte. Sofort spürte er wieder die Wackersteine in seinem Bauch, die er seit Nkolos plötzlichem Tod nicht mehr wahrgenommen hatte.

Eine Motte flog durch sein Blickfeld. Jetzt, wo jede konventionelle Ordnung des Anlasses aufgehoben war, hätte er sie problemlos fangen können, ohne von seinem ehemaligen Kindermädchen zurechtgewiesen zu werden. Doch die Erkenntnis, dass sein Vater ermordet worden war, ließ ihm die Motte plötzlich unwichtig erscheinen. Im Augenblick fühlte er sich wie gelähmt.

Vorwärtsrolle hinter den Servierwagen, Hechtsprung zur Bodenvase und dann unter den Tisch mit der langen Decke.

Wer den kleinen Kater dabei beobachtete, wie er einem Springteufel gleich durch das Foyer flitzte, mochte glauben, er spielte, doch tatsächlich war er auf einer wichtigen Geheimmission. Gut. Sollten sie ihn ruhig unterschätzen. Das erleichterte ihm die Arbeit.

Er hockte unter dem Tisch und hatte die lange Decke über Kopf und Schultern gelegt, um herausschauen zu können. Ein bisschen sah er jetzt aus wie ein berullisches Mütterchen mit Kopftuch. Seine Aufmerksamkeit galt Graf von Lugosch, der sich mit dem Schuhschnabel im Gespräch befand. Vielmehr versuchte er, sich in einem Gespräch mit ihm zu befinden, denn der große Vogel war wie versteinert. Der Graf erklärte ihm gerade, die Wissenschaftsförderung liege ihm sehr am Herzen, als Teddys Kopftuchdecke ruckartig weggezogen wurde.

»Na, kleiner Detektiv, hilfst du dem Hasen, einen Fall aufzuklären?«

Miniko lächelte den Kater spöttisch an.

»Gehen Sie weg!«, zischte er. Er spürte eine Mischung aus Wut und Angst. Allzu lebendig waren seine Erinnerungen an die Verletzungen, die er durch Minikos Feuer erlitten hatte. Nachdem der brennende Schuppen über dem kleinen Kater zusammengebrochen war, hatten die Ärztinnen im Hospital der Kundigen Frauen alles getan, um sein zerschmettertes Bein wieder zusammenzuflicken, aber er würde zeitlebens ein Humpeln zurückbehalten. Von dem Atm-O-Sauger, der seinen Körper zwar von dem giftigen Rauch befreit, ihm aber wegen der mechanischen Belastung durch die Behandlung tagelang schmerzende Glieder beschert hatte, ganz zu schweigen. Er hatte nicht vor, ihr das so schnell zu verzeihen.

»Hauen Sie ab«, wiederholte er, »Sie gefährden meine Geheimmission!«

Sie lachte leise. »Mit deinen spektakulären Turnübungen gefährdest du deine Geheimmission schon ganz allein. Dafür brauchst du mich nicht.«

Trotzig riss Teddy ihr den Tischdeckenzipfel aus der Hand und legte ihn sich wieder um den Kopf. »Lassen Sie mich! Gehen Sie weg!«

Einen Moment lang stand sie schweigend neben ihm, schaute belustigt auf ihn herab und dann zu den Opfern seines Überwachungsangriffs.

»Ich glaube ja nicht, dass du durch die Belagerung der Gäste etwas Entscheidendes herausfindest. Ich wüsste da etwas Besseres, aber ich kann natürlich auch weggehen.«

Ein scheinheiliges Lächeln spielte um ihren Mund.

Mit schmollender Konzentration starrte Teddy den Grafen und Atlatus September an und tat so, als hätte er Miniko nicht gehört. Sie sollte bloß nicht glauben, er sei so leicht zu haben wie Skarabäus Lampe. Der wurde immer ganz komisch, wenn sie in der Nähe war.

»Sie haben mich fast umgebracht, warum sollte ich Ihnen zuhören?«

»Nun, du könntest es als Wiedergutmachung betrachten. Ein Friedensangebot.«

Einen Augenblick lang blieb Teddys Gesicht noch unter dem Trotz zur Faust geballt, dann sah er die Eidechse mit widerstrebender Neugier an. »Na gut, was ist es?!«

»Komm, wir müssen in die Ausstellungsräume.«

Ohne näher auf seine Frage einzugehen, drehte sie sich um und ging. Teddy blickte unschlüssig zu Mamsy, von der er sicher ein Donnerwetter zu hören bekam, wenn sie spitzkriegte, dass er sich a) ohne Skarabäus Lampe und b) mit Miniko im Museum herumtrieb. Denn es gab nur eine Person, die der Eidechse Teddys Verletzungen noch weniger verzeihen konnte als Teddy selbst, und das war Helene Pick. Doch gerade jetzt befand sie sich in einem offenbar sehr quälenden Gespräch mit diesem norsischen Fisch mit den Zöpfen am Mund, und so folgte der kleine Kater Miniko.

Farolia Topps hatte durchaus ein schlechtes Gewissen, das weiße Huhn mit Professorin Pussala allein zu lassen, aber das hinderte sie nicht daran, endlich ihrer beruflichen Neugier nachzugehen. Durch den Tod des Vorsitzenden der Archäologischen Gesellschaft hatte die Feier eine Dramatik bekommen, die die Reporterin auf etwas Größeres als einen kleinen Einspalter auf Seite 7 hoffen ließ. Nkolo war außerdem Graffaner, ein Fremdländer, und mit etwas Glück wurden aus einem öden Festakt ein paar handfeste diplomatische Verstrickungen.

Sie sah die Schlagzeilen schon vor sich: »Zentralsüdländischer Star-Archäologe in Überstadt ermordet«; »Kronprinz von Graffa verlangt lückenlose Aufklärung«; »Überstadt lehnt jede Verantwortung für den Vorfall ab«.

Es würde ihrer Karriere sicher einen Schub geben, auch wenn noch gar nicht geklärt war, ob es sich überhaupt um Mord oder nur ein schwaches Herz handelte.

So unauffällig wie möglich mischte sie sich unter die Gäste. Besonders unauffällig war das nicht, denn zum einen hatten alle ihre Kamera während des Lichtbildvortrags bemerkt und zum anderen gaben Stift und Notizblock, die sie immer wieder zückte, einen heißen Tipp auf ihre Profession.

Sie näherte sich dem Schuhschnabel, der allein etwas abseits stand. Er wirkte fremd in dieser Ansammlung von Wissenschaftsinteressierten, für die der Tod von Archibald Lampe offenbar nur ein Anlass gewesen war, zusammenzukommen. Bis auf wenige Momente der Rührung und den aufrichtigen Schock beim Tod von Barnabas Nkolo schienen sie wenig bewegt.

Dieser Vogel jedoch war irgendwie anders. Er saß die meiste Zeit allein oder stand vor dem Porträt Archibald Lampes. Sein Gesicht war stets seltsam starr und seine Bewegungen langsam.

Im Vergleich zu der Manguste war er ein Riese. Er überragte sie um ein Vielfaches, sodass sie den Kopf in den Nacken legen musste, um ihm ins Gesicht zu sehen.

Als sie ihn ansprach, blieb er vollkommen unbeweglich. Er sah sie noch nicht einmal an. Für gewöhnlich fehlte es ihr nicht an Selbstbewusstsein, fremde Leute zu befragen, doch bei diesem Vogel brauchte sie einen Moment, um ihre Stimme zu finden.

»Äh, guten Abend, ich glaube, wir wurden einander noch nicht vorgestellt. Mein Name ist Farolia Topps, und Sie sind?«

Der Schuhschnabel rührte sich nicht, gerade so, als existierte die Reporterin gar nicht. Sie musste den Impuls unterdrücken, ihn anzufassen, um zu prüfen, ob er vielleicht tatsächlich eine Statue war.

Sie versuchte es noch einmal, etwas lauter diesmal – nur für den Fall, dass er vielleicht schwerhörig war.

»Äh, ja, woher kannten Sie Archibald Lampe? Sind Sie, ich meine, waren Sie ein Kollege?«

Unendlich langsam drehte der Schuhschnabel seinen Kopf und sah sie an. Sein riesiger breiter Schnabel war wie eine Festung in dem Gesicht, ein einschüchternder Abwehrpanzer, der durch den kleinen Haken an seinem Ende doppelt verschlossen wirkte. Wie an Schnüren geführte Pfeile glitt sein Blick an diesem Schnabel entlang auf die Manguste herab. Die großen Pupillen ließen die Augen fast schwarz erscheinen, obwohl die Iris hell war. Sein Blick war unangenehm stechend. Farolia Topps fühlte sich wie durchschaut, durchbohrt geradezu, und spürte, wie ihr der Schweiß ausbrach.

Verstockte Leute gehörten zu ihrem Beruf wie Stift und Papier und brachten sie für gewöhnlich nicht aus der Fassung. Diesem westländischen Senator vor ein paar Jahren zum Beispiel, der im Verdacht stand, auf einer Dienstreise nach Überstadt mit Wirbeltierfleisch experimentiert zu haben, war sie einfach so lange hinterhergelaufen, bis er entnervt alles zugegeben hatte. Oder der überstädtische Stadtrat, der in einen Korruptionsskandal verwickelt war und jede Auskunft verweigerte, bis sie ihm dafür Geld bot.

Man konnte wirklich nicht sagen, dass Farolia Topps sich leicht entmutigen ließ, aber dieser Vogel war wie aus Granit. Sie versuchte es ein letztes Mal.

»Puh, das war vielleicht ein Schock, was? Der arme Professor Nkolo. Fällt einfach so um.«

Mit der gleichen, beinahe unheimlichen Langsamkeit wandte der Schuhschnabel sich wieder ab. Dann sprach er mit so tiefer Stimme, dass die Reporterin unwillkürlich eine Hand auf ihren Bauch legte, in dem es leicht vibrierte.

»Der Tod kommt oft unverhofft.«

Mehr sagte er nicht, sondern wandte sich wieder dem Porträt Archibald Lampes zu, als existierte Farolia Topps nicht. Der Haken an seinem oberen Schnabel war wieder fest eingerastet. Sie sah ein, dass sie hier nicht weiterkommen würde, und machte sich auf die Suche nach anderen zu entdeckenden Geheimnissen.

Skarabäus Lampe hatte sich aus seiner Lähmung befreit und beschlossen, Inspektor Sutten anzurufen, der inzwischen sicher mit dem Geier im Polizeipräsidium angekommen war. Moto Hafusi zeigte ihm das Telefon im Büro hinter dem Empfangstresen und übergab ihm noch die Namensliste, die die Direktorin inzwischen erstellt hatte. Lampe schloss die Tür hinter sich.

»Sutten, es gibt Neuigkeiten«, begrüßte er den Inspektor, dem auffiel, dass Lampes Stimme seltsam matt klang.

»Das Glas, aus dem Nkolo kurz vor seinem Tod getrunken hat, roch genauso wie er, nur viel stärker. Rosa und hellgrün. Ich bin sicher, dass man Barnabas Nkolo vor seinem Tod irgendetwas verabreicht hat.«

Er machte eine kurze Pause.

»Sie wissen, was das bedeutet. Nicht nur er, sondern auch mein Vater wurde ermordet.«

Am anderen Ende der Leitung blieb es kurz still, dann brummte der Polizist nachdenklich.

»Hm, sollte der Geruch auf ein bisher unbekanntes Gift zurückgehen – und ich betone ausdrücklich, dass ich davon noch nicht überzeugt bin –, würde das bedeuten, dass der Mörder – oder die Mörderin – sich mindestens seit dem Tod Ihres Vaters in Überstadt aufhält.«

»Ja, und darüber hinaus, dass wir in dem Fall hier mit einem Mörder – oder einer Mörderin – eingesperrt sind«, knurrte der Detektiv.

»Ich gebe es nur ungern zu, aber Sie haben Recht. Ich komme. Wir müssen alle Gäste durchleuchten, Verdächtige befragen und Alibis klären.«

»Nein, warten Sie, Sutten. Ich komme hier klar. Im Moment habe ich alle Anwesenden im Blick, und falls ich hier auf Auffälligkeiten stoße, bringen Sie mir draußen mehr. Der Geier soll herausfinden, welche Substanz man den beiden Toten verabreicht hat. Sie müssen außerdem die Drohbriefe, die Frau Mahlzeit Ihnen übergeben hat, noch einmal ganz genau unter die Lupe nehmen. Wir müssen wissen, ob sie tatsächlich aus der Arbeiterbewegung stammen, wer die Rädelsführer der Unruhen sind, ob sie Vorstrafen haben. Sie wissen schon: das Übliche. Frau Mahlzeit hat mir außerdem eine Namensliste aller im Museum anwesenden Leute gegeben, Gäste und Angestellte. Schauen Sie mal, ob da unsaubere Gestalten dabei sind.«

»Aber selbstverständlich! Kann ich sonst noch etwas für Sie tun, lieber Lampe?«

Der Detektiv überhörte die Ironie in Suttens Worten absichtlich. »Ja. Schreiben Sie mit, ich lese Ihnen die Liste vor.«

Der Polizist knurrte ungehalten, notierte aber die insgesamt dreiundvierzig Namen. Als sie fertig waren, bat Lampe ihn noch darum, ihn sofort zu informieren, wenn es etwas Neues gab, und legte dann auf, ohne auf Suttens Antwort zu warten.

Er verließ das Büro und blieb einen Moment am Empfangstresen stehen. Mit zusammengekniffenen Augen ließ er seinen Blick über jeden einzelnen der Gäste schweifen. Einige sahen ihn gespannt an, andere redeten leise in kleineren Grüppchen. Diese Leute waren für ihn wie leere Gefäße. Wegen seines mangelnden Interesses an der Planung der Trauerfeier wusste er praktisch nichts darüber, was die Anwesenden mit seinem Vater oder miteinander verbunden hatte. Er winkte die Museumsdirektorin zu sich.

»Frau Mahlzeit, ich bin fest davon überzeugt, dass Nkolo und mein Vater ermordet wurden. Ich brauche mehr Informationen über ihre Arbeit. Gab es dabei irgendetwas, das Anlass gewesen sein könnte, die beiden zu töten?«

Sichtlich erschüttert darüber, sich plötzlich in einer Mordermittlung wiederzufinden, dachte die Direktorin nach.

»Nun ja, es gab viele gemeinsame Forschungsprojekte wie das aktuelle mit der Universität Hoppsala. In der wissenschaftlichen Gemeinde ist Konkurrenz eher Thema, wenn es um Forschungsgelder geht. Sie sind schwer zu bekommen und Ausgrabungen sehr teuer. Deshalb sind wir oft auf private Förderung durch Leute wie Graf von Lugosch und Monda Swanovski angewiesen. Allerdings ist auch Frau Swanovski in gewisser Weise Konkurrenz, denn sie betreibt ebenfalls archäologische Studien. Nur hobbymäßig zwar, aber sie war für Archibald und Barnabas immer auch eine Rivalin. Wenn sie kein persönliches Interesse an dem Forschungsgegenstand hatte, war sie eine großzügige Geldgeberin. Hatte sie allerdings selbst ein Auge darauf geworfen, lieferten sich die drei eine Art Wettrennen, wer den Artefakten als Erstes ihre Geheimnisse entreißen würde.«

Lampe dachte an den Geruch der Millionenerbin, der gleichermaßen an Reichtum und Abenteuerlust erinnerte, und hatte keinen Zweifel an ihrem Ehrgeiz.

»Es war ein Wettstreit mit einem Preisgeld, das Frau Swanovski selbst stellte. Schauen Sie, Ausgrabungen gehen immer Vorarbeiten voraus, die einem Hinweise liefern, wo man zu graben hat, um ein Grabmal, eine altertümliche Siedlung oder Skelette zu finden. Wenn wir genug Anhaltspunkte hatten, in einem bestimmten Gebiet bestimmte Funde zu machen, schaltete Monda sich ein und dann wurde es ein Rennen auf Zeit. Wer immer dieses Rennen gewann, gewann auch das Preisgeld. Sie selbst hatte natürlich kein

monetäres Interesse zu gewinnen; ihr ging es um das Abenteuer und den Ruhm. Ich glaube, ihr gefiel auch die Idee,
sich mit zwei Männern zu messen.«

»Ich verstehe. Sonst noch etwas?«

»Um die Gutachten gibt es immer viel Streit.«

Der Detektiv sah sie fragend an.

»Gutachten, die den wissenschaftlichen Wert eines Arte-
fakts klären. Von ihnen hängt ab, ob wir Funde verkaufen
oder für unsere Forschungen und Sammlungen behalten.«

»Sie verkaufen Ihre Funde?«, fragte Lampe überrascht.

»Oh, aber ja. Schauen Sie, nicht alle unsere Funde sind
eine wissenschaftliche Sensation. Manchmal handelt es
sich auch nur um banale Alltagsgegenstände aus bereits gut
untersuchten und belegten Epochen. Unsere Sammlungs-
archive im Keller platzen bereits aus allen Nähten. Harpo
Lichtenstein, der etwas … grell gekleidete Gürtelbär, ist ein
international renommierter Kunsthändler aus dem Westland. Er handelt mit antiken Fundstücken. Sammler wie er
sind fast an allem interessiert, was wir finden. Und sie zahlen
gut. Ohne diese Einnahmequelle wäre das Nationalmuseum
vermutlich nur halb so groß. Aber natürlich muss vor der
Veräußerung eines Gegenstandes erst einmal sein wissenschaftlicher Wert geklärt werden.«

Während Frau Mahlzeit redete, beobachtete der Detektiv
Lichtenstein. Er hatte es ohne Frage bis ganz an die Spitze
geschafft. Manieren schien er dagegen keine zu haben. Soeben biss er in ein Häppchen, und als ihm dabei die Hälfte
des Belages auf sein gerüschtes Chemisett fiel, sammelte er
ihn einfach ein und steckte ihn sich in den Mund. Lampe
wandte sich ab, weil es ihm schwerfiel, angesichts solch ge-
dankenloser Dekadenz seine Objektivität zu wahren.

»Und dafür die Gutachten, ich verstehe. Sie erzeugen oft Streit?«

»Sehr oft sogar. Und es ist ein langwieriger Prozess, die Bedeutung eines Gegenstandes für die Forschung zu bewerten. Die Freigabe eines Fundes für die Vermarktung verbleibt allerdings stets in wissenschaftlicher Hand. Herr Nkolo selbst war neben seiner Arbeit für die Archäologische Gesellschaft als Sachverständiger tätig, genau wie Ihr Vater.«

»Und welchen Weg nimmt das Geld?«

»Die Kosten für die Gutachten übernimmt immer der Auftraggeber, meist ein privater Händler wie Herr Lichtenstein. Kann er am Ende das fragliche Stück veräußern, hat er die Auslagen schnell wieder drin, denn echte Artefakte erzielen unabhängig von ihrem wissenschaftlichen Wert auf dem Kunstmarkt geradezu abenteuerliche Preise. Bei erfolgreichem Verkauf bekommt außerdem das verwaltende Institut – also das Nationalmuseum – eine Provision. Je nach Höhe geht ein Teil davon zusätzlich als Sondergratifikation an die Sachverständigen.«

Skeptisch zog der Detektiv die Augenbrauen zusammen.

»Aber dadurch entsteht doch für den Gutachter ein Interessenskonflikt. Wenn er ein Artefakt ablehnt, bekommt er sein Honorar, wenn er es freigibt, bekommt er sein Honorar und einen Bonus. Warum sollte da überhaupt jemals ein Fund abgelehnt werden?«

Der Flamingo lächelte nur.

»Sie unterschätzen die wissenschaftliche Besessenheit von Forschern wie Nkolo und Ihrem Vater, lieber Skarabäus. Ich habe schon erlebt, wie Archibald sich gegen die Freigabe eines Fundstücks gestellt hat, das ihn mit einem Schlag so reich gemacht hätte, dass er sich nie wieder um

Ausgrabungsfinanzierungen hätte sorgen müssen. Einfach aus fachlichem Interesse an dem Stück. Denn nur eine Sache brauchen Wissenschaftler noch dringender als Geld, und das ist Reputation. Und Reputation bekommen sie nur durch die Veröffentlichung ihrer Forschungsergebnisse zu besonders spektakulären Stücken. Die Verweigerung der Freigabe bringt einen Gutachter zwar um viel Geld, ihm aber womöglich eine Nominierung für den renommierten Hobelpreis ein, wenn er den Gegenstand erforscht. Es mag schwarze Schafe geben, die die Provision lockt, aber für ernsthafte Forschende hat bei der Begutachtung auch die Ablehnung der Freigabe einen hohen Wert. Kaufinteressenten lassen allerdings häufig Gutachten anfechten, und dann entscheiden letztlich die Gerichte.«

Lampe holte sein Zigarettenetui aus der Manteltasche und spielte damit, ohne sich eine Zigarette anzuzünden.

»Ein Anzug aus Schmetterlingshaar, das ganze Gold, das an ihm hängt – Lichtenstein ist sehr reich. Ich nehme daher an, dass er nicht nur mit bedeutungslosen Alltagsgegenständen handelt. Vermutlich gibt es also einen Schwarzmarkt für kostbarere Artefakte. Was meinen Sie, Frau Mahlzeit, würde jemand für ein besonderes Stück töten?«

Der Flamingo schaute ihn einen Moment erschrocken an.

»Sie meinen …? Ohgottohgott! Ich … weiß es nicht. Diese Sammler sind ein eigentümliches Volk. Sie sind Besessene. Sie glauben nicht, welche Summen manche bereit sind zu zahlen, um sich einen dreitausend Jahre alten Rakonenkrug in die Schrankwand zu stellen.«

Lampe glaubte es mit Blick auf Lichtensteins Reichtum sofort.

»Und das sind legale Stücke«, ergänzte der Flamingo. »Ich

wage nicht, mir vorzustellen, was jemand für ein illegales, ein wissenschaftlich *bedeutsames* Stück tun würde. Denken Sie an die berühmte goldene Totenmaske von Sun-Ma oder eine echte nordländische Moormumie. Das sind im Grunde unbezahlbare Relikte.«

Jetzt entnahm Lampe dem Etui eine Zigarette – eine von den normalen – und zündete sie an. Dass Archibald als Gutachter im Antiquitätenhandel tätig gewesen war, war ihm neu. Dass ihn das womöglich zur Zielscheibe verrückter Mumiensammler gemacht hatte, auch. Nachdenklich blies er den Zigarettenrauch aus. Wahrscheinlich würde er hier noch weitere Leichen im Keller finden, Leichen, die nicht vor Tausenden von Jahren gestorben und für die Ewigkeit konserviert worden waren.

Es würde sicher nicht leicht werden, auf einer Veranstaltung wie dieser Animositäten aufzudecken, vor allem nicht solche gegen seinen Vater. Eine Trauerfeier war dazu da, Verstorbene zu ehren, und Lampe hatte bereits bei der Kondolenzrunde gemerkt, wie maskiert alle sprachen. Auch ohne einen Mord war es wahrscheinlich ein größeres Unterfangen, den Leuten zu entlocken, was sie wirklich über die verstorbene Person dachten. Mit Mord war es so gut wie unmöglich. Lampe atmete tief ein.

Noch bevor er sich überlegen konnte, wie er die Befragungen aufziehen wollte, trat Stadtrat Arson auf ihn zu. Das Nilpferd hatte ein Lächeln aufgesetzt, dessen Vertraulichkeit in keinem Verhältnis zu ihrer tatsächlichen Beziehung stand.

»Lampe«, sagte der Stadtrat. Seine Stimme sollte vermutlich einschmeichelnd klingen, aber den Detektiv erinnerte sie eher an ranzig gewordene Sahne. Es war immer befremdlich, wenn Leute, die da, wo bei anderen das Herz saß, eine Rechenmaschine hatten, versuchten, herzlich zu wirken.

»Mein guter Lampe. Ich verstehe ja, dass Sie Ihre Arbeit tun müssen, aber Sie und ich, wir kennen uns doch schon so lange. Wir sind quasi Freunde, oder zumindest gute Bekannte. Ist es wirklich nötig, mich hier festzuhalten?«

»Herr Stadtrat«, begann Lampe, aber sein Gegenüber unterbrach ihn.

»Ach, sagen Sie doch Gilbert zu mir.«

Das Lächeln unter seinem hauchdünnen Schnurrbart konnte man nur mit geübtem Blick als solches erkennen.

»Herr Stadtrat«, wiederholte Lampe und rückte etwas von dem Nilpferd ab. »Im Angesicht des Verbrechens gibt es keine Freunde oder Bekannte. Vertrauensvorschüsse an nicht vertrauenswürdige Leute sind der Hauptgrund dafür, dass Ermittlungen oft länger dauern, als sie müssten. Vor mir hingegen sind alle gleich, Bettler wie Könige.«

Das sparsame Lächeln wurde noch etwas sparsamer.

»Sie klingen wie ein Schreiber vom *Mutigen Anarchisten*, Herr Lampe. Dabei ist doch allgemein bekannt, dass es Unterschiede zwischen Bettlern und Königen gibt, die erklären, warum der eine ein Bettler und der andere ein König ist.«

Unwillkürlich wurde der Detektiv steif wie ein Brett. Klassengeist war ihm zuwider. Er kannte zweifellos mehr Bettler in Überstadt mit Namen, als Arson Freunde hatte, und er wusste, was sie an den unteren Rand der Gesellschaft drängte. Oder sie dort hielt, denn meist waren sie schon in die Armut geboren worden. Er sah den Stadtrat ausdruckslos an.

»Was auch immer einen Bürger zum Bettler und einen anderen zum König – oder zum Stadtrat – macht: Es ist sowohl bei hochstehenden Persönlichkeiten als auch guten Bekannten verfehlt, blind darauf zu vertrauen, dass sie nicht in Verbrechen verwickelt sind. Es wäre nicht das erste Mal, dass die Spuren eines Verbrechens ganz oben zusammenlaufen.«

Verstimmung machte sich im Gesicht des Stadtrats breit.

»Sie wollen doch nicht andeuten, dass …«

»Ich will gar nichts andeuten, Herr Arson, ich erkläre Ihnen nur, dass ich nicht zwischen Ihnen und zum Beispiel den Kellnern aus der Cafeteria unterscheide. Und jetzt entschuldigen Sie mich, ich habe zu arbeiten.«

Er ließ das Nilpferd stehen, dessen empörter Protest sich in Musik verlor, denn das Kammerorchester hatte, vermutlich aus Langeweile, wieder zu spielen begonnen.

ZUCKERWATTE,
SCHNITTBLUMEN UND
EINE S.U.P.P.

Komm, wir müssen hier entlang.«
Miniko duckte sich behände unter der Kordel durch, die den Durchgang zur Schausammlung versperrte. Der kleine Straßenkater fühlte sich selbst wie ein Archäologe. Zumindest stellte er sich vor, dass Archäologen sich so fühlten, wenn sie kurz davor waren, eine altertümliche Grabkammer zu betreten oder ein prähistorisches Skelett auszugraben. So musste es sein, wenn vor einem eine andere Welt mit uralten Geheimnissen lag.

Hinter dem Durchgang kamen als Erstes die naturhistorischen Exponate, hauptsächlich Fossilien und Skelette. Die originalgetreue Nachbildung einer riesigen Urzeitlibelle war hier ausgestellt. Daneben einige Schaukästen mit heutigen Libellen, wodurch die Größe der Skulptur noch beeindruckender wirkte. An den Wänden hingen Schieferplatten, aus denen jemand die filigranen Überreste lange ausgestorbener Tiere und Pflanzen herausgearbeitet hatte.

Unter der Decke des Saales hatte man das Skelett eines ausgestorbenen Flugpferdes an Drähten aufgehängt. Eine Bodenplatte direkt darunter informierte darüber, dass Flugpferde die zahlenmäßig dominanteste Art waren, als die

Ebene von Überstadt noch von Regenwald bedeckt war. Aus bisher unbekanntem Grund waren sie alle auf einmal verschwunden.

Teddy, dessen Lesevermögen mittlerweile etwas über *Herr Igel ist müde* hinausging, mit dem Lampe ihm Lesen beigebracht hatte, der aber immer noch Probleme mit komplexeren Wörtern hatte, ließ sich die Tafel von Miniko vorlesen.

»Hier steht, das Skelett ist ein Typusexemplar, also der Fund, anhand dessen die Art zum allerersten Mal beschrieben wurde. Alle weiteren Funde werden mit dem hier verglichen. Die Gattung *Pegquus* umfasste … he!«

Da die Aufmerksamkeitsspanne des Katers die Dauer eines Libellenflügelschlags nur geringfügig überstieg, war Teddy schon zum nächsten Ausstellungsstück weitergelaufen, bevor Miniko zu Ende gelesen hatte.

Das Exponat war ein gut erhaltenes Lagotherium in einer großen Glasvitrine in der Mitte des Raumes. Es lag auf einem Bett von dunklen Tüchern. Der lange Schlaf im Permafrost hatte zu Verformungen geführt, an einigen Stellen wirkte der Körper eingefallen und vertrocknet, an anderen verstörend fleischig. Und doch war die Zugehörigkeit zur Hasenfamilie unverkennbar. Das Lagotherium war dreimal größer als Skarabäus Lampe, doch die langen Ohren, die kräftigen Hinterbeine und der kurze Schwanz ließen keinen Zweifel daran, dass hier einer der Vorfahren der modernen Hasen lag. Es sah aus wie eine riesige, wilde, aber auch etwas zerdrückte Version des Meisterdetektivs.

Teddy presste seine Nase an das Glas, um sich alles ganz genau anzusehen. Der Erhaltungszustand des Tieres war erstaunlich. Das Fell, die langen Schnurrhaare, die Zähne, all das sah aus wie bei einem lebenden Hasen. Nur die eingefallenen Augen ließen keinen Zweifel daran, dass das Tier tot war. Schon lange tot. Teddy schauderte es. Er fand das Lagotherium aufregend, aber auch ein bisschen gruselig.

Als Rache für die unhöfliche Unterbrechung bei dem Pegquus zog Miniko ihn von dem Lagotherium weg und lotste ihn in den nächsten Schauraum.

Hier stand die Weiterentwicklung der Tiere im Vordergrund. In die Wände eingelassene Dioramen mit Figuren aus Pappmaschee und Gips zeigten wichtige Entwicklungsschritte, etwa wie verschiedene Arten begannen, aufrecht zu gehen oder Kleidung aus Pflanzenteilen zu fertigen. Jede Entwicklung wurde mit mehreren Zwischenschritten dargestellt, um zu zeigen, wie aus Vorderbeinen mit Pfoten, Hufen, Füßen und Flossen über die Zeit Arme mit Händen geworden waren. Die Figuren waren lebensgroß und eine effektvolle Beleuchtung ließ sie sehr realistisch aussehen.

Sosehr Skarabäus Lampe auch darauf achtete, dass Teddy Bärlein eine breit gestreute Bildung erhielt, und ihn deshalb in den verschiedensten Fächern unterrichtete, waren sie doch bei der Evolution noch nicht angekommen. Die ausgestellten Szenen erschienen dem kleinen Kater daher wie skurrile Zusammenschnitte, sein Gehirn konnte nicht recht greifen, wie man *nach und nach* Hände bekam oder *nach und nach* begann, Kleidung zu tragen. Ein wenig verwundert ließ er sich von Miniko weiterziehen.

»Wir sind da, kleiner Detektiv«, sagte Miniko, als sie die nächste Halle betraten. »Hier findest du das Puzzleteil, das dein großer Partner braucht. Wollen wir darum wetten, ob du es ohne meine Hilfe findest?«

Teddy schaute sie an und sich dann um. Sie waren im Saal der frühen Hochkulturen, wo der Fokus auf technischem und medizinischem Fortschritt, verschiedenen Siedlungsformen, aber auch auf dem ganz normalen Alltagsleben der Leute lag.

Es war mit Abstand der lebendigste der bisher gesehenen Räume.

Die Halle war wie ein großes Wimmelbild, in dem man sicher Stunden zubringen und Details entdecken konnte. Zumindest, wenn man normal war. Aber Teddy war nicht normal, er hatte die Beobachtungsgabe eines Adlers, entdeckte blitzschnell Unterschiede, Feinheiten, Auffälligkeiten.

Grimmig schob er seinen Unterkiefer vor.

»Abgemacht! Ich werde ohne Ihre Hilfe alles finden, was wichtig ist.«

Miniko lächelte ihn halb beeindruckt und halb belustigt an.

»Und worum wetten wir, kleiner Detektiv?«

»Wenn ich das spezielle Etwas finde, lassen Sie meinen Partner in Ruhe.«

Er verschränkte die Arme vor der Brust und sah sie mit festem Blick an.

»Aber ich tue ihm doch gar nichts.«

»Wenn Sie in der Nähe sind, kann er sich nicht konzentrieren und bekommt immer ganz glasige Augen.«

Wieder lächelte die Eidechse. »Soso, glasige Augen. Gut. Wenn du also findest, worum es geht, halte ich mich in Zukunft von ihm fern.«

Der Kater nickte, und sie gaben sich die Hand, um ihre Wette zu besiegeln. Dann stapfte Teddy los.

Man hatte in der Halle einen antiken subischen Marktplatz aufgebaut, den Besucher sogar betreten durften. Die

Pappmaschee-Figuren waren so hineingestellt, dass es aussah, als wären sie Kaufleute, die ihre Waren anpriesen. Die Auslagen umfassten feine Stoffe, Werkzeuge, verzierte Töpfe und Vasen aus Keramik, Früchte und Gemüse sowie große Säcke voller Getreide, Nüsse und Gewürze.

Einige der Werkzeuge waren neben dem Marktplatz unter Glas ausgestellt. Dabei handelte es sich jedoch nicht um Nachbildungen, sondern um Originale, deren Herkunft, Alter und Verwendungszweck auf kleinen Tafeln beschrieben war.

Es kostete den kleinen Kater zu viel Zeit, die Tafeln zu lesen; das merkte er schnell. Miniko konnte er nicht bitten, sie ihm vorzulesen, das würde sie sicher als Hilfe werten, und daraufhin den Sieg einheimsen. Er musste anders vorgehen, ohne die Tafeln.

Er versuchte, sich darauf zu konzentrieren, worum es hier eigentlich ging. Es gab zwei Tote und einen komischen Geruch, den Skarabäus Lampe nicht zuordnen konnte. Als Mischung aus Rosa und Hellgrün, Zuckerwatte und Schnittblumen hatte er ihn beschrieben. Teddy sah sich um. Was könnte hier riechen? Und wie konnte er es herausfinden? Es waren ja alles bloß Replikate, die zwar so aussahen wie die Originale, aber nicht deren Wirkung hatten.

Etwas ratlos steuerte er das erste Diorama an, in dem es um Techniken der Landwirtschaft ging. Zwei künstliche Löffelhunde waren mit der Bestellung eines Ackers beschäftigt. Einer zog den Pflug, der andere lief hinterdrein und brachte Saatgut aus. Am Rand des Ackers saß eine Löffelhündin und bearbeitete Getreide mit einem Dreschflegel. Der Hintergrund der Szenerie war auf eine Leinwand aufgemalt. Dort sah man einen einfachen Brunnen mit Zieheimer und am Himmel die subische Sonne, die nach der gängigen Lehrmeinung schon in den Morgenstunden der sesshaften Zivilisation gnadenlos sengend war.

Teddy betrachtete die Szenerie aufmerksam und versuchte, etwas zu entdecken, das einen direkten oder indirekten Bezug zu Duft oder Gift herstellte. Da er nichts fand, schaute er sich das nächste Diorama an.

Dort ging es um altsubische Begräbnisriten. Mehrere Schakale, vermutlich Priester, standen um einen Tisch herum, auf dem eine halb in Binden gewickelte Antilope lag. Auf dem Boden standen Tiegel, Töpfe und mehrere Rakonenkrüge. Einer der Schakale hielt eine Schale in der Hand, aus der er mit einem Pinsel etwas auf die Binden auftrug. Die anderen Priester waren mit etwas, nun ja, handfesteren Tätigkeiten befasst. Einer bohrte dem Leichnam mit einem Instrument in der Nase und ein weiterer griff gerade zu einer kleinen Säge. Der Kater erschauerte beim Gedanken daran, was der Schakal damit vorhatte.

Im hinteren Teil des Dioramas befand sich noch ein Tisch, auf dem eine Frau, eine Gazelle, lag. Weitere Priester vollführten an ihr die gleiche Prozedur wie an dem toten Körper, doch zu Teddys maßlosem Entsetzen schien die Frau dabei noch am Leben zu sein. Ihre Arme waren im Schmerz angewinkelt, ihre Augen offen und in ihrem Gesicht standen unermessliche Qualen. Ein kleiner Junge, kaum mehr als ein Welpe, hielt ihr mit einer Hand ein Schälchen an ihre Lippen, wie um ihre Qual zu lindern. In der anderen Hand hielt er einen Rakonenkrug, aus dem er das Schälchen gefüllt hatte.

Der kleine Straßenkater wandte den Blick ab und der Erklärungstafel daneben zu, um das Schreckliche zu verstehen. Es kostete ihn Mühe, den langen Text zu lesen, aber er verstand Folgendes: Die Frau war eine Opferbraut, die freiwillig ihrem verstorbenen Mann in den Tod folgte. Es gehörte zu dem Ritual, die Prozedur lebendig über sich ergehen zu lassen, solange es eben ging. Ging es nicht mehr und konnte die Opferbraut noch sprechen, wurde ihr die Gnade eines Tranks aus Honigblume und Katzenapfel zuteil, der hauptsächlich den Schmerz unterdrückte, aber oft auch zum sofortigen Tod der Frau führte.

»Na, kleiner Detektiv, hast du etwas gefunden?«

Miniko war lautlos an ihn herangetreten, und er zuckte überrascht zusammen. Sein Blick sprang zwischen der Eidechse und dem Schälchen mit dem erlösenden Trank hin und her, und er überlegte fieberhaft.

»Das, äh, das ist Gift!«

Sie sah ihn nur geheimnisvoll lächelnd an, sagte aber nichts.

»Das ist Gift, oder?« Teddy wurde ganz aufgeregt. Als sie immer noch schwieg, machte sich Triumph in seinem Gesicht breit.

»Ich hab's gefunden! Ohne deine Hilfe!«

Er ließ die blaue Eidechse stehen und rannte zurück zum Foyer.

Immer noch herrschte dort eine gedrückte Atmosphäre, immer noch unterhielten sich Grüppchen von Gästen mit gedämpfter Stimme. Zufrieden stellte der kleine Kater fest, dass Helene nicht auf ihrem Platz saß und auch Skarabäus Lampe offenbar nicht da war. Gut so, dachte er, können sie mich wenigstens nicht bei meinen Ermittlungen stören.

Teddy lief zu der Museumsdirektorin, die gerade mit Stadtrat Arson sprach.

»Du, Frau Mahlzeit, ich muss was wissen über Offer-bräute und Honigblumen, weißt du da was drüber?«

Wie immer, wenn er aufgeregt war, vergaß der kleine Kater das wenige an Benimmregeln, was er wusste, und duzte alle Erwachsenen. Aber Frau Mahlzeit, die sich immer freute, wenn Kinder Interesse an Geschichte zeigten, störte sich nicht daran.

»Du meinst Opferbräute? Oh, das ist leider nicht mein Thema. Du könntest Ragnelda Pussala dort drüben fragen, die sich mit Begräbnisriten beschäftigt.« Stirnrunzelnd ergänzte sie: »Allerdings fürchte ich, dass das Gespräch etwas schwierig wird.«

Ohne sich zu bedanken, sauste der Kater davon.

Es dauerte einen Moment, bis der Detektiv die Tür zum Büro seines Vaters öffnen konnte, weil der Schlüssel klemmte. Erst nach wiederholtem Ruckeln ließ er sich im Schloss drehen.

Nach dem Gespräch mit Ephigynie Mahlzeit hatte Skarabäus Lampe beschlossen, einen Blick in Archibalds Allerheiligstes zu werfen. Er musste mehr über seinen Vater und die anwesenden Trauergäste erfahren.

Helene hatte er unter dem Vorwand, dass die Suche dann schneller ginge, mitgenommen, doch in Wirklichkeit war ihm etwas mulmig davor, das Büro allein zu betreten. Er misstraute den Wackersteinen, die er bei dem Lichtbildvortrag in seinem Bauch gespürt hatte und die sich beim Gedanken an Archibalds Büro wieder in sein Gedächtnis riefen. Helene würde mit ihrer robusten Art sicher nicht zulassen, dass er rührselig wurde.

Sie hatten sich von Moto Hafusi den Schlüssel geben lassen, aber sein Angebot, sie zu begleiten, abgelehnt. Lampe spürte, dass dieser Gang zu persönlich war, um ihn mit jemandem zu gehen, der mit ihrem Verhältnis zueinander unvertraut war. Wer den Mond nur vom Nachthimmel kannte, hatte jemandem, der im Begriff war, den Mond zu *betreten*, keine Unterstützung zu bieten. Helene war zwar auch keine Mondreisende, aber immer noch näher dran als der junge Wissenschaftler.

Lampe holte tief Luft, warf seinem ehemaligen Kindermädchen einen kurzen Blick zu und öffnete die Tür.

Das letzte bisschen Tageslicht hatte mittlerweile nächtlicher Dunkelheit Platz gemacht, und Lampe tastete nach einem Lichtschalter neben der Tür. Bevor er ihn fand, war Helene schon über etwas gestolpert und hatte einen erschrockenen Laut von sich gegeben. Als das Deckenlicht flackernd anging, verschlug es beiden die Sprache.

Das war kein Büro, das war eine Grabkammer.

Der Raum war bis unter die Decke vollgestopft mit Sarkophagen, Papierstapeln und Holzkisten. Hier und da konnte man die Wände des Büros sehen, an denen sich Regalbretter bedenklich unter ihrer Last bogen. Als Archibald Lampe der Platz in den Regalen ausgegangen war, hatte er offenbar einfach auf dem Zimmerboden weitergemacht, und in den Jahren seiner Sammeltätigkeit war so ein ganzes Labyrinth entstanden. Fundstücke und Unterlagen aus vierzig Jahren Berufslaufbahn waren zu hohen Türmen aufgestapelt, zwischen denen sich schmale Laufwege schlängelten.

Von dem Raum selbst war fast nichts zu sehen, nicht einmal der Schreibtisch, den es hier zweifellos geben musste. Archibald war schließlich daran gefunden worden.

»Du liebes bisschen!«, rief Helene und schlug die Hände

zusammen. Die Papiermassen schluckten jeden Schall, und ihre Stimme klang seltsam dumpf und zusammengedrückt.

Lampe berührte einen der Papiertürme, woraufhin dieser leicht schwankte.

»Vorsicht, diese Stapel scheinen nicht sehr stabil zu sein«, mahnte er, doch Helene hatte andere Prioritäten. In ihrer pragmatischen Art sah sie in diesem Raum nur Chaos, endlose Sucherei und Berge von Staub.

»Hier aufzuräumen, dauert Wochen«, flüsterte sie, und Lampe konnte ihre lähmende Überforderung spüren.

»Keine Sorge, das wird nicht deine Aufgabe sein. Lass uns jetzt nur schauen, ob wir irgendetwas finden. Die Türme nehmen wir uns zuletzt vor.«

Der Detektiv betrat das Labyrinth und ging in die Richtung, in der er den Schreibtisch vermutete. Durch den sanften Luftzug segelte hinter ihm gelegentlich ein Blatt Papier zu Boden. Die meisten waren Fachartikel, manche von Archibald selbst, andere von fremden Wissenschaftlern. Einmal rutschte auch ein Antrag auf Fördermittel von einem der Türme. Jemand hatte »ABGELEHNT« darauf gestempelt.

Hinter einem Stapel, der ausschließlich aus Zeitschriften bestand, bogen sie rechts ab, landeten aber in einer Sackgasse, in der ein offener Sarkophag aufrecht stand. Eine vertrocknete Mumie neigte ihr Haupt vor ihnen. Lampes ehemaliges Kindermädchen trat erschrocken zurück und stieß dabei gegen einen der hohen Papierstapel. Er schwankte bedrohlich, und Lampe stützte ihn hastig, damit er Helene nicht unter sich begrub.

»Ich glaube, wir hätten bei dem Fördermittelantrag links gemusst«, murmelte er.

Vorsichtig fädelten sie sich aus der Sackgasse, gingen bis zum Antrag zurück, den sie auf dem Boden liegen gelassen hatten, und versuchten es links. Der schmale Weg teilte sich dort in zwei noch schmalere. Sie folgten dem rechten, der jedoch nur zu einer Holzkiste führte, in der sich neben reichlich Holzwolle einige altertümliche Tonkrüge befanden.

Am Ende des anderen Weges wurden die Stapel aus Papier und Kisten niedriger, und schließlich traten sie auf eine kleine Lichtung hinaus, auf der der Schreibtisch stand.

Hier war der Geruch von Archibald Lampe deutlich wahrnehmbar. Hellrot, mit dünnen Streifen von Hellblau. Skarabäus Lampe kannte den Geruch von klein auf, es war der Geruch seiner Kindheit, einer wilden und abenteuerlichen Kindheit voller Wunder. Er spürte, wie die Wackersteine in seinem Bauch umherrollten, aber erst als er die beiden freien Wandflächen neben dem Tisch entdeckte, wurde es so schlimm, dass er sich setzen musste.

»Oh, mein Junge«, sagte Helene Pick und legte ihm die Hand auf den Rücken. Davon, dass sie etwaig auftretenden Rührseligkeiten Einhalt gebieten würde, konnte keine Rede sein. Davon zeugte die Rührseligkeit in ihrer Stimme.

Die beiden Wandflächen waren über und über behängt mit Archibalds Sohn. Der Detektiv schaute sich selbst von unzähligen Fotos und Zeitungsartikeln entgegen, die sein Vater ausgeschnitten und aufgehängt haben musste. Berichte über seine wichtigsten Fälle und seine größten Erfolge für Überstadt. Und dazwischen immer wieder: Baby Skarabäus. Der Vater mit seinem Sohn vor Hühnergräbern, auf Schiffen, in Zügen.

Lampe spürte, dass die Kiste mit Erinnerungen und Gefühlen kurz davor war, aufzuspringen. Er hatte plötzlich einen ganz trockenen Mund, und seine Knie fühlten sich an, als wäre den Knochen ein Gutteil Wackelpudding beigemischt worden.

»Ach Junge, mein Junge«, seufzte Mamsy noch einmal, und ihre Hand begann, seinen Rücken zu streicheln. Die Berührung verwirrte ihn, er wusste nicht, ob sie genau das war, was er jetzt brauchte, oder ob sie ihn störte. Er fühlte sich, als hätte er auf dem Mond nicht seltsames Gestein, sondern Bäume gefunden, an denen Zuckerstangen wuchsen.

»Moto Hafusi hatte mich vorgewarnt. Er sagte, ich würde verstehen, wenn ich Archibalds Büro sähe, aber ich habe nicht das Gefühl, etwas zu verstehen.«

Helene streichelte weiter.

»Ich glaube, dein Vater hat dich sehr geliebt. Auf seine Weise.« Sie versuchte, aufmunternd zu lächeln, aber es sah aus, als hätte sie sich an einem Getreidekorn verschluckt. Sie schwiegen beide einen Moment und betrachteten nur die vielen Bilder und Artikel.

Da Helene sich hinsichtlich der Rührseligkeitsbegrenzung als nutzlos erwiesen hatte, musste Lampe seinen Pragmatismus selbst wiederfinden. Er schob entschlossen seinen Unterkiefer vor, ignorierte Wackersteine und Kisten und konzentrierte sich auf den eigentlichen Grund ihres Hierseins.

Archibald war ebenso wie Barnabas Nkolo höchstwahrscheinlich ermordet worden, und irgendwo hier gab es vielleicht Informationen über den Grund dafür.

»Na schön«, knurrte er, »du den Schreibtisch, ich die Aktenordner. Frau Mahlzeit hat von strittigen Gutachten erzählt und von Konkurrenz mit diesem Schwan, aber letztlich kann alles wichtig sein.«

Tapfer kämpfte er das Gefühl bleierner Müdigkeit nieder, das ihn immer dann ergriff, wenn er es mit zu vielen Unterlagen auf einmal zu tun bekam. Papierkram war der einzige Gegner, der ihn nachhaltig kleinkriegen konnte. Situationen wie diese ließen in ihm den Wunsch aufkeimen, sich wimmernd auf dem Boden zusammenzurollen. Skarabäus Lampe wünschte sich, Rechtsanwalt von Oben wäre hier. Der Fisch hatte manche Schwäche, aber er war ein Magier, wenn es um Papierkram ging. Er brauchte meist nur wenige Minuten, um wüste Dokumentenstapel thematisch zu sortieren und wegzuheften.

Seufzend zog Lampe einen Ordner, der mit »Ärger« beschriftet war, aus einem der Regale.

Die blutleeren Organe, die in Gläsern mit über die Jahre gelblich gewordenem Formaldehyd schwammen, bereiteten Inspektor Sutten eine Gänsehaut. Grünliches Licht überzog den Raum mit einer kalten Patina und ließ die Präparate noch unheimlicher wirken. Die bleichen, schrumpeligen, jahrzehntealten Körperteile waren ihrer Lebendigkeit auf eine Weise beraubt, die über die Tatsache, dass die ursprünglichen Besitzer unzweifelhaft tot waren, hinausging. Diese Organe schienen nie zu einem Körper gehört zu haben. Andere Gefäße enthielten Föten, die dem Inspektor wie aus einem irren Setzkasten entgegenglotzten. Dass sich zwischen den Gläsern grünliche Schatten, die viel Raum für Interpretationen ließen, sammelten, machte es nicht besser. Ein gewöhnungsbedürftiger Geruch aus Chemikalien und Fleisch lag in der Luft. Fröstelnd wandte Inspektor Sutten sich ab.

»Meine Güte, Dannados, wie können Sie nur so arbeiten?!«

Er wies auf die Formaldehydsammlung.

Der Pathologe saß an seinem Schreibtisch, auf dem sich ein Durcheinander aus Papieren, Reagenzgläsern, chirurgischen Instrumenten und mehreren leeren Kaffeebechern befand.

»Meine Güte, Dannados, wie können Sie nur *so* arbeiten?!« Er wies auf den Schreibtisch.

»Ach, i wo, Sie sind das nur nicht gewöhnt. Mir aber hilft mein Chaos beim Denken. Genau wie meine konservierten Freunde. Sie sind da, schauen zu, passen auf, dass ich nichts übersehe. Und: Sie reden nicht.«

Der Geier wandte sich auf seinem Drehstuhl zu der Regalwand. »Nicht wahr, meine Kinder, meine Freunde, wir verstehen uns auch ohne Worte.«

Etwas befremdet schaute der Inspektor den Geier von der Seite an. »Sie sind seltsam, Doktor. Wären Sie nicht so ein hervorragender Gerichtsmediziner, würde ich Sie allein wegen Ihrer Seltsamkeit einsperren. Zur Sicherheit. Bei seltsamen Leuten weiß man nie.«

Doktor Dannados lächelte nur.

»Also gut, was haben Sie herausgefunden?«

Es dauerte einen Moment, bis der Geier den richtigen Befund aus einem Stapel von Dokumenten gefischt hatte. »Die Obduktion hat nichts Auffälliges ergeben, außer dass das Herz des Toten sehr unvermittelt aufgehört hat zu schlagen. Es gibt kein Anzeichen für irgendeine Vorerkrankung, eigentlich hätte dieser Goldmull noch eine ganze Weile leben können. Die Schweißdrüsen waren etwas vergrößert, aber wie ich hörte, ist er auch ziemlich abgehetzt im Museum angekommen, da kann das schon vorkommen.«

Sutten machte ein enttäuschtes Gesicht.

»Unbefriedigend, höchst unbefriedigend. Was ist mit den Proben? Irgendwelche Substanzrückstände?«

»Sie sind zu schnell, Inspektor«, sagte der Pathologe und lächelte wieder. »So weit bin ich noch nicht. Die Obduktion einer so kleinen Person ist ein rechter Fusselkram und hat länger gedauert. Die Substanzanalyse kommt jetzt. Halten Sie bitte Abstand, man weiß nie, wie die Proben reagieren. Und nehmen Sie einen Mundschutz.«

Er hievte seinen umfangreichen Körper aus dem Drehstuhl und trat an ein Regal, in dem sich bis unter die Decke Flaschen mit verschiedenfarbigen Flüssigkeiten aufreihten. Der Geier brummte nachdenklich und suchte sich dann mehrere Phiolen zusammen, die er zu einem Experimentiertisch trug, auf dem bereits ein Ständer mit Reagenzgläsern, ein Gasbrenner und ein Kästchen mit den Proben stand. Ein Teil der Proben war mit BN beschriftet, der andere mit AL.

Er stellte die Fläschchen vorsichtig ab, entzündete den Brenner und klemmte einen bauchigen Glaskolben in die Halterung darüber. Dann setzte er sich selbst auch einen Mundschutz auf, gab mit einer Glaspipette einige Tropfen Probenflüssigkeit von Barnabas Nkolo in den Kolben und nahm ein braunes Fläschchen zur Hand, das er vorsichtig öffnete.

»Mit diesen unterschiedlichen Tests«, murmelte er konzentriert, »lassen sich die häufigsten Gifte nachweisen. Sie wissen schon: Arsen, Strychnin, Opiate, die üblichen Verdächtigen. Wenn es jetzt einen Farbumschlag von Gelb nach Grün oder Blau gibt, haben wir unseren Übeltäter.«

Er gab einen Tropfen der Chemikalie in den Kolben, und Sutten fragte sich, wie um alles in der Welt man in dieser grünen Waschküche einen Farbumschlag erkennen sollte.

»Hm«, machte Doktor Dannados. »Nichts. Kein Strychnin.«

Er führte nacheinander weitere Tests durch. Doch weder eine der Nachweissubstanzen noch Erhitzen oder Abkühlen der Probe führte zu einem Ergebnis. Kein Farbumschlag, kein Präzipitat, keine Verpuffung, gar nichts. Der Geier kratzte sich am Kopf und brummte nachdenklich.

»Ich fürchte, wir suchen etwas Exotischeres. Zeit für die extravaganten Geschütze.«

Wieder trat er an das Regal und wieder kam er mit einem Arm voller Phiolen zurück an den Tisch. Die ersten drei Tests endeten in quälender Ereignislosigkeit. Die Probe blieb unverändert.

»Sind Sie sicher, dass diese Tests etwas taugen?«, fragte der Inspektor skeptisch.

»Vertrauen Sie mir, Sutten, ich habe hier noch einen ganz besonderen Leckerbissen. Passen Sie auf, wenn er mit der Probe reagiert, gibt es einen ganz leichten Ausfall, wie Schnee in einer Schneekugel. Er hält sich nur ganz kurz, geben Sie gut acht.«

Beide Männer rückten mit ihren Gesichtern ganz dicht an das Probenglas. Sutten konzentrierte sich so sehr, dass er Kopfschmerzen bekam. Der Geier hielt den Kolben gegen das grüne Deckenlicht und träufelte behutsam zwei Tropfen der Chemikalie hinzu.

Mit einem »Fupp!« füllte sich der Raum explosionsartig mit einer weißen Substanz und begrub die beiden Männer. Die Sachverständigen, die das Labor am nächsten Tag untersuchten, um Schäden und Reinigungskosten zu beziffern, bezeichneten die Substanz als eine Art Schaum oder Watte. Doch wie auch immer man sie bezeichnete, sie ließ die Stimme des Geiers klingen, als hätte er eine Wolldecke im Mund.

»Bommerwepper!«, kam es aus dem Berg Schaum.

Schlagartig herrschte im Labor ein betäubender Geruch von Zuckerwatte und Schnittblumen – so durchdringend, dass selbst Inspektor Sutten die Farben Rosa und Hellgrün in den Sinn kamen.

Beide Männer ruderten sich mit den Armen frei, und als sie wieder etwas sehen konnten, prüften sie kurz, ob sie noch heil waren.

»Donnerwetter«, sagte Doktor Dannados noch einmal, wobei seine Stimme wieder normal klang, »das nenne ich eine Reaktion! Atmen Sie flach, Inspektor, die Dämpfe sind sicher ebenfalls giftig.«

Er watete durch den Schaum zum Schalter der Entlüftungsanlage, die die giftigen Gase des Schaums absaugte. Dann nahm er für den Inspektor und sich selbst zwei Gasmasken aus einem Schrank. Zusätzlich öffnete er alle Fenster.

Durch die Bullaugen ihrer Gasmasken sahen sich die beiden Männer im Raum um.

»Was ... was um alles in der Welt war das?!«

»Das, mein lieber Inspektor, war eine S.U.P.P. Eine Spontane Unerwartete Präzipitationspanne. Ich habe allerdings noch nie eine so heftige erlebt. Kommen Sie, wir testen die Probe von dem anderen Toten, jetzt wissen wir ja, was uns erwartet.«

Der Geier fegte den Schaum, so gut es ging, vom Arbeitstisch und wiederholte den Nachweistest mit Archibalds Probe, diesmal mit nur einem Tropfen der Chemikalie.

»Bommerwepper!«, kam es gleich darauf aus einem neuen Berg Schaumwatte.

Am Buffet ereiferten sich Scheich Cüglü bin Schleich und der Kunsthändler Lichtenstein immer noch über ihre ihrer Meinung nach unzulässige Festsetzung im Museum. Aufmerksam, aber unauffällig lauschend, Block und Stift hatte sie vorübergehend weggesteckt, stellte sich Farolia Topps daneben und begann, sich zur Tarnung Windbeutel auf einen Teller zu legen.

»Den Premierminister von Subien unter Arrest zu stellen wie einen gemeinen Taschendieb, das ist ungeheuerlich! Ich erwäge ernstlich, bei meiner Rückkehr den überstädtischen Botschafter einzubestellen.«

Das subische Staatsoberhaupt schluchzte. Weil Tränen für Krokodile die einzige Möglichkeit waren, heftige Gefühle auszudrücken, weinten sie eigentlich immer, wenn sie sich aufregten, ungeachtet des Aufregungsgrundes. Das sah nur von Ferne wie eine Limitierung aus, denn ihre mitleiderregenden Tränenausbrüche nahmen ihr jeweiliges Gegenüber in der Regel schnell für sie ein, wodurch sie es in vielen Situationen leichter hatten als andere Arten, die nicht so dicht am Wasser gebaut hatten.

Die Reporterin fügte der Liste von Schlagzeilen in ihrem Kopf »Subischer Premierminister wirft Überstadt Freiheitsberaubung vor« hinzu und legte abwesend weitere Windbeutel auf ihren Teller.

Erwartbar mitfühlend tätschelte Harpo Lichtenstein den Arm des Krokodils.

»Aber, aber, mein Lieber. Beruhigen Sie sich. Ich bin sicher, es wird sich alles aufklären und wir kommen schnell hier raus. Und falls nicht«, der Gürtelbär zuckte die Achseln, »nun ja, die Angelegenheit, die sich nicht mit Geld aus der Welt schaffen ließe, ist mir noch nicht begegnet.«

Er lachte dröhnend und entblößte dabei sein beeindruckendes, aber durch etliche darin hängende Canapé-Reste unansehnliches Gebiss.

»Entschuldigung, aber die Windbeutel sind nicht nur für Sie da.«

Ephigynie Mahlzeit war neben Farolia Topps getreten und wies auf deren Teller, auf dem sich mittlerweile ein halbes Dutzend Windbeutel stapelte.

»Oh, verzeihen Sie, natürlich! Ich war ganz in Gedanken beim Auftun.« Die Reporterin begann, die Windbeutel wieder zurückzulegen. Frau Mahlzeit nickte zufrieden und entfernte sich wieder.

»Das ist so typisch!«, sagte bin Schleich gerade und schluchzte noch heftiger. »Für euereins zählt nur Geld. Geld und Ruhm. Deshalb raubt ihr in der ganzen Welt Kulturschätze und stellt sie bei euch aus. Ihr stellt sie aus, ihr verhökert sie, ihr esst sie.«

Beschwichtigend hob der Gürtelbär die Arme. »Na ja, ganz so ist es ja auch nicht. Ihr Südländer habt doch nichts davon, wenn diese Artefakte bei euch im Wüstensand verrotten, wo niemand ihren Wert erkennt.«

»Niemand ihren Wert erkennt? Niemand ihren Wert erkennt?!« Der Premierminister starrte Lichtenstein einen Moment an, dann ergoss sich ein Tränenstrom, mit dem man in Subien ganze Landstriche hätte bewässern können. Farolia Topps war unsicher, ob die Tränen diesmal Zeichen echter Verletztheit oder immer noch dem Empörungsüberschwang geschuldet waren. Ohne sich von der Unterhaltung abzuwenden, legte sie noch einen Windbeutel zurück.

»Mein Volk erkennt ihren Wert sehr wohl! Die Kulturgüter geben Identität, ein Gespür für die eigene Vergangenheit, sie begründen Traditionen und Religionen! Sie haben meinem Volk seine Seele genommen! ›Wo niemand ihren Wert erkennt‹, ha!«

Er schnäuzte sich geräuschvoll, und der Kunsthändler, der sicher mehr an der Plünderung der Südländer verdient hatte als jeder andere im Foyer des Nationalmuseums, stand einen Moment lang betreten daneben.

»Aber ich, Scheich Cüglü bin Schleich, habe damit Schluss gemacht! Als Professor Lampe die Fundstücke seiner letzten Ausgrabung nach Überstadt abtransportieren lassen wollte, habe ich gesagt: ›Archibald, nur über meine Leiche!‹ Ich mochte Lampe, aber ich habe gesagt: ›Nur über meine Leiche!‹«

»Subien verweigert wissenschaftliche Zusammenarbeit mit Überstadt«, lautete die nächste Überschrift im Kopf der Reporterin.

Die Manguste legte gerade angestrengt nachdenkend einen weiteren Windbeutel weg, als Moto Hafusi zu ihr trat.

»Nanu, essen Sie gar nichts? Ich kann die Windbeutel empfehlen, sie sind sehr gut.«

Topps brauchte einen Moment, um ihre Konzentration auf den Salamander umzuleiten, und blickte dann verwirrt auf ihren Teller, der wieder leer war.

»Oh, ja, äh, danke. Ich war etwas abgelenkt.«

Sie nahm erneut einen Windbeutel und biss diesmal gleich hinein. Kauend und mit einem Schnurrbart aus Puderzucker fragte sie: »Wagen Wie, ber wubische Premier… Empfuldigung«, sie kaute zu Ende und setzte neu an. »Also, ich bekam eben zufällig mit, dass der subische Premierminister die Ausfuhr archäologischer Kulturgüter untersagt hat. Von dem Verbot scheint auch Professor Lampe betroffen gewesen zu sein. Wie hat sich die Arbeit dadurch für Sie verändert?«

Mit einem bitteren Lachen goss der Riesensalamander sich ein Glas Sekt ein. Farolia Topps hatte Block und Bleistift wieder hervorgeholt und wartete auf seine Antwort.

»Ah, haha, ja, das neue Gesetz von Scheich bin Schleich. War sein wichtigstes politisches Vorhaben nach seiner Machtergreifung, will sagen: seiner Wahl. Hat es seinen Leuten als Befreiungsschlag gegen das dekadente und ausbeuterische Überstadt verkauft, dabei schadet es allen.«

»Inwiefern? Hat er das Gesetz nicht eingeführt, um seinem Volk Identität und Würde zurückzugeben?«

»Ha, so erzählt er es gerne! In Wahrheit hat er Überstadt und die gesamte Archäologische Gesellschaft erpresst. Er hatte überhaupt nichts dagegen, uns die Kulturgüter zu geben, wir sollten nur dafür bezahlen!«

Mit hochgezogenen Augenbrauen machte die Manguste sich einige Notizen. Ihre Zunge tanze beim Schreiben konzentriert über ihre Lippen.

»Die archäologischen Funde haben keinen monetären Wert, und sie gehören niemandem. Sie sind unschätzbare Dokumente früher Kulturen. Kulturen, aus denen andere Kulturen hervorgingen. Wenn wir etwas über die Kulturentstehung der Region Überstadt wissen wollen, müssen wir erst etwas über die Kulturentstehung Subiens wissen, verstehen Sie?«

Etwas verwirrt nickte Farolia Topps und steckte sich noch einen Windbeutel in den Mund.

»Deshalb müssen Wissenschaftler aus allen Ländern Zugang zu diesen Artefakten haben.«

»Haben Sie den nicht auch in Subien?«

Moto Hafusi nahm noch einen Schluck Sekt und lachte gehässig.

»Sie waren wohl noch nie in Subien, was? Dort ist es nicht wie hier. Sicher, es gibt eine Regierung, Städte, zwei Bahnlinien und mehrere Asphaltstraßen, aber der größte Teil des Landes ist wilde Wüste. Da können Sie sich nicht einfach ein Zugbillett kaufen und zur Ausgrabungsstätte fahren. Tage und Wochen sind Sie unterwegs, und diese Zeit verbringen Sie in schwankenden Dreischrecks.«

»Dreischrecks?«

»Ja, Dreischrecks. Schnecken können auf dem Sand natürlich nicht kriechen, deshalb lassen sie dort ihre Gefährte von Stabschrecken befördern. Damit sind sie fast ebenso langsam wie unsere Dreischnecks. Soll man gar nicht für möglich halten bei insgesamt achtzehn Beinen. Und von der unerträglichen Hitze dort will ich gar nicht erst anfangen.«

Er machte eine wegwerfende Handbewegung.

»Nein, Frau Topps, man kann die archäologischen Schätze dort nur einsammeln und an besser erschlossenen und klimatisierten Orten untersuchen. Die neuen Gesetze von Scheich bin Schleich kommen einem Wegsperren der Funde gleich. Es sei denn ...«, er runzelte vielsagend die Stirn.

»Es sei denn, die nicht-subischen Länder zahlen für ihre Ausfuhr«, vervollständigte die Reporterin seinen Satz. Er nickte und nahm noch einen Schluck Sekt.

»Gibt es viel Schmuggel?«

»Nein, das würde unsere Arbeit gefährden. Wir könnten geschmuggelte Funde zwar theoretisch hier untersuchen, aber unsere Ergebnisse niemals publizieren. In der wissenschaftlichen Gemeinschaft ist Arbeit ohne Publikation aber wie keine Arbeit, verstehen Sie?«

»Aber wie arbeiten Sie dann?«

»Wir finden in den Dörfern genug ... *Freunde,* die ihrem Premierminister kritisch gegenüberstehen und uns helfen. Sie wissen, dass die Welt von der langen Geschichte Subiens erfahren muss, damit das Land auch heute respektiert wird. Über ein Netzwerk aus Beamten aller Ränge helfen sie uns, die Gegenstände legal aus dem Land zu schaffen.«

Farolia Topps machte ein skeptisches Gesicht. »Also doch Schmuggel! Aber damit riskieren Sie doch diplomatische Spannungen mit unabsehbaren Konsequenzen. Wenn herauskommt, dass überstädtische Forschende Forschungsgegenstände widerrechtlich an sich bringen, kann das doch katastrophale Folgen haben – sowohl für die Länder als auch für die am Schmuggel beteiligten Personen. Haben Sie keine Angst – um sich, Ihre subischen Helfer oder den internationalen Frieden?«

»Nein. Wie gesagt: Es ist alles legal, mit Brief und Siegel. Wir haben ein gutes Netzwerk und Scheich bin Schleich ist grundsätzlich jemand, mit dem man reden kann. Einen Krieg wird er deswegen sicher nicht anzetteln.«

Nach dem Gespräch schob sich die Reporterin nachdenklich einen weiteren Windbeutel in den Mund. Das hier war eine wahre Fundgrube für internationale Verstrickungen. Nein, einen Krieg würde es sicher nicht geben, aber was war mit geheimen Exekutionen im Ausland? Und ab wann sollte sie die Ermittlungsbehörden einschalten?

Als Reporterin galt ihr erster Gedanke eher der guten Geschichte als offiziellen Stellen, aber internationaler Artefaktenschmuggel war internationaler Artefaktenschmuggel.

Sie machte sich noch mehr Notizen.

Viel war es nicht, was Skarabäus Lampe und sein ehemaliges Kindermädchen in Archibalds Büro gefunden hatten. Als sie ins Foyer zurückkehrten, deponierte der Detektiv ihre Ausbeute in dem kleinen Büro hinter dem Empfangstresen, das er zu einer Art Ermittlungshauptquartier umfunktioniert hatte. Er breitete die Unterlagen vor sich auf dem Schreibtisch aus und überlegte, welchem Hinweis er als Erstes nachgehen sollte.

Das Wichtigste war ein mehrbändiges Arbeitsjournal, eine Art Tagebuch, seines Vaters. Er hatte Tätigkeiten und Ereignisse festgehalten, die mit seiner Arbeit verbunden waren. Lampe hatte nur zwei Bände kurz durchgeblättert, versprach sich aber viel von diesen Notizbüchern.

Neben den Bücherstapel legte er eine Fotografie, die den jungen Archibald Lampe neben zwei ebenso jungen Schuhschnäbeln zeigte. Das Bild musste Jahrzehnte alt sein, die Jungen gingen noch zur Schule, wie am Bildrand im Gras liegende Ranzen verrieten. Weder auf der Vorder- noch auf der Rückseite fand sich ein Hinweis darauf, wer die beiden Vögel waren, die einander bis auf die Feder glichen, aber Lampe war sicher, dass es sich bei einem um Atlatus September handelte.

Außerdem hatte er einen Brief von Ragnelda Pussala an seinen Vater gefunden, in dem sie ihn bat, die Leitung bei einer Ausgrabung im Westland übernehmen zu dürfen. Moto Hafusi, der sich als Assistent offenbar auch um die Korrespondenz seines Vaters kümmerte, hatte seine Zustimmung zu der Bitte handschriftlich am Rand des Briefes vermerkt, ergänzt um die Bemerkung: »Sie arbeiten zu viel, Archibald.« Daneben hatte Lampes Vater in ungewohnt harter Knappheit »Nein« geschrieben, sonst nichts.

In dem »Ärger«-Ordner waren Gutachten abgeheftet, die angefochten worden waren und deshalb zu Rechtsstreitigkeiten geführt hatten. Da sie auch die jeweiligen Aktenzeichen enthielten, hatte der Detektiv sie mitgenommen, um Inspektor Sutten um Überprüfung der Fälle zu bitten.

Aus einem anderen Ordner waren einige lose Ausgabenaufstellungen von einer Reise nach Subien gerutscht. Der Zweck der Ausgaben war nicht vermerkt, aber da sich die Gesamtsummen auf vierstellige Beträge beliefen und damit in einer Höhe lagen, die einen Doppelmord durchaus rechtfertigten, wollte er auch dieser Spur nachgehen.

Zuletzt legte Lampe eine persönliche Einladung von Monda Swanovski an Archibald zum »Gipfelsturm« in Rigg auf den Tisch. Er vermutete, dass es sich dabei um den von Ephigynie Mahlzeit erwähnten Ausgrabungswettbewerb zwischen Swanovski, Nkolo und seinen Vater handelte, und wollte den Schwan dazu befragen.

Als er das Büro verließ, flimmerte sein Vater über die Leinwand an den Riesenturmalinen von Musansk. Jemand hatte den Lichtbildprojektor wieder eingeschaltet, allerdings hatte sich der Schlitten verklemmt und es erschienen immer nur die gleichen drei Aufnahmen.

Der Detektiv nahm den Kunsthändler Lichtenstein ins Visier, dessen Weste mittlerweile ein abstraktes Gemälde aus Saucenklecksen und Krümeln zierte. Auf dem Weg zu Lichtenstein kam Lampe an der Reporterin Topps vorbei, die an einem der Tische wie besessen ihren Notizblock vollschrieb, ihn aber sofort zuklappte, als sie Lampe sah.

Er setzte sich neben sie. »Topps«, sagte er, und es klang wie eine Feststellung. »Irgendwelche Erkenntnisse?«

Statt zu antworten, sah sie ihn ungerührt an. Ihm war klar,

dass sie sich etwaige Information als knallharter Profi nicht mit einer freundlichen Frage entlocken lassen würde, und setzte einen mitleidheischenden Ausdruck auf.

»Sie wissen, dass es hier – auch – um den Tod meines Vaters geht. Sie würden einem trauernden Angehörigen doch keine Informationen vorenthalten, die es ihm ermöglichen würden, seinen schweren Verlust zu verarbeiten, nicht wahr?«

In ihrem Gesicht gab es nicht die kleinste Regung.

»Womöglich bräuchte dieser trauernde Angehörige Monate oder sogar Jahre, um über den Tod seines Vaters hinwegzukommen, nur weil Ihnen Ihre Geschichte wichtiger war als etwas Mitgefühl. Das wäre ja so grausam, das kann ich mir bei Ihnen beim besten Willen nicht vorstellen.«

Er blickte mit jammervoll rollenden Augen an die Decke des Foyers.

Die Manguste verdrehte die Augen. »Meine Güte, Lampe, hören Sie auf, meine Brille beschlägt! Ihre Mitleidsnummer ist ja an Käsigkeit nicht zu überbieten, Sie sollten dringend Schauspielunterricht nehmen.«

Der Detektiv knipste seine Leidensmiene wieder aus. »Na schön. Also, Topps, haben Sie etwas?«

»Wenn ich meine Informationen mit Ihnen teile, will ich etwas dafür. Eine Abmachung.«

»Was wollen Sie?«

»Wenn ich Ihnen verrate, was ich weiß, verraten Sie mir, was Sie wissen.«

Lampe fixierte sie grimmig. Sie hatte fraglos Recht und dennoch widerstrebte es ihm, einen Handel mit ihr einzugehen. Die Manguste hatte mit ihren Artikeln in der Vergangenheit schon mehrfach seine Ermittlungen gefährdet.

Und Reporter waren letztlich alle gleich: Gab man ihnen einen kleinen Deal, wollten sie gleich einen lebenslangen Freibrief.

»Sie sind eine Nervensäge, Topps. Sie sind wirklich, ich meine *wirklich* eine Nervensäge.«

»Ach, damit kann ich leben«, gab sie unbekümmert zurück. »Also abgemacht?«

Er schwieg einen Augenblick und schaute ziellos durch den Raum. Dann wandte er sich ihr zu und sagte: »Also gut, dieses eine Mal. Was haben Sie?«

Farolia Topps strahlte ihn erfreut an. »Ich wusste doch, dass wir uns einigen können! Sie zuerst.«

»Nein, Sie zuerst. Treiben Sie es nicht zu weit, Topps. Ich zögere keine Sekunde, Sie von Sutten wegen Behinderung der Justiz in Gewahrsam nehmen zu lassen.«

Schmollend berichtete sie ihm, was sie am Buffet belauscht und anschließend mit Moto Hafusi erörtert hatte. Freilich skizzierte sie ihr Wissen nur grob, um noch einige exklusive Details für ihren Artikel zu behalten.

Auch das noch, dachte Skarabäus Lampe. Nach internationalem Artefaktenschwarzmarkt durch Harpo Lichtenstein nun auch noch internationaler Artefaktenschmuggel durch das Museum oder gar Archibald selbst. Ihm kamen die Zettel mit den undeklarierten Ausgaben aus Subien in den Sinn; womöglich waren das Bestechungsgelder gewesen.

Lampe wusste, dass die Chancen, den Mörder – oder die Mörderin – ohne Sutten und von Oben zu überführen, bei so unübersichtlichen und unangenehm internationalen Angelegenheiten wie Artefaktenschmuggel und -schwarzmarkt dramatisch sanken. Die Recherchemöglichkeiten hier drinnen waren einfach zu beschränkt.

»Hm«, machte er nachdenklich. »Sonst noch etwas?«

Mit dem Kopf wies sie in Richtung des ärgerlich wortkargen Schuhschnabels.

»Schauen Sie mal, ob Sie etwas aus ihm rausbekommen. Ich habe mir an ihm die Zähne ausgebissen, aber wenn Sie mich fragen: Er verbirgt etwas.«

Lampe folgte ihrem Blick und dachte an die Fotografie im Büro seines Vaters.

Er stand abrupt auf.

»He, he, wohin des Wegs, Lampe?!«, protestierte Farolia Topps. »Sie schulden mir noch Ihren Teil der Geschichte!«

»Ja, aber ich habe nicht gesagt, wann ich Ihnen den erzähle«, sagte der Detektiv mit einem gehässigen Grinsen und ließ die Reporterin stehen.

Er wollte seinen Weg zu Harpo Lichtenstein fortsetzen, doch Teddy stürmte auf ihn zu, nahm seine Hand und zog ihn beiseite.

»Komm, ich hab was rausgefunden, das müssen die anderen nicht wissen«, flüsterte der Kater.

Da seine Beobachtungen sich oft als wichtig erwiesen, ließ Lampe sich ziehen. Etwas abseits der restlichen Gäste hockte der Detektiv sich neben den Kater, der sich misstrauisch umschaute. Flüsternd berichtete er Lampe, was er herausgefunden hatte.

»Die Frau Pussala hat erzählt, dass Honigblume schon seit zweitausend Jahren von den Subiern eingesetzt wird. Ist gut gegen Schmerzen. In den Dörfern benutzt man es bis heute.«

»Du hast mit dem Goldfisch gesprochen? Wie hast du das aus ihm rausgekriegt? Hat die Professorin dich nicht für den Thronfolger von Rigg gehalten?«, fragte Lampe belustigt. Er wusste noch nicht recht, wohin der kleine Kater mit seiner Entdeckung wollte.

»Keine Ahnung, was du meinst. Sie hat ganz normal mit mir gesprochen.«

»Ach so? Das überrascht mich. Wie dem auch sei, das ist alles sehr faszinierend, aber du solltest doch Informationen über die Gäste ...«

Teddy fiel ihm aufgeregt ins Wort: »Warte, das Beste weißt du noch nicht. Mit Katzenapfel vermischt wird aus Honigblumensaft ein superstarkes Betäubungsmittel. Man gibt es Frauen, die sich lebendig ausnehmen lassen, wenn ihre Männer sterben.«

»Sie tun was?!«, fragte Lampe.

»Na, Offerbräute! Genau hab ich's auch nicht verstanden, aber wenn die Männer sterben, wollen die Frauen auch sterben, und damit es nicht so schnell geht, machen sie den Bamisierungsbrozess lebendig mit. Bis es nicht mehr geht. Dann kriegen sie diesen Saft aus Honigblume und Katzenapfel und zack!«, er schlug sich mit der Handkante seiner Linken in die Handfläche der Rechten. »Aus isses.«

»Ah, du meinst Opferbräute, die sich lebendig balsamieren lassen. Interessant.«

Ein altertümliches Betäubungsmittel, das stark genug war, schnell zu töten, war in der Tat interessant.

Nachdenklich ließ Skarabäus Lampe seinen Blick durch den Raum streifen und versuchte, sich zu sortieren. Konnte es sein ... Miniko kam in sein Blickfeld. Sie war dem Kater zurück ins Foyer gefolgt und lehnte lässig an einer der Säulen des Gangs zu den Ausstellungsräumen. Sie sah ihn mit ihren grünen Augen an und unterbrach seinen sich gerade formenden Gedanken.

Verflixt! Musste diese Frau immer dann auftauchen, wenn er seine Konzentration brauchte?

Trotzig blickte er in Richtung der großen Leinwand, auf der noch immer die drei Fotos von seinem Vater hin und her flackerten. Es kostete ihn so viel Anstrengung, seine Aufmerksamkeit von der Eidechse loszureißen, dass er die Fotos gar nicht richtig wahrnahm. Erst nach ein paar Minuten kam seine Konzentration zurück ins Hier und Jetzt, und die Bilder erreichten sein Gehirn.

Also Honigblume. Archibald Lampe mit einem Rakonenkrug. Klack. Und Katzenapfel. Archibald Lampe, der etwas aus dem Rakonenkrug nascht. Klack. Ein antikes Betäubungsmittel. Archibald Lampe, der sich übergibt. Klack. Das überdosiert absolut tödlich ist. Ein Ruckeln im Projektorschlitten, dann wieder von vorne.

Lampes Blick wurde starr, und er flüsterte: »Honigblume und Katzenapfel.«

Teddy, der ihm gerade die gruseligen Details des Opferbrautritus erklärte, erschrak etwas, als der Detektiv mitten in seinem Vortrag aufsprang.

»Honigblume und Katzenapfel, natürlich!«

Er dämpfte seine Stimme gleich wieder und schaute sich um, ob jemand seinen Ausbruch mitbekommen hatte, aber niemand nahm Notiz von ihm.

»Später, Partner, ich muss sofort Sutten anrufen! Hervorragend beobachtet!«

Der Kater schaute ihm halb verwirrt und halb stolz hinterher und dann triumphierend zu Miniko. Sie würdigte seine Leistung mit einem gönnerhaften Lächeln und einem leichten Kopfnicken. Teddy ging zu ihr und sah sie mit festem Blick an.

»Und? Halten Sie sich jetzt fern von meinem Partner?«

Sie blickte gelangweilt auf ihn herab. »Mal sehen.«

»He«, protestierte der Kater. »Ich habe das Gift ohne Ihre Hilfe gefunden, wir hatten eine Abmachung! Das ist nicht fair!«

Miniko zuckte die Schultern.

»Silberfinken kämpfen niemals fair, kleiner Detektiv.«

Sie drehte sich um und ging.

»Es ist ein altertümliches Gift, Inspektor!«

»Es ist ein subisches Gift, Lampe!«

Lampe hatte Sutten angerufen, und nachdem beide sich gemeldet hatten, war es gleichzeitig aus ihnen herausgeplatzt. Sie verstummten reflexartig, um gleich darauf wieder gleichzeitig loszureden. Schließlich ließ Lampe dem Inspektor den Vortritt.

»Wir haben das Zeug sowohl bei Nkolo als auch Ihrem Vater gefunden. Doktor Dannados hat den Verdacht, dass es sich um eine Sonderform eines subischen Betäubungsmittels handelt. Er hat die Probe darauf getestet, und es gab auch eine Reaktion, aber sie entsprach überhaupt nicht den Erwartungen. Na ja, mit den Folgen der Reaktion muss sich jetzt die Versicherung herumschlagen. Dannados meint, es sei, als ob die Substanz in einer potenzierten Form vorläge.« Er schwieg kurz. »Sie hatten Recht mit Ihrem Misstrauen, Lampe. Ihr Vater ist ermordet worden.«

»Ich weiß, Sutten, ich weiß«, knurrte der Detektiv. »Es handelt sich um ein altertümliches Gift aus Honigblume und Katzenapfel. Man hat damit früher Opferbräute betäubt oder ganz von ihrem Leiden erlöst. Ich vermute, dass der Mörder – oder die Mörderin – die Originalsubstanz verwendet hat. Also keinen aus frischen Zutaten hergestellten Trank, sondern einen jahrtausendealten Rest aus echten Rakonenkrügen. Womöglich hat die lange Lagerung die Wirksamkeit verstärkt, jedenfalls ist es heute ein hochpotentes Gift, das wegen seiner Seltenheit und seiner altersbedingten Veränderungen kaum jemandem bekannt sein dürfte und extrem schwer nachzuweisen ist.«

Lampe atmete schnaufend aus. »Puh. Dass der Geier das herausgefunden hat, alle Achtung. Er sollte eine Gehaltserhöhung bekommen, wenn das hier vorbei ist.«

»Och, na ja, man tut was man …«, begann Sutten geschmeichelt, als hätte das Kompliment ihm gegolten, doch der Detektiv ließ ihn nicht ausreden.

»Wie weit sind Sie mit den Drohbriefen gegen das Museum?«

Der Inspektor lachte zynisch. »Was glauben Sie, Lampe?! Ich komme eben erst aus den Katakomben des Geiers, die Bestimmung dieses verdammten Giftes dauerte ewig!«

»Was wir brauchen, ist ein Motiv, Inspektor! Es gibt eine grimmige Konkurrenz unter den Forschenden. Und dann diese Drohungen. Einige der Anwesenden sind außerdem in schmutzige Geschäfte, vor allem internationalen Artefaktenschmuggel und -schwarzhandel, verwickelt, und ich muss wissen, wie schmutzig die sind. Sie müssen das klären.«

Sutten, der bei allen anstehenden Polizeimaßnahmen sofort die finanziellen und personellen Polizeikapazitäten im Kopf hatte, schwante Schreckliches.

»Wie stellen Sie sich das vor? Für umfassende Ermittlungen fehlen uns die …«

»Klingeln Sie von Oben aus dem Aquarium«, unterbrach ihn der Detektiv. »Wir brauchen Informationen vom Zollamt, außerdem alle Gerichtsakten, in denen es um antike Gegenstände geht und Angestellte des Nationalmuseums eine Rolle spielen. Als Klagende, Angeklagte oder Sachverständige. Der Anwalt kann die Gerichtsangelegenheiten erledigen, Sie müssen dann nur noch beim Zoll anfragen. Und Teile der Arbeiterbewegung haben Sie doch ohnehin schon in Gewahrsam, also verhören Sie sie!«

»Es ist zehn Uhr abends, Lampe, alle Behörden schließen um vier! Und die meisten meiner Leute sind bei *Ihrer* Trauerfeier, Lampe.«

Er zog das »Ihrer« in die Länge, als sei Lampe persönlich an den Personalproblemen der Polizei schuld. Doch der ließ sich nicht aus der Ruhe bringen.

»Ach, Sie und von Oben finden schon einen Weg, tschühüüüs!«

Es klickte in der Leitung, und der Inspektor blickte perplex auf den Telefonhörer, aus dem nur noch atmosphärisches Rauschen zu hören war.

Während Inspektor Sutten überlegte, wie er die Schwierigkeiten behördlicher Öffnungszeiten umgehen sollte, wandte der Detektiv sich wieder dem Foyer zu. Die späte Stunde machte sich langsam bemerkbar; hier und da wurde ein Gähnen unterdrückt, und jemand hatte offensichtlich beim Cafeteria-Personal Kaffee geordert. Die Kellner hatten mehrere silberne Kannen hereingebracht und auf das Buffet gestellt.

Lampe dachte nach. Jetzt, da klar war, wie Nkolo und sein Vater ermordet worden waren, musste er prüfen, wer kein Alibi und Zugang zu dem Gift hatte. Er wandte sich an die Gäste.

»Meine Damen und Herren, darf ich um Ihre Aufmerksamkeit bitten? Es hat sich soeben herausgestellt, dass Nkolos Tod mitnichten ein natürlicher war, sondern mutwillig herbeigeführt wurde.«

Aufgeregtes Gemurmel erhob sich.

»Und mehr noch: Archibald Lampe, mein Vater, ist ebenfalls ermordet worden.«

Aus dem Gemurmel stiegen Laute von Empörung und Entsetzen auf. Ephigynie Mahlzeit wurde so blass, dass es einen Moment lang so aussah, als würde sie ohnmächtig werden. Lampe hob die Hände, um den Tumult zu beruhigen.

»Ich werde Sie daher alle getrennt voneinander befragen. Halten Sie sich bitte bereit.«

»Moment, aber das heißt doch, dass wir hier mit einem Mörder eingesperrt sind!« Stadtrat Arson hatte sich von seinem Stuhl erhoben.

»Oder einer Mörderin, richtig«, sagte Lampe und nickte, »je besser Sie alle kooperieren, desto schneller kommen wir alle aus dieser unangenehmen Situation. Danke.« Er klappte den Mund zu und reagierte nicht mehr auf den Proteststurm.

KONZENTRISCHE KREISE

Anruf Pussala wegen der nächsten Expedition. Fühlt sich wegen Lugoschs Tombola benachteiligt, weil sie drei Jahre in Folge nicht gewonnen hat. Habe ihr Zufallsprinzip erklärt, aber sie wollte nicht hören. Sieht große Männerverschwörung am Werk, die weibliche Forschung – was immer das sein soll – verhindert. Streit.

Sehr enttäuscht, weil Moto Partei für sie ergriff. War sehr diplomatisch, deutete aber an, es sei langsam Zeit für mich, mich aus der aktiven Forschung zurückzuziehen. Was für eine Impertinenz, wenn man bedenkt, was er mir zu verdanken hat. Sehr enttäuscht. Muss mit Mahlzeit darüber reden.«

Helene hatte wahllos eine Seite in dem Tagebuch aufgeschlagen. Skarabäus Lampe hatte ihr das Arbeitsjournal seines Vaters zum Lesen gegeben und sie darum gebeten, die Einträge der letzten fünf Jahre durchzusehen.

»Endlich! Haben Grabkammer AQ/III-24 so weit freigelegt, dass wir sie heute betreten konnten. Atemberaubender Augenblick. Kammer ist reich ausgestattet mit Grabbeigaben, Statuen, Krügen, Papyri. Wände von oben bis unten mit Reliefs bedeckt, wird viel Arbeit, die Hieroglyphen zu entziffern. Bin aber sicher, dass es sich um das Grab von König Handabdruck dem Dritten handelt, nach dem seit Jahrzehnten gesucht wird. Sarkophag ist riesig und prachtvoll verziert. Freue mich auf kommende Wochen, dank der Fördermittel von Swanovski und Lugosch können wir alle Arbeiten selbst durchführen und müssen keine anderen Institute mit an Bord holen. Sekt mit Moto.«

Helene blätterte weiter.

»Verdammte Politik! Dürfen die Funde aus dem Grab von König Handabdruck dem Dritten nicht nach Überstadt bringen lassen. Der neue Premier hat Gesetze erlassen, nach denen subische Kulturgüter nur dort untersucht werden dürfen. Wie soll man in dieser Hitze und ohne ordentliche Zivilisation denn bitte irgendetwas untersuchen?! Kenne den Premier von früher und habe um Unterredung gebeten. Hoffe, dass ich ihn umstimmen oder Ausnahmeregelungen für überstädtische Forschung erwirken kann. Sehe mich sonst zum Äußersten gezwungen.«

Nachdenklich ließ Helene den Blick über die Tagebuchseiten gleiten. Sie fühlte sich unwohl und der Aufgabe, die Lampe ihr gestellt hatte, nicht recht gewachsen. Ihr fehlte das Ritzel der unbeteiligten Neugier, sie war immer besorgt, geschockt, empört oder welchen Gefühlszustand ein Fall sonst noch so hervorrufen konnte.

Selbstständig entscheiden zu müssen, ob ein Eintrag in Archibalds Journal verdächtig war, war ihr entschieden zu viel Verantwortung. Sie war niemand für Ermittlungen, sie sorgte eher dafür, dass ihre Jungen ungestört ermitteln konnten. Seufzend las sie weiter.

»Telefonat mit Nkolo wegen des angefochtenen Gutachtens. Jemand sollte Lichtenstein das Handwerk legen. Diese ständige Anfechterei macht unsere Arbeit zu einer Farce, als wären wir irgendwelche kleinen Assistenten. Lichtenstein hat einfach keinen Respekt – weder vor meinem Hobelpreis noch vor Nkolos Erfahrung. Es sollte verboten werden, wissenschaftliche Gutachten durch Privatpersonen anfechten zu lassen, jawohl, verboten.«

Mit jedem Eintrag wurde dem weißen Huhn unbehaglicher.

Helene war Kinderfrau in dem Waisenhaus gewesen, das später dem Hospital der Kundigen Frauen angegliedert wurde. Aber das überstädtische Pflege- und Fürsorgesystem war schlecht bezahlt und zudem hoffnungslos überlastet, sodass Helene Archibald Lampes Angebot, frei, selbstständig und finanziell sorgenfrei für seinen Sohn zu sorgen, dankbar angenommen hatte.

Der Archäologe lebte selbst so sehr in seiner eigenen Wissenschaftswelt, dass er beim besten Willen nicht wusste, wie er seinen Sohn zu einem anständigen Bewohner der normalen Welt machen sollte. Helene hatte es auch nicht gewusst, dem Jungen aber mithilfe einer Mischung aus Respekt und Erpressung einigen Anstand beibringen können.

So uninteressiert Archibald an ihr und seinem Sohn zu sein schien, war er ihr doch immer als eine Art liebenswerter Schussel ohne Arg vorgekommen, ein Tollpatsch, der sich nach Leibeskräften bemühte, in einer Welt ohne Ausgrabungsstätten zu funktionieren, und daran scheiterte.

Der Mann, der hier zwischen den Zeilen des Tagebuchs durchschien, war ein anderer. Eitel, streitbar, ehrgeizig (mit Betonung auf »geizig«). Er war ihr unsympathisch, und das wiederum bereitete ihr Schuldgefühle, denn immerhin war dies hier seine Trauerfeier, und über Tote soll man nicht schlecht sprechen – und denken.

Sie spürte den Wunsch, das Journal zurück in die staubigen Kisten zu stecken, in denen sie es gefunden hatten.

Skarabäus Lampe sollte nicht erfahren müssen, wie sein Vater wirklich war. Aber Helene wusste auch, dass er es ihr nie verzeihen würde, wenn sie es täte. Es könnte sogar sein, dass er ihr dann fristlos kündigte, und so weit wollte sie es auf keinen Fall kommen lassen.

Helene sah Teddy an, der auf dem Stuhl neben ihr eingeschlafen war. Er hatte sich zusammengerollt wie eine Brezel und schnarchte in rechtschaffener Lautstärke. Sie hätte ihn gerne irgendwohin gebracht, wo er es bequemer und sicherer hätte – immerhin lief hier noch jemand frei herum, der zwei Morde begangen hatte –, aber sie wusste ganz genau, dass er aufwachen und sofort protestieren würde, sobald sie es versuchte. Also ließ sie ihn liegen, bat Frau Mahlzeit darum, einen Blick auf ihn zu haben, und stand auf, um mit Skarabäus Lampe zu sprechen.

Das Wasser in dem Tank, in dem der Rechtsanwalt Raglan von Oben schlief, blubberte ungemütlich, als das Telefon klingelte.

Wie alle landlebenden Fische ging er in der Öffentlichkeit aufrecht und trug seinen Briser, aber in der Freiheit des eigenen Zuhauses zogen es die meisten Fische vor, in ihrem Element zu sein. Sie schliefen ohne Briser in Aquarien und träumten von einem Leben unter Wasser. Um in dieser Zeit nicht völlig von der Landwelt abgeschnitten zu sein und etwa von einer verheerenden Feuersbrunst überrascht zu werden oder einen Anruf zu verpassen, gab es verschiedene Vorrichtungen, die Geräusche, Licht und Bewegungen in das Wasser leiteten und die Fische weckten.

Der Signalwandler des Rechtsanwalts bestand aus einem mit einem Mikrofon gekoppelten Blasebalg, der Umgebungsgeräusche in Luftblasen umwandelte, die über einen Schlauch direkt in den Schlaftank des Fisches gepumpt wurden. Sie simulierten einen Sturm, der den kleinen Silberbauch jetzt unsanft hin und her schubste. Er versuchte, das Blubbern zu ignorieren, aber das Telefon hörte nicht auf zu klingeln. Schließlich stieg er missmutig aus seinem nassen Bett, setzte seinen Briser auf und nahm den Hörer ab.

»Lassen Sie mich raten: Lampe«, sagte er ohne Begrüßung.

»Fast«, erwiderte Inspektor Sutten, »ich rufe in seinem Auftrag an.«

Mit einem leisen Prusten, das sowohl »Ich wusste es!« als auch »Womit habe ich es verdient, Skarabäus Lampe je über den Weg gelaufen zu sein?« heißen mochte, erkundigte sich von Oben, worum es ging.

»Das ist noch unklar. Sicher ist, wir haben zwei Tote in der Archäologieszene, ermordet mit einem altertümlichen Gift. Was uns fehlt, sind Motive. Wir haben streitbare Gutachten über den wissenschaftlichen Wert von Artefakten, womöglich bestechliche Sachverständige. Lampe will alle Gerichtsunterlagen über diesbezügliche Rechtsstreitigkeiten.«

»Ach ja, Lampe will, Lampe will«, äffte der Anwalt Sutten nach. »Und ich will ein Häuschen im Meer mit einem schönen Anemonengarten und Blick auf die Schelfkante. Kriege ich das vielleicht? Nein! Außerdem ist es Nacht, vor morgen erreiche ich niemandem bei Gericht.«

»Ich weiß, von Oben, ich weiß«, seufzte der Inspektor. »Ich darf zusehen, wie ich um diese Uhrzeit an Zollinformationen komme.«

Beide stimmten überein, dass Skarabäus Lampe die größte Plage dieser Stadt war und alle ein ruhigeres Leben hätten, wenn man ihn einfach verhaftete.

Sie wussten natürlich ebenso gut, dass ohne den Meisterdetektiv auch die Verbrecher – und Verbrecherinnen – ein ruhigeres Leben hätten, dass Überstadt ein Sumpf aus Mord, Erpressung, Überfällen, Schmuggel, Körperverletzung, Korruption und grobem Unfug wäre. Lampes geradezu unheimliche Fähigkeit, Zusammenhänge zu erkennen, bereitete zwar allen, die das Pech hatten, mit ihm zusammenzuarbeiten, Magengeschwüre oder Suchterkrankungen, aber sie machte die Stadt auch sicherer.

Schimpfend und seufzend legten beide auf und blieben mit der gestellten Aufgabe, zu nachtschlafender Zeit an behördliche Auskünfte zu kommen, allein.

Der Anwalt tat das, was er immer tat, wenn er nicht weiterwusste: Er fragte Fräulein Pantanananarabi. Sie schlicht seine Sekretärin zu nennen, wurde ihrer Arbeit nicht gerecht, auch wenn das ihre offizielle Berufsbezeichnung war.

Wie die meisten nachtaktiven Arten – Fräulein Pantanananarabi war ein malwesisches Fingertier – konnte auch sie tagaktive Tätigkeiten nur unter Zuhilfenahme von Unmengen Kaffee und Zigaretten bewältigen.

Viele Nachttiere zogen deshalb Nachtberufe vor, aber weil es in Überstadt nur eine begrenzte Anzahl von freien Stellen als Wach- und Schließpersonal gab, blieb dem Nachtvolk oft nichts anderes übrig, als gegen seine Natur tagsüber zu arbeiten. Vor Müdigkeit zuckten stets eine ganze Reihe von Muskeln in Fräulein Pantanananarabis Gesicht, und ihre Augen waren meist verquollen und blutunterlaufen.

Als von Oben jetzt allerdings ihre Nummer wählte, meldete sie sich schon nach dem zweiten Klingeln munter und frisch.

»Fräulein P.«, begrüßte sie der Anwalt, der ihren Namen aus Zeitersparnisgründen meist abkürzte, »ich brauche Ihre Hilfe.«

»Gerne, Herr von Oben, was kann ich für Sie tun?«

Der Anwalt musste aufpassen, beim Klang ihrer samtweichen Stimme nicht in das gleiche romantische Chaos zu stürzen, das die meisten Anrufer ergriff, die seine Mitarbeiterin zum ersten Mal hörten. Als Fingertier hatte die Natur ihr nicht eben großzügig bei ihrem Aussehen mitgegeben; sie war ein plumpes Äffchen, dessen einzelne Körperteile entweder zu groß oder zu klein für diesen Körper wirkten. Ihre Stimme dagegen war wie ein Sonnenaufgang, ein Glas Milch mit Honig vor dem Zubettgehen, eine warme Sommerbrise, ein sinnliches Gedicht, eine wärmende Berührung.

Kurz verlor Raglan von Oben den Faden und spürte den Wunsch, die Welt zu vergessen und stundenlang dieser Stimme zuzuhören. Erst als sie ihn noch einmal fragte, kam er zu sich.

»Was? Oh, äh, ja, ich brauche Ihre Hilfe. Lampe benötigt Gerichtsakten, und zwar sofort.«

Weder war Fräulein Pantanananarabi empört oder überrascht oder in sonst einer Weise schockiert von der Unmöglichkeit der Forderung. Das tagaktive Leben und Arbeiten verlangte ihr so viel ab, dass darüber hinausgehende Zumutungen ihr selten mehr als ein augenrollendes Lächeln entlockten.

»Lampe, aber natürlich«, sagte sie jetzt mit der größten Selbstverständlichkeit. »Mein Vetter fünften Grades Ludowig ist Nachtwächter im Gericht, der lässt mich sicher ein. Was braucht der Detektiv denn?«

Mit einem erleichterten Seufzen gab der Anwalt ihr Suttens Wunschzettel durch.

»Gut, habe ich. Bereiten Sie doch schon den Antrag auf Akteneinsicht vor, damit ich ihn vor Ort hinterlegen kann, sodass es nicht heißt, wir hätten die Akten gestohlen. Es soll doch alles seine Richtigkeit haben. Ich mache mich gleich auf den Weg zu Ihnen.«

Von der nachtschlafenden Zeit über Zutritt zum Gericht durch einen Vetter fünften Grades bis hin zu der Aktenentnahme ohne vorherige Genehmigung hatte ungefähr nichts seine Richtigkeit, und von Oben rechnete insgeheim mit einem Disziplinarverfahren, aber was wollte man machen. Wenn Lampe sagte, es sei dringend, dann war es auch dringend. Er machte sich daran, die nötigen Formulare auszufüllen.

Nachdem Helene Skarabäus Lampe unter Zurückhaltung der unsympathischen Details einige der Tagebucheinträge seines Vaters zusammengefasst hatte, bat er Graf Kritor von Lugosch ins Büro hinter dem Empfangstresen. Bevor er Lichtenstein befragte, wollte er mehr über die erwähnte Tombola wissen. Missmutig, weil der Detektiv seinen Plan, mit der schönen Monda Swanovski zu sprechen, vereitelt hatte, folgte der Wolf ihm.

Im Büro rückte Lampe den Schreibtisch und die Stühle so zurecht, dass der achtbürgische Graf ihm gegenübersaß.

Auf Lampes Bitte leerte er seine Taschen und legte ihren Inhalt auf den Tisch. Eine Jahresschrift der Archäologischen Gesellschaft, ein silbernes Medaillon und eine Fotografie lagen jetzt zwischen ihnen. Das Bild zeigte eine Giraffe in Unterwäsche, die ihren Hals aufreizend in die Kamera hielt. Der Graf errötete, als Lampe es betrachtete, aber Lampe sagte nichts. Stattdessen nahm er das Medaillon in die Hand.

»Was ist das?«

»Eyn Erbstieck, das mich in der Fremde daran erinnert, wer ich bin und woher ich komme.«

»Und wer sind Sie?«

»Schauen Sie, Cherr Lampe, meyne Familie leydet unter dem Aberglauben der eynfachen Leute. Sie chalten uns fier Monster, weyl wir andere … Gewohncheyten chaben als andere. Im Ausland versteht man unsere Gewohncheyten noch weniger als zu Chause, und diese Mienze chilft mir, eyne Weyle darauf zu verzichten, ohne mich zu verlieren. Eyn Stieck meyner Cheymat.«

Lampe nahm das Bild mit der Giraffe in die Hand.

»Die Gerüchte sind also wahr? Sie mögen tatsächlich Hälse?«

Graf von Lugosch machte ein gequältes Gesicht und winkte ab, konnte aber das Glimmen in seinen Augen bei der Erwähnung von Hälsen nicht verbergen.

»Ach, Geriechte, Geriechte. Wir erkennen eynen schenen Chals, wenn wir ihn sehen. Wir kiessen gerne Chälse, wir beriehren sie gern, wir riechen gerne an ihnen. Ich kann es nicht erklären, es ist eyne Obsession, alle Adelsgeschlechter Achtbiergens chaben sie im Blut. Wir mechten Chälse sehen, anfassen, riechen …«

»Schmecken?«, setzte Lampe die Aufzählung fort.

»Aber ja! Die Chaut chat dort eynen ganz besonderen Geschmack.«

Skarabäus Lampe, der sonst nie über Personen urteilte,

161

mochten ihre Gepflogenheiten ihm auch noch so fern sein, fühlte sich leicht abgestoßen.

»Haut, ja? Und Blut?«

»Wie ›und Blut‹?«

»Ach kommen Sie schon, Sie wissen genau, was man sich über Ihresgleichen erzählt. Dass Sie viel mehr an dem Geschmack des Blutes unter der Haut interessiert sind! Trinken Sie es?!«

Diesmal reagierte der Graf abgestoßen. »Natierlich nicht, was denken Sie von mir?! Das sind genau die Vorurteyle, gegen die wir seyt Jahrchunderten kämpfen. Dabey leben wir ebenso lange vegetarisch! Wir chalten uns nicht nur an dieses dumme Wirbeltieressverbot, das bey der Konferenz der Tiere beschlossen wurde, wir gehen viel weyter. Aber chier und da eyn paar schwarze Schafe und schon glaubt alle Welt, wir seyen chalbe Kannibalen!«

Lampe hob fragend die Augenbrauen. »Schwarze Schafe? Was meinen Sie damit? Einzelne Adelige, deren Vorliebe für Hälse doch etwas weiter ging?«

»Neyn, neyn, es waren schwarze Schafe, die die Geriechte ieber uns in die Welt gesetzt chaben. Ich glaube, sie waren nur neydisch, weyl wir sie nicht beachtet chaben. Schafe chaben ja nicht eynmal richtige Chälse, alles nur voll fettiger Wolle. Wir chaben uns mit Chirschkiehen vermählt, mit Schwänen, in eynigen Stammbäumen gibt es sogar siedländische Giraffen. Fier die Schafe gab es keyne Meglichkeyt, je in die Aristokratie aufzusteygen. Da chaben sie eyn paar chässliche Märchen erfunden, und seytdem begegnet man uns ieberall nur noch mit Misstrauen. Unsere Männer fanden keyne Frauen mehr, unsere Frauen keyne Männer. Ganze Blutlinien, ich meyne Namenslinien starben aus wegen der schwarzen Schafe. Cheute leben meyne Leute zurieckgezogen und unverstanden. Und ich chabe meyn Leben der Ferderung der Wissenschaft gewidmet, um das zu verbessern. Nur Wissenschaft kann chelfen, die Vorurteyle gegen die Meynen abzubauen.«

»Sie haben die Arbeit meines Vaters gefördert?«

»Ich chatte die Ehre, ja. Aber nicht nur Ihres Vaters, sondern auch Nkolos und Pussalas.«

Anerkennend hob Lampe die Augenbrauen und pfiff leise. »Sie müssen sehr reich sein.«

Kritor von Lugosch hob abwehrend die Hände. »Oh biette! Meyne Familie chat eyniges Vermegen, ja, aber nicht so viel, dass es fier drey Forschende reycht. Sie chaben sich abgewechselt, es war eyne Art Verlosung. Eyne jährliche Tombola.«

Lampe sah ihn fragend an.

»Wir Leute aus Achtbiergen gelten als rieckständig, besonders Frauen gegenieber. Sie miessen wissen, dass Frauen bey uns nicht viel ... wie sagt man? Chandlungsspielraum chaben. Sie sitzen zu Chause, ziehen Kinder auf und werden dumm. Es fehlt die Stimulation der Intelligenz. Dort, zwischen dunklen Bergen und noch dunkleren Wäldern, wachsen wir alle so auf, ich auch. Ich wollte sicherstellen, dass ich Frau Pussala nicht benachteylige, nur weyl sie eyne Frau ist. Also chabe ich die drey um meyn Ferdergeld losen lassen. Damit das Glieck entscheydet, nicht meyne Geschlechtervorurteyle.«

»Das klingt fortschrittlich.«

»Ist es auch. Leyder hatte Frau Pussala keyn Glieck in den letzten Jahren. Das Geld ging seyt Jahren immer an die Männer.«

Nach Helenes Bericht über die Ruhmessucht seines Vaters schwante dem Detektiv Übles. »Haben die beiden die Auslosung irgendwie manipuliert?«

Wieder zeigte Graf von Lugosch eine theatralische Demutsgeste.

»Nun ... zumindest glaubte Frau Pussala das. Sie fiehlte sich iebergangen. Sie verlangte eyne Ieberpriefung der Losmaschine. Sie *verlangte*, stellen Sie sich nur vor. In dieser Zeyt wollte auch Moto Chafusi an der Tombola teylnehmen, aber chätte ich ihn aufgenommen, ohne auf ihre Forderungen eynzugehen, wäre sie sofort an die Effentlichkeyt gegangen. Sie drohte mir mit eynem Skandal, sie wollte ieberall cherumerzählen, meyne Tombola sey getierkt und ich sey eyn Frauenfeynd. Sie wollte meynen Ruf ruinieren und mich wieder zu der vermoderten, gefährlichen Legende machen, aus der wir uns zu befreyen versuchen.«

»Wie konnte sie überhaupt in der Wissenschaft bestehen? Sie scheint mir doch etwas mehr als nur ›ein wenig‹ vergesslich«, sagte Lampe, der sich eine flüssige Unterhaltung mit dem senilen Goldfisch kaum vorstellen konnte.

»Das ist nur, weyl sie chier niemanden kennt«, sagte Kritor von Lugosch. »In neyen, uniebersichtlichen Situationen ist ihr Gechirn etwas ... ieberfordert, Sie verstehen? Aber in gewohnter Umgebung und bey gewohnten Themen kann man normal mit ihr reden.«

Lampe nickte.

»Sie war eyne chervorragende Forscherin, ihre Arbeyt war sogar zweymal fier den Chobelpreys nominiert. Aber ...«, von Lugosch zögerte. »... in den letzten Jahren wurden ihre Chiepothesen immer wirrer. Deshalb musste ich dafier sorgen, dass meyn Geld nicht verbrannt wurde.«

Skarabäus Lampe zog die Augenbrauen zusammen. »Also haben Sie die Verlosung tatsächlich manipuliert!«

»Ich bevorzuge es, von eyner Steuerung der Ergebnisse zu sprechen. Ich chabe Pussala geferdert, aber nicht nach dem Zufall, sondern alle paar Jahre eynmal. Leyder wurde sie misstrauisch, dass sie nicht efter gezogen wurde.«

»Aber hat Frau Pussala in der wissenschaftlichen Gemeinschaft denn so viel Einfluss, dass die Bekanntmachung dieses Fördergeldbetrugs ernste Folgen für Sie gehabt hätte?«

»Sie verkennen die Zeyt, meyn Freund«, sagte Lugosch und lächelte gequält. »Cheute sind Frauen laut, sie ordnen sich nicht unter, sie tragen Chosen. Denken Sie nur an diese Eydechse dort draußen.«

Sofort erschien Miniko in ihrem Hosenanzug vor Lampes geistigem Auge und legte einen nachtblauen Nebel mit jadegrünen und dunkelroten Schlieren über seine Gedanken. Schnell vertrieb er das Bild.

»Es ist nicht wie frieher, als man Vorwierfe von Frauen mit Geld oder Verbindungen entkräften konnte. Cheute chert man sie an, wenn sie ›Ich auch!‹ schreyen. Gestandene Männer verlieren Posten, Ruf, Ehre, nur weyl eyne Frau anklagend ihren Finger auf sie gerichtet chat.«

Verächtlich zog Lampe die Mundwinkel nach unten. »Also haben Sie sie benachteiligt, wie Frauen seit Jahrhunderten benachteiligt werden. Wissen Sie was? Sie sind genauso rückständig, wie man es über achtbürgische Adelige sagt. Verkaufen sich als Frauenförderer und sind genauso schlimm wie die anderen Männer, vielleicht sogar noch schlimmer.«

Halb beleidigt und halb beschämt schaute der Wolf ihn an.

»Na schön, seit wann sind Sie in Überstadt? Schon länger?«

»Neyn, erst seyt gestern. Ich kam morgens mit dem Neun-Uhr-fienfzehn-Ostlandexpress via Unterstadt. Das Billett ist in meynem Chotelzimmer, falls Sie es priefen wollen.«

»Schon gut. Nehmen Sie Ihren Kram mit, Graf, wir sind hier fertig.«

Er stand auf und hielt dem Grafen die Tür auf, der das Büro verließ.

Der Detektiv setzte sich ungewohnt aufgebracht an den Tisch. Er ließ sich für gewöhnlich nicht leicht aus der Ruhe bringen, das verstellte nur den Blick auf die Tatsachen, aber gewisse Leute machten ihn ungehalten. Doppelmoral war so … unlogisch, man lief dabei immer im Kreis. Egal, welche Richtung man nahm, irgendwann stieß das Verhalten des einen Weges mit den Überzeugungen des anderen zusammen.

Anders als andere Administrationsgebäude in Überstadt, wie der Magistraturpalast oder das Polizeipräsidium, war das Zollamt ein schmuckloser Zweckbau. Vier gerade Mauern und ein wasserdichtes Dach waren den Stadtplanern genug erschienen, weil das Amt hauptsächlich dem Archivieren und der Verwaltung von Zollangelegenheiten diente. Es gab gewissermaßen keine Laufkundschaft und damit auch keinen Grund für repräsentativen Firlefanz.

Da Inspektor Sutten anders als Fräulein Pantananananarabi keinen Vetter fünften Grades im Zollamt hatte, sondern nur eine Cousine dritten Grades im Westland, die einen Heuschreckenzüchter geheiratet hatte, war ihm nichts übrig geblieben, als den Stadtrat für Im- und Exportfragen aus dem

Bett zu klingeln und sich von ihm die Genehmigung zu Ermittlungen zu holen. Nach Verweis auf die internationalen Verstrickungen hatte der Stadtrat die Genehmigung erteilt und per Rattenboten an das Präsidium gesendet.

Inspektor Sutten wiederum hatte die Wachtmeister Mandarine und Clementine mit der Genehmigung zum Zollamt geschickt, weil sie gewisse Erfahrung im Umgang mit Archiven hatten.

Während des Mordfalls im Wanderzirkus war es dem Täter gelungen, einen Mordanschlag auf einen der Artisten zu verüben, während der sich unter Polizeischutz durch die Zitrusfrüchte befunden hatte. Als Disziplinarstrafe für ihr Versagen waren die beiden Wachtmeister ins Polizeiarchiv versetzt worden. Im Keller des Präsidiums hatten sie drei Monate lang staubige Akten sortieren und archivieren müssen.

Und weil Teile des Kellers wegen der chronischen Überlastung des überstädtischen Justizsystems in Zellen umgewandelt worden waren, hatten sie das unter den Blicken – und dem Spott – der kriminellen Subjekte, die hier bis zur Eröffnung ihres Verfahrens in Haft saßen, tun müssen, was den erzieherischen Wert der Maßnahme deutlich erhöht hatte.

Der diensthabende Wachmann im Zollamt las das kurze Schreiben des Stadtrats, das ihm die Zitrusfrüchte aushändigten, misstrauisch, und ließ sie dann ein.

Nun also mussten sie dem Artefaktenschmuggel auf den Grund gehen, der womöglich zu zwei Morden geführt hatte. Da die Toten enge Kontakte nach Subien unterhielten und darüber hinaus das eingesetzte Gift von dort stammte, konzentrierten sie sich auf den Handel mit dem südländischen Staat.

Subiens Exportwesen war wegen der weitgehenden Unerschlossenheit des Landes relativ überschaubar. Für den internationalen Handel waren vor allem die exotischen Gewürze interessant. Ein Großteil der Frachtunterlagen gehörte zu Lieferungen von Jagda, Barri, Moptan und Shimshim. Die Gewürze kannten die beiden Polizisten nur dem Namen nach. Sie zogen die gute überstädtische Küche moderner Exotik vor.

Stoffe und Teppiche waren ein weiterer wichtiger Pfeiler der subischen Wirtschaft. Die Stoffe waren billiger als hiesige Fabrikate, was vor allem den überstädtischen Nähereien, die die Stoffe verarbeiteten, zu prächtigen Gewinnen verhalf.

Auch subische Teppiche waren international begehrt. Sie wurden oft von den Frauen der ländlichen Bevölkerung in jahrelanger Handarbeit gefertigt und brachten den Händlern Rekordumsätze. Wohlgemerkt den Händlern, nicht den Teppichknüpferinnen in den Dörfern; die bekamen oft nur ein paar Zert für ihre mühevolle Arbeit.

»Du, Mandarine, was sind denn eigentlich Artefakte und wie sehen die aus? Ich meine, haben die eine bestimmte Form, sind die groß oder klein, rund oder eckig, flüssig oder fest? So etwas muss man doch wissen, um herauszufinden, in welchen Lieferungen sie geschmuggelt worden sein könnten.«

Wachtmeister Mandarine sah seinen Kollegen an und schüttelte den Kopf.

»Also weißt du, Clementine, manchmal frage ich mich wirklich, wie du es in den Polizeidienst geschafft hast. Wäre das so einfach, bräuchte man ja keine Spezialisten wie uns, um den Schmuggel aufzudecken. Artefakte haben keine bestimmte Form, ›Artefakt‹ heißt ja nur ›alter Gegenstand‹. Das können riesige Sarkophage sein oder winzige Statuetten, Amulette, die in die Hosentasche passen, oder antike Säulen, für die man einen ganzen Frachter braucht, um sie zu verstecken.«

Die subische Exportlandschaft lud förmlich zu Schmuggel ein; Gewürze wurden in großen Säcken geliefert, Stoffe und Teppiche in Ballen. Man würde schwerlich Verpackungen finden, bei denen es noch einfacher war, Schmuggelgut in ihnen zu verbergen.

»Schau nach Auffälligkeiten. Ungewöhnliche Exportgüter, ungewöhnliche Mengen, ungewöhnliche Bezeichnungen.«

»Ha, dafür müsste ich erst einmal wissen, wie gewöhnliche Mengen, Güter und Bezeichnungen lauten«, knurrte Wachtmeister Clementine, machte sich aber daran, Frachtbrief um Frachtbrief nach Sendungen für das Nationalmuseum durchzusehen.

»Sarkophag mit Mumie, Mumie ohne Sarkophag, siebzehn Rakonenkrüge, Halskette Gold, Halskette Silber, Schlangenstab Ebenholz.« Mandarine blätterte durch die Papiere. »Klingt alles sauber.«

Auch Clementine hatte nichts Ungewöhnliches an den Frachtbriefen bemerkt und wollte seinem Kollegen gerade vorschlagen, die Arbeit ergebnislos zu beenden, als der scharf die Luft einzog.

»Moment mal, schau dir das an. Bis vor zwei Jahren ging nur antiker Kram an das Museum, dann hört das plötzlich auf und stattdessen wurden Teppiche geliefert. Hast du im Museum schon einmal Auslegware gesehen?«

Wachtmeister Clementine verneinte, was aber vor allem daran lag, dass er nicht nur keine Auslegware gesehen hatte, sondern überhaupt nicht wusste, wie das Museum von innen aussah. Für den Abtransport des toten Goldmulls heute Nachmittag hatte er zum ersten Mal in seinem Leben das Museum betreten.

»Ach weißt du, ich hab's nicht so mit dem alten Kram«, murmelte er.

»Aber ich. War schon öfter mit meinen Kindern dort. Und ich sag dir was: Es gibt keine Auslegware. In den öffentlichen Bereichen des Museums ist überall nur nackter Stein.«

Überzeugt, eine Spur gefunden zu haben, wies Wachtmeister Mandarine seinen Kollegen an, das genau zu überprüfen, und sie gingen die Frachtbriefe der letzten zwei Jahre durch. Nichts. Kein einziger antiker Gegenstand, nur Teppiche. Insgesamt waren in diesem Zeitraum fünf Lieferungen aus Subien an das Museum gegangen. Empfänger der Sendungen war jedes Mal Archibald Lampe, Absender dem Namen nach Privatpersonen aus allen Regionen Subiens. Offizielle subische Institutionen waren nicht dabei.

Mandarine blätterte immer wieder vor und zurück, verglich die Lieferungen aus Subien mit solchen aus Rigg, Graffa und dem Westland, fand aber keine vergleichbaren Unregelmäßigkeiten. Er legte die Stirn in Falten.

»Wenn das hier keine Schmuggelaktivitäten sind, dann fresse ich meine Polizeimarke, Clementine. Das hier riecht nach Falschdeklarationen, um Dinge zu versenden, die nicht versendet werden sollten. Und zwar im Namen des Vaters von unserem feinen Meisterdetektiv.«

Er nahm die entsprechenden Frachtbriefe aus den Aktenordnern, stand auf und steckte sie in seine Tasche.

»Komm, den Inspektor wird das sicher interessieren.«

Skarabäus Lampe trat aus dem Büro und atmete tief durch, um sich einmal mehr zu sortieren. Um mit Harpo Lichtenstein und Cüglü bin Schleich zu sprechen, musste er erst wissen, was Sutten und von Oben im Zollamt und in den Gerichtsakten herausgefunden hatten. Blieben Atlatus September und die Frauen. Ragnelda Pussala und Monda Swanovski. Und Miniko. Der vergessliche Goldfisch würde ihm seine Nerven rauben, Miniko seinen Verstand, also schob er beide ebenfalls nach hinten. Da ihm die Millionenerbin wegen ihrer manipulativen Art unsympathisch war, entschied er sich, den Schuhschnabel September zu sich zu bitten.

»Und, Detektiv? Sind Sie zufrieden mit Ihren Fortschritten?«

Unbemerkt hatte Miniko sich ihm genähert und stand jetzt neben ihm. Ihre unvermittelte Nähe traf ihn wie eine Ohrfeige.

»Miniko! Hauen Sie ab! Sie sind später dran!«

»Aber, aber. Warum so feindselig?« Sie lächelte.

»Warum? Vielleicht, weil Sie meinen Partner fast umgebracht haben? Oder weil Sie ständig Andeutungen machen, die mich in den Wahnsinn treiben? Oder weil Sie ein verdammter Silberfink sind? Oder …«, er biss sich schnell auf die Lippe.

»Oder was?«

»Nichts! Das reicht doch an Gründen.« Lampes Gesicht glich einer geballten Faust.

Einen Moment lang schlug sie ihre leuchtend grünen Augen nieder und wirkte dabei beinahe wie ein junges Mädchen. Lampes Wunsch, sie zu berühren, wurde unerträglich. Doch als sie ihn wieder direkt ansah, war alles Weiche aus ihrem Blick verschwunden.

»Seien Sie nicht wie Farolia Topps.«

Lampe schaute zu der Manguste mit der riesigen Brille, die gerade wieder etwas auf ihrem Block notierte. »Was hat sie damit zu tun?«

»Sie lässt sich von der Aussicht internationaler Verwicklungen verführen. Aber was sollte jemand wie Premierminister bin Schleich schon gegen die Plünderung seines Landes tun können?«

Lampes Blick flog jetzt zu dem subischen Krokodil, das sich mit einem Windbeutel vom Buffet über den letzten Tränenausbruch hinwegtröstete.

»Er ist nur ein alter Mann, der gerne etwas Anerkennung hätte«, fuhr Miniko fort.

»Halt, halt!«, sagte Lampe, dessen in Minikos Nähe ohnehin nur unzureichend funktionierendes Gehirn ihren Sprüngen nicht mehr folgen konnte. »Was wissen Sie über den subischen Premierminister?«

»Zum Beispiel, dass er unter großem Druck steht, weil sein Ausfuhrverbot für archäologische Fundstücke nicht nur im Ausland zu Protesten geführt hat, sondern auch in seiner Heimat nicht sehr populär ist. Er steht unter so großem Druck, dass er um seine Sicherheit fürchtet.«

Lampe sah sie konzentriert an. »Was soll das heißen? Dass er das nächste Opfer sein könnte? Und überhaupt: Woher wissen Sie das?«

»Für einen Meisterdetektiv muss man Ihnen eine ganze Menge erklären«, sagte sie und ihre Stimme klang enttäuscht. Sie machte eine kurze Pause, um die Provokation wirken zu lassen, doch diesmal ließ der Detektiv sie an sich abperlen.

»Er wird nicht das nächste Opfer. Zumindest nicht, solange Sie mich meine Arbeit tun lassen.«

Lampe klappte beinahe die Kinnlade herunter. »*Sie?* Der Scheich hat einen *Silberfinken* zu seinem Schutz angeheuert? Herrje, wer sich mit dem Clan einlässt, kann sich viel Zeit und etliche Schmerzen ersparen, indem er gleich Selbstmord begeht.«

Kurz huschte ein Schatten über das Grün ihrer Augen. »Sie verkennen mich, Detektiv. Wie immer. Der Clan ist weit mehr als eine Bande von Kriminellen.«

»Oh ja, wie konnte ich ein weltumspannendes Netzwerk, das sich mit Erpressung, Drogen- und Waffenhandel und beauftragten Attentaten finanziert und dessen Macht bis in höchste Kreise reicht, nur so fehlinterpretieren?!« Er kräuselte spöttisch die Lippen.

»Silberfinken bieten ihren Freunden viele Dienste«, sagte die Eidechse steif.

»Ja, und ich nehme an, es ist purer Zufall, dass diese Freunde dem Clan danach bis an ihr Lebensende verpflichtet sind. Ich sollte den subischen Premier vor Ihnen warnen.«

»Wie ungerecht Sie sind«, sagte sie, und ihre Stimme klang traurig. »Ich habe Ihnen zweimal geholfen – was glauben Sie, wer Ihren kleinen Kompagnon auf die Spur des Giftes gebracht hat – und habe ich dafür je etwas von Ihnen verlangt?«

Ja, dachte Skarabäus Lampe, meine Aufmerksamkeit. Und ich Trottel bezahle jedes Mal brav. Er sagte aber nichts.

»Machen Sie nicht den gleichen Fehler wie Farolia Topps«, sagte Miniko und wandte sich zum Gehen. »Beschränken Sie sich nicht auf diplomatische Verwicklungen – denken Sie gleichzeitig kleiner und größer.«

Nach einem kurzen Zögern drehte sie sich noch einmal um.

»Es stimmt übrigens, was Ihr kleiner Kompagnon sagt. Sie bekommen tatsächlich glasige Augen, wenn ich in Ihrer Nähe bin.«

Er brauchte all seine Beherrschung, um nicht augenblicklich zu Teddy zu rennen und ihm eine Standpauke zu halten.

Inspektor Sutten interessierte vor allem eins: Was steckte hinter den Drohungen gegen das Museum?

Doch der Coyote, der ihm jetzt gegenübersaß, machte nicht den Eindruck, auf freundliche Fragen antworten zu wollen. Es war ein räudiger Bursche namens Halter, den sie vor zwei Tagen verhaftet hatten, als er gerade dabei war, einen der wenigen noch verfügbaren Dreischnecks anzuzünden. Da bei ihm auch Pläne zum Bau eines größeren Brandsatzes gefunden worden waren, hatte Inspektor Sutten ihn als Ersten aus den Zellen im Keller geholt und ins Verhörzimmer gebracht.

»Also raus mit der Sprache, Halter! Was hatten Sie mit dem Brandsatz geplant?!«

»Sie sind ein ziemlich schlechter Polizist, wenn Sie das nicht erraten«, antwortete der Coyote mit einem überheblichen Grinsen.

»Ich warne Sie, verscherzen Sie es sich nicht mit mir. Ich habe im Grunde viel Sympathie für Ihre Sache. Nur weil ich Polizist bin, heißt das nicht, dass mir die Großkopferten im Magistraturpalast nicht gehörig auf die Nerven gehen.«

Der Häftling betrachtete gelangweilt seine Fingernägel.

»Was wissen Sie schon von ›unserer Sache‹, Inspektor? Haben Sie schon einmal Wasser aus Brunnen getrunken, neben denen eine offene Kloake verläuft?«

Der Inspektor sagte nichts.

»Haben Sie sich schon einmal sechzehn Stunden am Tag in einer Fabrik die Knochen kaputt geschuftet und dabei so wenig verdient, dass man am Monatsende zwischen Heizen und Essen entscheiden muss? Und das nur, weil der Fabrikbesitzer genug Freunde im Palast hat, um trotz seiner verbrecherischen Ausbeutung vollkommen unbehelligt zu bleiben?«

Kurz dachte Sutten über seinen mageren Polizeisold nach, aber er wusste, dass das nicht das Gleiche war. Der Coyote beugte sich am Tisch vor.

»Oder sind vielleicht schon einmal Verwandte von Ihnen an einer Blutvergiftung gestorben, weil sie sich nach einer Verletzung kein gemütliches Bett im Hospital der Kundigen Frauen leisten konnten?«

Sutten, dem diese Bewusstmachung seiner Privilegien langsam unangenehm wurde, winkte ab.

»Schon gut, ich verstehe ja, dass das Leben im Arbeiterviertel schwer ist.«

»Sie haben keine Ahnung von ›unserer Sache‹, nicht die geringste«, sagte der Coyote verächtlich und lehnte sich wieder zurück. »Unser Leben ist nicht ›schwer‹, es ist die Hölle auf Erden. Und wenn wir nicht gemeinsam dagegen aufstehen, wird sich nie etwas ändern.«

»Schluss jetzt! Hier geht es um Mord, und das dürfte wohl etwas wichtiger sein als Klassenkampf.« Inspektor Sutten hielt Halter seinen Finger unter die Nase.

Ein bitteres Lächeln, in dem sich Zynismus, Verachtung und blanke Verzweiflung mischten, war die Antwort.

»Wichtiger? Nichts ist wichtiger als die Abschaffung von Ungerechtigkeit. Die Toten der höheren Gesellschaft – und um die geht es hier ja wohl – interessieren mich einen Dreck. Ich habe gesehen, wie hungrige Kinder für ein paar Zert gemordet haben, um sich einen halb verfaulten Apfel kaufen zu können. Kinder, Inspektor! Mord? Mord bedeutet bei uns gar nichts.«

Die Art, wie er »bei uns" sagte, jagte Sutten einen Schauer über den Rücken. Es war nur allzu deutlich, dass für diesen Mann und seine Leidensgenossen eine unsichtbare Wand durch Überstadt verlief. Gesetz, Ordnung und regelmäßige Mahlzeiten befanden sich immer auf der anderen Seite. Moral musste man sich leisten können. Wer hatte das noch gleich wieder gesagt?

Inspektor Sutten erkannte, dass er so nicht weiterkam.

»Wenn Sie kooperieren, Halter, kann ich womöglich etwas für Sie tun.«

Das kurze Glimmen in den Augen des Coyoten entging ihm nicht, auch wenn er sich äußerlich nichts anmerken ließ. Sutten sprach weiter.

»Wenn Sie mir helfen, lege ich beim Polizeipräsidenten ein gutes Wort ein. Was halten Sie davon?«

Das Glimmen erlosch wieder.

»Ein gutes Wort‹, dass ich nicht lache«, schnaufte Halter. »Hier geht es nicht um eine mickrige Haftvergünstigung oder eine Lohnerhöhung für mich, es geht um Strukturen, *Inspektor*. Darum, dass Überstadt auf der Ausbeutung der Ärmsten errichtet wurde. Solange Arson, dieser Schleimpilz, kein Geld für die Instandsetzung unseres Viertels bereitstellt und die Fabrikbesitzer zu angemessenen Löhnen zwingt, solange wird es keinen Frieden geben.«

Er spuckte auf den Steinfußboden, und Sutten verkniff sich seine Empörung angesichts dieser Respektlosigkeit.

Doch dann kam ihm eine Idee. »Sie wissen sicher, dass Stadtrat Arson auch im Museum festsitzt. Wie wäre es, wenn ich nicht nur beim Polizeipräsidenten ein gutes Wort einlege, sondern dafür sorge, dass er ein gutes Wort bei Stadtrat Arson einlegt?«

Das Glimmen erschien wieder. Halter sagte zwar nichts, doch Sutten wusste, dass er ihn am Haken hatte.

»Wenn der Stadtrat erfährt, dass Sie – stellvertretend für die Arbeiterbewegung – zur Aufklärung des Doppelmordes beigetragen haben, wegen dem er im Museum mit einem Mörder eingesperrt ist, überlegt er sich die Haushaltspläne sicher noch einmal.« Suttens Stimme hatte einen einschmeichelnden Klang.

Wut und Stolz lagen im Gesicht des Häftlings, aber er konnte nicht verhehlen, dass er interessiert war.

Sutten versuchte es noch einmal von vorn. »Also, Halter, was genau planen die Arbeiter am Museum?«

Nach einem letzten trotzigen Blick wurden die Gesichtszüge des Coyoten weich.

Nachdem Skarabäus Lampe seine Empörung über Minikos letzte Bemerkung wieder unter Kontrolle bekommen hatte, hatte er Atlatus September zu sich ins Büro gebeten.

Seine Taschen hatten nichts Auffälliges, nichts von Bedeutung enthalten, keine persönlichen Gegenstände und auch kein Giftfläschchen. Dieser Vogel stellte weder Reichtum zur Schau wie der Kunsthändler Lichtenstein, noch drückte seine Kleidung kulturelle Zugehörigkeiten aus wie die des subischen Krokodils oder der norsischen Professorin. Er trug keinerlei Schmuck oder Uhren, er hatte keine körperliche Besonderheit, nichts an ihm verriet Skarabäus

Lampe etwas über seine Vergangenheit. Alles an diesem Vogel war Nicht-Ausdruck. Das machte es schwerer, ihn zum Reden zu bringen, und er war nicht überrascht, dass Farolia Topps sich an ihm die Zähne ausgebissen hatte.

Er beschloss, es anders zu versuchen als mit direkten Fragen.

Wortlos legte er die Fotografie von Archibald und den zwei Schuhschnäbeln vor ihm auf den Tisch und zündete sich eine Zigarette an. Er lehnte sich zurück und ließ das Bild seine Arbeit tun.

Zunächst reagierte Atlatus September nicht, weder auf Skarabäus Lampe noch auf die Aufnahme. Dann wandte er beinahe unmerklich langsam seinen großen Kopf und sah sich das Bild an.

Lampe beobachtete den Schuhschnabel genau; er wirkte mit seinem grauen Gefieder und seiner Langsamkeit tatsächlich wie eine Statue. Lediglich ein winziger Funke glimmte in seinen Augen auf, als er sich jetzt das Bild ansah. Jedem anderen wäre er sicher entgangen, nicht aber dem Meisterdetektiv. Das dunkle Leuchten war zu kurz, um zu erkennen, ob es Schmerz, Wut oder was sonst war, aber es war eine Reaktion.

»Er war ein großer Mann, Ihr Vater«, sagte der Schuhschnabel mit beinahe unnatürlich tiefer Stimme.

Lampe antwortete nicht, sondern wartete ab, ob der andere noch mehr sagen würde. Doch der hatte seinen Schnabel nach diesen ersten Worten wieder zugehakt.

»Welcher von beiden sind Sie?«

Die Zwillingsschnäbel auf der Fotografie waren durch nichts außer ihrer Kleidung zu unterscheiden.

Ohne auf die Frage einzugehen oder den Blick von dem

Bild abzuwenden, sagte der Vogel: »Es war eine gute Zeit. Damals. Eine gute Zeit.«

»Was ist mit Ihrem Bruder geschehen?«

Der Vogel hob den Kopf und sein Blick ging in die Ferne. »Er ist … fort.«

Skarabäus Lampe dachte nach. Dieser Mann war wirklich verstockt. Er spürte, dass Rücksicht hier fehl am Platz war und machte einen direkten Vorstoß.

»Wie ist er gestorben?«

Jetzt sah ihn der Schuhschnabel zum ersten Mal an, und auch Lampe empfand leichtes Unbehagen unter dem bohrenden und gleichsam ausdruckslosen Blick.

»Man sagte, ein Unfall.«

»›Man sagte‹? War es denn keiner?«

»Manchmal gibt es Schuldige für einen Tod und manchmal nicht.«

Etwas sagte dem Detektiv, dass der Schuhschnabel der Meinung war, im Fall seines verstorbenen Bruders gebe es Schuldige, aber er war sich sicher, dass direkte Fragen ihn hier nicht weiterbringen würden. Er wechselte das Thema.

»Warum hat mein Vater diese Fotografie aufgehoben? Er hat nie von Ihnen erzählt und doch scheinen Sie und Ihr Bruder wichtig für ihn gewesen zu sein.«

»Familie ist, wen wir uns aussuchen«, sagte der Vogel und Lampe verspürte bei dem Gedanken, dieser Mann könnte für seinen Vater Familie gewesen sein, er selbst aber nicht, ein leichtes Rumpeln im Bauch.

»Sie standen einander in Ihrer Kindheit sehr nah, nicht wahr?«

Der Schuhschnabel betrachtete wieder die Fotografie. »Nicht nur in unserer Kindheit«, sagte er.

»Sie waren also länger mit Archibald befreundet?«

»Freundschaften wandeln sich.«

»Warum? Hatte mein Vater etwas mit dem ... dem Unfall Ihres Bruders zu tun?«

Septembers Augen waren fast schwarz, als er den Detektiv jetzt ansah. Ihre Abgründigkeit war für ihn schwer zu deuten.

»Man sagte, nein.«

Das letzte Wort beendete gleichermaßen den Satz wie seine Bereitschaft, Lampe weitere Antworten zu geben, mochten sie auch noch so rätselhaft sein.

Der Detektiv erkannte, dass er aus September für den Moment nichts weiter herausbekommen würde, und entließ ihn aus dem Büro.

»Warum enden wir eigentlich jedes Mal, wenn Lampe involviert ist, in einem Stapel Papier?!«

Rechtsanwalt von Obens Stimme war zu gleichen Teilen jammernd und wütend.

Fräulein Pantanananarabi, die noch deutlich mehr Erfahrung im Umgang mit Archiven hatte als die beiden Zitrusfrüchte, hatte die fraglichen Akten bei Gericht schnell gefunden und war mit zwei Beuteln voller Ordner zu von Oben gefahren. Um Zeit zu sparen, hatten sie vereinbart, dass sie zu seiner Privatwohnung kommen sollte, die deutlich näher am Gerichtsgebäude lag. Gemeinsam wollten sie die Akten sichten.

»Sie schulden mir einen Gimmling und zwanzig Zert für die drei Päckchen Zigaretten, mit denen ich meinen Vetter Ludowig bestechen musste, um ins Gericht zu kommen«, sagte das Fingertier, ohne auf das Gejammer einzugehen.

Sie zog einen weiteren Pappordner aus einem der Beutel und legte ihn zu den anderen auf dem Boden.

Viel Platz gab es nicht, weil großformatige Wassertanks fast die ganze Wohnung ausfüllten. Viele der landlebenden Fische zweiter und dritter Generation hatten ihre Lebensweise ganz an das Trockene angepasst. Sie trugen auch zu Hause ihre Briser und liefen aufrecht. Doch der Rechtsanwalt war erst als Jungfisch an Land gekommen und zog es vor, in seinen Privaträumen gemäß seiner Natur zu leben.

Neben seinem mit der Trockenwelt verbundenen Schlaftank befand sich in jedem Zimmer ein Aquarium. Ein mit Wasser gefülltes, gläsernes Röhrensystem lief durch die ganze Wohnung, durch das von Oben von einem Tank zum anderen kommen konnte, ohne seinen Briser benutzen zu müssen.

Da Fräulein Pantanananarabi bedauerlicherweise nicht über die Fähigkeit verfügte, unter Wasser zu atmen, hatte der Anwalt zum Sichten der Akten das Wasser verlassen. Und so hockten sie beide jetzt auf dem Boden und wühlten in Papieren. Rechtsanwalt von Oben hatte ein ermüdendes Déjà-vu, denn auch beim letzten Fall hatte es so geendet. Während er die Akten durchging, seufzte er in einem fort. Auch wenn ihm Papierkram in der Regel leicht von der Flosse ging, konnte er sich nachts Besseres vorstellen.

»Herrje, von Oben, hören Sie schon auf, das ist ja nicht auszuhalten«, sagte Fräulein Pantanananarabi und verdrehte die Augen. Im Gegensatz zu dem Silberbauch war sie frisch und konzentriert. »So schlimm ist es nicht. Im Gegensatz zu dem Zirkusfall wissen wir diesmal, wonach wir suchen, und es sind auch nicht Tonnen von uralten, kaum noch lesbaren romanzösischen Amtsdokumenten wie damals. Kommen Sie, reißen Sie sich zusammen, dann sind wir schnell fertig, und Sie können wieder in Ihr warmes Be… Ihren Tank, meine ich.«

Unter den Akten befanden sich mehrere, in denen archäologische Gutachten angezweifelt wurden. Nebenkläger war in allen Fällen ein Harpo Lichtenstein aus dem Westland. Sie fanden außerdem eine Strafanzeige des Museums gegen Archibald Lampe persönlich. Er sollte sich bei seiner Gutachtertätigkeit als empfänglich für gewisse Geldgeschenke gezeigt haben. Letztlich war die Anklage jedoch fallen gelassen worden.

Doch über die von Skarabäus Lampe angeforderten Fälle hinaus hatte Fräulein P. noch zwei anders gelagerte Rechtsstreitigkeiten mit dem Museum gefunden.

Die eine war ein laufendes Verfahren über Schmerzensgeldzahlungen wegen eines vor fünf Jahren verunfallten Ausgrabungsmitarbeiters, eines Frerus September, das von seinem Bruder angestrengt worden war. Bei dem anderen Prozess ging es um eine Klage gegen die Millionenerbin Monda Swanovski, die angeblich einen archäologischen Fund unrechtmäßig für sich beansprucht hatte. Kläger war Archibald Lampe.

»Das wird sicher nicht leicht zu schlucken für Skarabäus«, sagte Fräulein Pantanananarabi. »Von dem über jeden Zweifel erhabenen Wissenschaftler bleibt nach diesen Gerichtsakten nicht viel übrig, was meinen Sie?«

Etwas bekümmert schaute der Anwalt auf die Akten. So sehr er auch den Tag verfluchte, an dem Skarabäus Lampe in sein Leben getreten war, so gut konnte er sich vorstellen, wie unangenehm es war, nach dem Tod des Vaters dessen ganz persönliche Geheimnisse aufzudecken.

Er selbst verdankte seinen luxuriösen Briser aus Amethyst und Gold den nur halblegalen Umtrieben seines Großvaters, der viel Geld damit gemacht hatte, wertlose Immobilien an reiche, aber mit dem Landleben vollkommen unerfahrene Fische zu verhökern. Der Briser, eine Spezialanfertigung für seinen Großvater, wurde seitdem mit einer Mischung aus Scham und Stolz von Generation zu Generation weitergereicht.

»Armer Lampe«, murmelte er.

»Wie bitte? Haben Sie gerade ›Armer Lampe‹ gesagt?«

Der Anwalt räusperte sich. »Natürlich nicht, Sie haben sich verhört. Sind wir durch mit den Akten?«

Fräulein Pantanananarabi sah ihren Chef misstrauisch an. Sie mochte Skarabäus Lampe und konnte jederzeit zugeben, wie leid ihr die Ereignisse taten, mit denen er sich aktuell auseinanderzusetzen hatte. Aber der Anwalt und Resfaldo Sutten wurden nie müde zu betonen, für was für eine Zumutung sie Lampe hielten.

Männer, dachte sie, können nie einfach zeigen, was sie fühlen.

Dann sortierte sie die Akten, packte sie zurück in ihre Ordner und diese in die Beutel.

»Ich bringe jetzt die Akten zurück ins Gericht und informiere Inspektor Sutten. Gehen Sie schlafen, Herr von Oben.«

Der Anwalt sah sie dankbar an und unterdrückte ein Gähnen.

Es war ein Uhr siebzehn.

AUFRUHR UND DER GROSSE LAUSANGRIFF

Lampe! Wir haben ihn, Lampe! Sie müssen alle sofort da raus!«

Die Stimme des Inspektors am Telefon überschlug sich fast vor Aufregung.

»Langsam, Inspektor, wen haben Sie?«

»Die Aufständischen haben einen ihrer Leute ins Museum geschleust, um die Feier zu sabotieren. Einen Gecko. Ich komme sofort und verhafte ihn. Behalten Sie ihn bis dahin im Auge.«

»Das muss einer der beiden Zigarettengeckos sein. Aber was heißt Sabotage? Ist er unser Mörder? Was hatten die Arbeiter geplant?«

»Ich habe jetzt keine Zeit für lange Erklärungen. Halten Sie den Mann fest, ich bin gleich da.«

Mit einem Klicken wurde die Leitung unterbrochen, und der Detektiv schaute den Telefonhörer verärgert an. Er handelte nicht gerne aufgrund so spärlicher Informationen, und Sabotage war nicht zwingend gleichbedeutend mit Mord. Andererseits war die Arbeiterbewegung schon vor zwei Wochen von Farbbeuteln auf Brandsätze umgestiegen. Der nächste Schritt könnte Sprengstoff sein, und in dem Fall könnte es hier wirklich gefährlich werden.

Er verließ das Büro und fixierte die beiden Zigaretten-geckos. Einer stand untätig neben dem Buffet, der andere lehnte am Empfangstresen. Sie trugen immer noch ihre Bauchläden, auf denen eine exquisite Auswahl an Tabak-waren und -zubehör auslag. Ihre Kleidung bestand aus dem gleichen weißen Anzug, den heute Abend alle Bediensteten anhatten. Das machte es schwerer, ihre Persönlichkeiten zu lesen.

Doch dem Detektiv entging nicht, dass einer von ih-nen immer wieder verstohlen zu Stadtrat Arson hinüber-blickte, der an einem der Tische gegen seine Müdigkeit an-kämpfte. Außerdem strich der Gecko immer wieder unter dem Bauchladen über seine Westentasche, die etwas ausge-beult war und offensichtlich etwas enthielt, das für ihn von großer Bedeutung war.

Unauffällig ging Lampe zu Frau Mahlzeit und erkun-digte sich, wer die Bediensteten eingestellt hatte, die nicht zum festen Cafeteria-Personal gehörten. Er stellte ihr noch weitere Fragen, was aber in erster Linie der Tarnung galt. Der Gecko sollte nicht merken, dass er unter Beobachtung stand.

Das funktionierte besser als erwartet, denn der Bedien-stete näherte sich langsam Stadtrat Arson, der immer wieder eindöste.

Lampe entschied sich für ein Ablenkungsmanöver, so-lange Sutten noch nicht da war. Er trat auf den Gecko zu und bat um eine Zigarette. Ein Ausdruck der Irritation lief kurz über das Gesicht der Echse, und Lampe war jetzt si-cher, dass er soeben einen Plan vereitelt hatte. Er wusste nur nicht, was für einen.

»Immer noch im Dienst?«, fragte Lampe ihn. »Die meisten Ihrer Kolleginnen und Kollegen machen längst in der Cafeteria Feierabend. Sie brauchen hier nicht die ganze Nacht bereitzustehen. Nehmen Sie sich etwas vom Buffet und ...«

In diesem Moment kamen Resfaldo Sutten und die Zitrusfrüchte durch den Haupteingang. Der Inspektor schaute suchend durch das Foyer, und als er Lampe bei dem Gecko erblickte, ging er zu ihm.

»Ah, Lampe, sehr gut, Sie haben ihn schon festgesetzt.« Der Gecko schaute bei den Worten rasch zwischen den Polizisten und Lampe hin und her. Noch bevor Sutten Lampe erreichte, riss er sich den Bauchladen herunter und zog das, was sich in seiner Westentasche befunden hatte, heraus.

Es war ein kleiner Gegenstand; seine Faust verbarg ihn vollständig. Aber er hielt ihn über sich in die Luft, als ginge eine große Gefahr von ihm aus. Alles passierte so schnell, dass die meisten Gäste noch gar nicht bemerkt hatten, was geschehen war. Erst als der Gecko »Ein Ende der Elite, ein Ende dem Stadtrat Arson!« schrie, fuhren sie erschrocken herum.

Dem Stadtrat stand blankes Entsetzen im Gesicht. Auch Teddy wachte auf und krähte: »Au prima, endlich Gangster!« Helene neben ihm war so geschockt, dass sie ganz vergaß, ihm einen Klaps hinter die Ohren zu geben.

Inspektor Sutten, der als einer der wenigen Polizeibeamten keine Banane, sondern eine echte Pistole trug, hatte sie gezogen und ging langsam auf den Gecko zu. Beschwichtigend redete er auf ihn ein.

»Ganz ruhig, Mann. Was Sie hier vorhaben, ist Wahnsinn. Sie tun Ihrer Sache damit doch keinen Gefallen.«

Der Gecko hatte jetzt die Aufmerksamkeit aller und schien wie entfesselt.

»Was wissen Sie schon von ›unserer Sache‹? Sie alle! Was wissen Sie schon? Wir haben es mit Reden versucht, mit friedlichen Demonstrationen und was hat es gebracht? Gar nichts!«

Sein wütender Blick glitt über die Anwesenden, jeden einzelnen Gast nagelte er fest, als könnte er sie so zur Verantwortung ziehen.

»Sie alle führen Leben, in denen meinesgleichen nicht vorkommt, dabei würden Sie ohne uns genau wie wir im Dreck vegetieren! Wir bauen Ihre Häuser, wir nähen Ihre Kleider, wir beseitigen Ihren Müll und wir tragen Ihnen jeden Tag als dienstbare Schatten Ihre Hintern nach. Bekommen wir dafür vielleicht einen anständigen Lohn? Gute Wohnquartiere? Wenigstens Respekt? Nein, nichts davon, Sie alle übersehen uns und die Tatsache, dass wir Überstadt am Laufen halten!«

Einige der Gäste blickten betreten zur Seite.

»Sie haben sich so weit von einem normalen Leben entfernt, dass Sie gar nicht wissen, wie wir leben! Wir leben im Dreck, unsere Behausungen stürzen beinahe ein, unsere Kleidung wird nur von Nähten zusammengehalten und viele von uns können sich noch nicht einmal regelmäßige Mahlzeiten leisten. Und das, obwohl wir arbeiten. Wir arbeiten für Leute wie Sie, Leute, die keine Ahnung haben, was man für einen Gimmling kaufen kann, geschweige denn für einen Zert.«

Jeder Gast im Raum fühlte sich ertappt – mit Ausnahme von Skarabäus Lampe, der genug Kontakte ins Arbeiterviertel unterhielt, um die Bodenhaftung nicht zu verlieren.

Einige der anderen Kellner waren bei dem Tumult aus der Cafeteria gekommen und ließen bei der Kampfrede des Geckos zustimmendes Gemurmel hören.

»Wie ich hier in einigen Gesprächen hören konnte, spielen Sie zum Spaß um Geld. Nur für das Abenteuer«, sein Blick blieb bei Monda Swanovski hängen. »Sie haben Prioritäten, die sich meine Leute gar nicht leisten können, weil sie jeden Tag ums nackte Überleben kämpfen müssen! Und Sie, *Herr Stadtrat*«, er wandte sich mit spöttischem Ton dem hageren Nilpferd zu. Arson nahm seine Brille ab und begann nervös, sie zu putzen.

»Sie hatten die Möglichkeit, etwas besser zu machen! Unser Leben lebenswert zu machen. Sie hatten die Möglichkeit, die Sanierung unseres Viertels zu veranlassen, und sie haben sie in dem Bewusstsein, dass sie uns damit weiterem Elend, weiteren Krankheiten und weiterer Armut aussetzen, ausgeschlagen. Statt für ein Fünkchen Gerechtigkeit zu sorgen, haben Sie lieber die besänftigt, die sowieso schon alles haben! Sie alle hier finden doch ein hübsches Eingangsportal am Museum wichtiger als lebenswerte Quartiere in meinem Viertel!«

»Ja, genau!«, kam es aus der Gruppe der Kellner.

Mit sichtlichem Unbehagen, sich der moralischen Konsequenzen seiner politischen Entscheidung zu stellen, protestierte der Stadtrat.

»Sie wissen ja nicht, was Sie sagen. Haben Sie eine Ahnung, wie lange eine solche Sanierung dauern würde? Und die Kosten ...«

Der Gecko fiel ihm ins Wort. »Die Kosten? Wissen Sie, was allein diese Trauerfeier gekostet hat? Ich sage es Ihnen. Eintausenddreihundertvierundzwanzig Gimmling. Und wissen Sie, wie viele heruntergekommene Wohnungen im Armenviertel man davon hätte sanieren können? Auch das will ich Ihnen sagen. Dreiundsechzig.« Er ließ ein triumphierendes Lachen hören. »Ja, Arson, wir haben unsere Hausaufgaben gemacht. Bei uns gibt es Leute, die sich mit Geld auskennen, vor allem mit Geld, das die Magistratur ausgibt. Sie sichern sich immer wieder das Wohlwollen der Reichen, und das Elend der Armen ist Ihnen egal!«

Der Gecko spuckte dem Stadtrat vor die Füße.

»Das reicht jetzt, Mann«, schaltete Inspektor Sutten sich in den Monolog ein. »Was wollen Sie denn hier erreichen? Wenn Sie uns jetzt in die Luft sprengen, verspielen Sie alle Sympathien, die Sie noch haben!«

Etwas verwirrt schaute der Gecko den Inspektor an. »Wieso ›in die Luft sprengen‹?«

»Sie haben doch da einen Zünder in der Hand. Geben Sie ihn mir. Hier muss heute niemand zu Schaden kommen.«

»Einen Zünder? Ha, das ist mal wieder typisch! Kein Arbeiter hat in den letzten Wochen Gewalt angewandt. Sachbeschädigung, das ja, hier und da eine Rauferei, auch das, ein paar Unfälle im Gedränge – übrigens auffallend oft nach unrechtmäßigem Einsatz von Bananen durch Ihre Leute – aber wir würden doch niemals jemanden töten! Wir wollen nichts als leben, verdammt! Aber Sie denken in einer Sprache, die nur Ihrereins spricht.«

Skarabäus Lampe und der Inspektor wechselten einen irritierten Blick, und der Detektiv fragte: »Aber was haben Sie dann in Ihrer Hand?«

Der Gecko sah ihn verächtlich an und drückte ihm dann den Gegenstand in die Hand. »Er sollte sich so unwohl fühlen wie wir jeden Tag.«

Blitzschnell packten die Zitrusfrüchte den Mann, der noch einmal die Faust in die Höhe reckte – diesmal leer. »Ein Ende der Elite! Ein Ende dem Stadtrat Arson!«

Die Gruppe der Kellner und Cafeteria-Angestellten brach in frenetischen Applaus aus.

Sutten sah sie missbilligend an und nickte den Zitrusfrüchten dann zu. »Abführen. Und Sie«, er wandte sich Lampe zu, »gut gemacht. Dann können ja jetzt alle nach Hause gehen.«

»Nicht ganz«, sagte der Detektiv und zeigte Sutten, was ihm der Gecko in die Hand gedrückt hatte. Es war ein Fläschchen Rizinusöl.

»Was immer er mit dem Öl vorgehabt hat, er ist nicht der Mörder von Nkolo und meinem Vater. Wir müssen weitersuchen.«

Der Inspektor unterdrückte einen Fluch und atmete dann schwer ein und aus. Er gab den Zitrusfrüchten, die am Eingang mit dem Gecko auf ihn warteten, zu verstehen, dass sie allein ins Präsidium fahren sollten; er würde noch bleiben.

»Lampe! Kann es bei Ihnen nicht einmal unkompliziert sein? Das war eine harmlose Trauerfeier und jetzt brummt mir der Schädel vor lauter Verdächtigen.« Er nahm seinen Hut ab und rieb sich mit der Hand über den Kopf.

»Apropos Verdächtige: Was ist mit den Gerichtsakten und den Zollpapieren?«

»Ich sage es Ihnen nur ungern, Lampe, aber Ihr Vater … mein lieber Mann, was der an Dreck unterm Teppich hatte.«

»Schonen Sie mich nicht, Sutten«, entgegnete Lampe. »Mein Vater hatte viele Geheimnisse, das habe ich schon herausgefunden. Ich kann die Wahrheit vertragen.«

Seufzend berichtete Sutten, was die Suche ergeben hatte.

»Das ganze Museum müsste über und über mit Teppichen ausgelegt sein, so viele wie in den letzten Jahren angeblich dorthin geliefert wurden. Empfänger war immer Ihr Vater oder sein Assistent.«

»Hm, also Schmuggelgut«, murmelte Skarabäus Lampe nachdenklich. Er spürte eine leichte Übelkeit, als ob die Wackersteine in seinem Bauch herumkullerten. Auch wenn er aufgrund seiner eigenen Ermittlungen mit Suttens Information gerechnet hatte, fühlte es sich unangenehm an, seinen eigenen Vater auf diese Weise kennenzulernen.

»In dieser Größenordnung und bei dem mutmaßlichen Wert der geschmuggelten Artefakte muss man – so leid es mir tut – von Raubkunst sprechen. Ihr Vater wäre ziemlich sicher ins Gefängnis gekommen. Von der Bedeutung eines solchen Verbrechens für Subien will ich gar nicht erst sprechen.«

Lampe dachte an den subischen Premierminister und daran, was Miniko gesagt hatte. Er solle nicht der Versuchung erliegen, sich ausschließlich auf internationale Verstrickungen zu konzentrieren.

»Und im Gericht?«

Der Inspektor fasste zusammen, was Fräulein Pantananarabi und von Oben herausgefunden hatten. Der Detektiv schluckte.

»Ich danke Ihnen, Inspektor. Was Sie in Erfahrung gebracht haben, schmeckt mir ganz und gar nicht, aber die Wahrheit ist wichtiger.«

»Warten Sie, da ist noch etwas. Es gibt einen jahrelangen Rechtsstreit um einen verunfallten Mitarbeiter, der bei einer subischen Expedition versehentlich über Nacht in einer Grabkammer eingesperrt wurde, wo er dann erstickt ist.

Das Verfahren wurde von seinem Bruder angestrengt, der glaubte, die Sicherheitsmaßnahmen seien unzureichend gewesen. Und jetzt halten Sie sich fest: Dieser Bruder ist …«

»Atlatus September«, fiel Lampe ihm ins Wort.

Sutten schaute verärgert. »Sie wissen es schon?«

Im Kopf des Detektivs setzten sich in Bruchteilen von Sekunden Mosaikstücke zusammen. Er musste gar nichts tun, sie schwebten wie von selbst an den passenden Platz.

»Die beiden Brüder und Ihr Vater scheinen seit der Kindheit Freunde gewesen zu sein«, sagte der Inspektor. »Der Tod des einen Vogels hat diese Freundschaft natürlich zerstört. Zwillingen sagt man ja eine besondere Verbindung nach, vielleicht deshalb.«

»Freundschaften wandeln sich«, murmelte Skarabäus Lampe, »das hat mir der Bruder gesagt. Ich habe vorhin nicht viel aus ihm herausbringen können, und Ihre Information erspart mir weitere zähe Befragungen.«

Schmuggel, Schwarzhandel, Fördergeldbetrug und nun auch noch ein toter Mitarbeiter. Der Detektiv atmete schwer aus. Nein, er hatte seinen Vater wirklich überhaupt nicht gekannt. Aus den Bäumen, die er auf dem Mond gefunden hatte und an denen Zuckerstangen wuchsen, waren modrige Baumgerippe geworden.

Beide Männer schwiegen einen Moment, um die neuesten Entwicklungen zu sortieren. Dann sah Lampe den Inspektor mit festem Blick an.

»Verlausen Sie das Museum, Sutten.«

Sutten schnaufte.

»Wie bitte? Ich höre wohl nicht recht.«

»Sie haben mich verstanden. Ich brauche hier Liebesläuse. Barnabas Nkolo und mein Vater waren in so viele undurchsichtige Aktivitäten verstrickt, dass die Lage hier unübersichtlich wird. Hier wird entschieden zu viel gelogen, beschönigt und verheimlicht. Jeder der Anwesenden könnte gleichermaßen das nächste Opfer wie auch der Täter – oder die Täterin – sein. Stellen Sie sich nur vor: Miniko ist hier als Scheich bin Schleichs persönliche Leibwache.«

Suttens Augen weiteten sich überrascht. »Ein Silberfink als Personenschützer? Donnerwetter, das ist wirklich unübersichtlich.«

»Sie sehen, ich brauche eine juristisch zugelassene Methode, um dieses Durcheinander zu sortieren.«

»Ach was, da reicht gute alte Polizeiarbeit! Wir müssen nur das Gift finden, dann haben wir auch den Täter.«

Lampe sah ihn erwartungsvoll schweigend an.

»… oder die Täterin«, ergänzte der Inspektor.

»Sutten, lernen Sie denn bei mir gar nichts? Sie wissen genau, dass es selten so einfach ist. Nein, wir brauchen schon mehr als ein Giftfläschchen, das auf wer weiß welchem Wege in den Besitz einer Person geraten ist.«

Gleich wurde der Inspektor wieder grimmig. »Darf ich Sie daran erinnern, wie es beim letzten Mal ausgegangen ist, als Sie zu nächtlicher Stunde unsere Spezialkräfte angefordert haben, *Herr* Lampe?«

Sutten spielte auf den Einsatz der Fledermausstaffel an, der im Fall des Wanderzirkus Unsummen an Geld gekostet, aber kaum verwertbare Ergebnisse erbracht hatte. Der öffentliche Empörungssturm des unbescholtenen Teils von Überstadts Bevölkerung, der sich durch den Fledermaustrichter, der Bilder von *allen* Personen einer Region erlaubte, in seiner Privatsphäre verletzt sah, hatte das Fass zum Überlaufen gebracht. Der Inspektor hatte dem Polizeipräsidenten danach ein paar unangenehme Fragen beantworten und versprechen müssen, kostspielige Ressourcen nicht mehr auf bloßen Zuruf von Lampe zu bewilligen. Um die Staffel einzusetzen, brauchte man heute drei Antragsformulare, die an drei Stellen geprüft werden mussten, und das war nur Lampes Schuld.

Der Meisterdetektiv verdrehte die Augen. Er hatte darauf beharrt, die Staffel einzusetzen, obwohl er genauso gut wie Inspektor Sutten gewusst hatte, dass die Erfolgsaussichten minimal waren. Und seit dem missglückten Einsatz war kein Tag vergangen, an dem Sutten ihm seine eigene Fehlplanung nicht vorgehalten hatte. Jetzt zählte der Polizeihund auf, inwieweit er für Lampe den Kopf hatte hinhalten müssen. Lampe ertrug es mit stoischer Ruhe.

»Geht es Ihnen jetzt besser, Inspektor? Gut, dann können wir ja über die Liebesläuse sprechen. Drei sollten für den Anfang reichen. Lassen Sie sie herbringen, es geht nicht ohne.«

Ohne auf Suttens Reaktion zu warten, winkte der Detektiv den Kunsthändler Lichtenstein zu sich und ging mit ihm zum Büro hinter der Rezeption.

»Ich bin nicht Ihr Laufbursche, Lampe! Ich habe noch andere Polizeiarbeiten zu erledigen!«, rief Sutten ihm hinterher, aber Lampe ging einfach ins Büro und schloss die Tür hinter sich.

Wütend kaute der Inspektor auf seiner Unterlippe. Wie sollte er dem Polizeipräsidenten um diese Uhrzeit klarmachen, dass er Liebesläuse benötigte? Und dann gleich drei?

Mit grimmiger Miene verließ er das Museum, um zum Präsidium zurückzufahren.

Eine Schachtel teurer Zigarren, ein mit einer Klammer zusammengehaltenes Bündel Zwanzig-Gimmling-Noten (Skarabäus Lampe schätzte den Gesamtwert auf dreihundert Gimmling), ein Stapel Visitenkarten aus handgeschöpftem Prägepapier, ein goldener Schlagring.

Es waren genau die Dinge, die der Detektiv bei einer Gestalt wie Harpo Lichtenstein erwartet hatte. Lediglich der Schlagring überraschte ihn etwas – Männer, die so reich waren wie der Kunsthändler, machten sich selten selbst die Hände schmutzig. Andererseits ... Lampe schaute auf das Mosaik aus Essensresten, das Lichtensteins Anzug verunzierte. Der Gürtelbär saß ihm am Tisch in dem kleinen Büro gegenüber und hatte den Inhalt seiner Taschen zwischen sie gelegt.

»Ein Schlagring? Wozu brauchen Sie den?«

Der Gürtelbär sah ihn verschlagen an. »Was glauben Sie denn, Mann? Jemand in meiner Position macht sich eben Feinde, und mein Freund hier«, er schob sich den Schlagring auf die Finger, »hat mir schon mehr als einmal aus unangenehmen Situationen geholfen.«

»Neidische Konkurrenten? Oder Kundschaft, die glaubt, vielleicht doch gratis an ein besonderes Artefakt zu kommen?«

Mit einem dröhnenden Lachen warf der Kunsthändler den Kopf in den Nacken. »Suchen Sie sich was aus! Armselige Gestalten finden immer einen Grund, einen ehrbaren Mann mit Geld zu hassen.«

Lampe dachte an die streitbaren Gutachten und zog die Augenbrauen hoch. »Ehrbar? Ich habe erfahren, dass es neben dem rechtmäßigen Weg, mit von der Wissenschaft nicht beanspruchten Artefakten zu handeln, auch andere

Möglichkeiten gibt, an – sagen wir mal – besondere Stücke zu kommen.«

Aus dem feisten, dekadenten, am Luxus übersättigten Lichtenstein wurde plötzlich der Bär, der er war. Ein grimmiges, gnadenloses Raubtier. Seine Augen funkelten wütend, als er Lampe ansah. »Was wollen Sie mir damit unterstellen?!«

Der Detektiv zündete sich eine Zigarette an, lehnte sich in seinem Stuhl zurück und sah den Gürtelbären durchdringend an.

»Sie sind sehr klagefreudig, Lichtenstein. Wenn Sie so dringend auf die Freigabe bestimmter Artefakte angewiesen sind, kann dahinter nur entweder große Gier oder große Verzweiflung stecken. Was von beiden trifft zu?«

Wieder pumpte der Kunsthändler sich wütend auf, doch Lampe erstickte seinen Protest im Keim, indem er einfach weiterredete. »Wie läuft so ein Handel ab? Werden Sie von Kunstinteressierten beauftragt oder beschaffen Sie die Stücke blind, um sie dann auf dem Kunstmarkt anzubieten?«

Nur mühsam drangen die Fragen durch die waffenstarrende Phalanx von Lichtensteins Empörung. »Beides«, brummte er nach einem wütenden Zögern, »aber meistens treten Kunden an mich heran.«

»Zahlen sie dann im Voraus?«

Der Kunsthändler nickte nur, und Skarabäus Lampe zog interessiert die Augenbrauen hoch. »Ah, das erklärt einiges. Es kommt also regelmäßig vor, dass Sie einen Kundenauftrag zusagen, das Geld bekommen und Ihre Zusage dann nicht einhalten können, weil der Gegenstand keine gutachterliche Freigabe bekommt. Sie müssen dann das Geld – und damit auch Ihren Provisionsanteil – zurückgeben. Für den – natürlich vollkommen unwahrscheinlichen – Fall, dass Sie den Provisionsanteil vom Geld Ihrer Kundschaft bereits ausgegeben haben, wäre ein negatives Gutachten und damit ein geplatzter Handel ein größeres Problem, nicht wahr?«

Lichtensteins Schweigen war dem Detektiv Antwort genug.

»Barnabas Nkolo und mein Vater müssen Ihnen ein mächtiger Dorn im Auge gewesen sein. Ich frage mich«, Lampes Stimme bekam einen unschuldigen Klang und er blickte an die Decke, »wie weit man gehen würde, um das Platzen eines Deals zu verhindern, weil man das überantwortete Geld nicht zurückgeben kann. Eine Idee?«

Er blies Zigarettenrauch aus, sah den Bären an und klimperte mit seinen Wimpern.

»Aber deswegen ermordet man doch niemanden!«

»Weswegen?«

»Na, wenn man, äh, Geld ausgibt, bevor man es verdient. Was, wie Sie ja richtig sagten, unwahrscheinlich ist.«

»Sie würden sich wundern, wofür Leute morden«, sagte Lampe grimmig und wechselte dann das Thema. »Wo waren Sie, als mein Vater ermordet wurde? In Überstadt?«

Harpo Lichtenstein hatte offensichtlich begriffen, dass der Detektiv es ernst meinte, und unterdrückte seine reflexartigen Proteststürme.

»Ich muss überlegen. Wissen Sie, ich bin heute hier, morgen da. Manchmal vergesse ich, in welchem Land ich gerade bin.« Er grübelte. »Ja, in Überstadt. Ich hatte«, er räusperte sich, »beruflich hier zu tun. Überführung eines Gemäldes aus dem vierzehnten Jahrhundert an einen Privatsammler.«

»Der mir diese Version bestätigen kann?«

»Version? Was soll das heißen: ›Version‹? Natürlich kann er es Ihnen bestätigen, wir haben nach dem Kaufabschluss den ganzen Abend bei ihm gegessen. Er ist ein reicher Zweiostländer und hat die raffiniertesten Speisen aufgetragen. Acht Gänge.«

Nachdem Skarabäus Lampe den Kunsthändler am Buffet gesehen hatte, spürte er leichtes Unbehagen bei der Vorstellung, wie er über die geradezu filigrane zweiostländische Küche herfiel.

»Gut. Eine Frage noch. Wie gut kennen Sie sich mit dem Inhalt von Rakonenkrügen aus?«

Diesmal verzog Harpo Lichtenstein angewidert das Gesicht.

»Sie meinen diese jahrtausendealte Pampe, die da manchmal noch drin ist? Ich weiß schon, dass manche gerade diese Rückstände besonders faszinierend finden, aber mir ist es lieber, wenn ich saubere Krüge bekomme.«

Den essensverschmierten Bär mit dem Wort »sauber« in ein und demselben Raum zu erleben, wirkte etwas bizarr, und Lampe hatte Mühe, eine spöttische Bemerkung zurückzuhalten.

»Na schön, Lichtenstein, Sie können gehen. Aber halten Sie sich in Rufweite, falls sich weitere Fragen ergeben.«

Murrend verließ der Kunsthändler das Büro. Lampe überlegte, wen er als Nächstes befragen wollte.

Die Liebesläuse gehörten zu den wenigen sprachbegabten Wirbellosen in Überstadt und waren neben der Fledermausstaffel eine weitere Spezialeinheit der Polizei. Sie wurden vorwiegend bei Abhöraktionen eingesetzt, weil sie sich unauffällig platzieren ließen und über ein phonografisches

Gedächtnis verfügten. Sie konnten jedes Gespräch, das sie hörten, auch lange danach noch Wort für Wort wiedergeben. Auf den Berichten von Liebesläusen beruhende Gesprächsmitschriften waren als Beweise auch vor Gericht zugelassen, da die Läuse wegen ihrer geringen Intelligenz als unmanipulierbar galten. Es bestand weder die Gefahr, dass sie den Inhalt aus eigenem Antrieb verzerrten, noch das Risiko, dass sie sich von Außenstehenden bestechen ließen. Nach einigem bürokratischen Hin und Her, bei dem unter anderem geklärt werden musste, ob die Läuse als Personen oder Ausrüstung gelten sollten, waren sie vor einigen Jahren offiziell in den Dienst der Polizei genommen worden.

Doch obwohl die Läuse bei minimalem Aufwand wasserdichte Beweise erbrachten, setzte Inspektor Sutten sie auch dann nur ungern ein, wenn es nicht auf Lampes Bitte, genauer gesagt Lampes Forderung, geschah. Zum einen, weil die Läuse, die schließlich als Personen eingestuft worden waren, nicht in Gimmling und Zert, sondern in Blut bezahlt wurden. Blut, das in der Regel von Suttens Leuten kam. Nach jedem Einsatz wurde eine entsprechende Anzahl Beamter dazu verdonnert, die Läuse zu bezahlen, was bedeutete, dass sie wie zum Blutspenden mit aufgerollten Ärmeln auf Stühlen saßen, während die Läuse ihr Salär abzapften. Danach hatten sie oft tagelang juckende Pusteln. Ein Allergiker war sogar einmal für sieben Wochen ausgefallen, nachdem er mit Bezahlen an der Reihe gewesen war.

Der zweite Grund für seine Abneigung lag in der Natur der Liebesläuse. Sie hießen nämlich so, weil sie jeden Rapport mit schwülstigen Liebeserklärungen begleiteten. Während seine Leute ein liebevolles Wort in einer schwierigen Ermittlung durchaus zu schätzen wussten, war Sutten das entschieden zu viel Romantik in seinem Präsidium. Mehr als einmal hatten Beamte – Männer schienen besonders anfällig für das zärtliche Gesäusel – ihm nach einer Protokollsitzung mit Liebesläusen die Abschriften mit einem sentimentalen Seufzen und feucht schimmernden Augen übergeben. In so einer Stimmung konnte nicht nüchtern gedacht werden, fand er.

Sutten setzte daher lieber auf gute alte Polizeiarbeit und griff nur in Notfällen auf die Läuse zurück. Dass Skarabäus Lampe ihn jetzt mehr oder weniger zwang, die unliebsamen Sechsbeiner ins Museum zu bringen, würde er Sutten büßen. Lampe würde mit seinem eigenen Blut für diesen Einsatz bezahlen, dafür würde der Inspektor sorgen.

Er stieß die Eingangstür vom Polizeipräsidium mit so viel zornigem Schwung auf, dass sie fast Doktor Dannados traf, der gerade aus seinen grün beleuchteten Katakomben kam.

»Nanu, Inspektor! Langsam, langsam! Was ist denn passiert?«

Der Inspektor schnaubte.

»Was passiert ist?! Das kann ich Ihnen sagen! Lampe ist passiert! Wie immer! Stellen Sie sich vor, jetzt will er Läuse!«, brüllte Sutten und durchbohrte die Luft vor dem Geier wütend mit dem Zeigefinger.

Der Geier, den die finanziellen Zwänge des Polizeiapparates weitgehend kaltließen, solange er jeden Monat seinen Gehaltsscheck bekam, zuckte unbekümmert die Schultern. »Und? Was ist so schlimm daran?«

Sutten schäumte vor Wut. Die Adern an seinem Hals waren so stark hervorgetreten, dass Dannados einen Moment befürchtete, er würde als Nächstes den Inspektor obduzieren müssen.

»Was so schlimm ist? Was so schlimm ist?! Die Trauerfeier wird langsam teurer als die gesamten sozialen Unruhen in der Stadt, das ist schlimm! Nach einem Läuseeinsatz leiden meine Leute wochenlang unter Juckreiz, das ist schlimm! Lampe behandelt die Polizei, als sei sie nur ein kleiner Zulieferer, *das* ist schlimm!«

Etwas befremdet und überaus verständnislos blickte der Pathologe Sutten an, dem eine Haarsträhne ins Gesicht hing und dessen Augen in den Höhlen rollten. Doch der Inspektor war noch nicht fertig.

»Aber diesmal bekommt er seinen Willen nicht, diesmal nicht! Der Polizeipräsident wird sie wahrscheinlich ohnehin nicht bewilligen. Lampe wird die Läuse meinen toten, kalten Händen entreißen müssen, wenn er welche haben will!«

»Gut«, sagte Dannados, der wusste, dass der Tag, an dem der Detektiv seinen Willen nicht bekam, erst noch kommen musste, »dann suche ich gleich alles für den Einsatz zusammen.« Er verschwand direkt wieder im Keller, wo die Läuse ihr Quartier hatten.

Inspektor Sutten sah ihm entgeistert nach, und seine Wut wurde zu bitterer Enttäuschung. Verräter! Kollaborateure! Überläufer! Allesamt! Irgendwann würden sie schon sehen, was es bedeutete, mit Lampe zusammenzuarbeiten! Er ging in sein Büro, um den Polizeipräsidenten aus dem Bett zu klingeln.

»Polizei vereitelt Anschlag auf Trauerfeier«, textete Farolia Topps auf ihrem Notizblock. Diese Veranstaltung hatte sich zu einer wahren Fundgrube für Schlagzeilen entwickelt, eine aufsehenerregender als die andere.

So sehr sie selbst auch über die Enttarnung des Zigarettengeckos erschrocken war, hatte die Bewegung doch insgeheim ihre Sympathie. Mehr noch: Sie fand, dass der Gecko mit allem Recht gehabt hatte, was er bei der Verhaftung gesagt hatte.

Topps hatte als erfahrene Reporterin schon genug Gespräche mit hochstehenden Persönlichkeiten geführt, um zu wissen, wie sehr sie in ihrem eigenen Kosmos gefangen waren. Irgendwann kam ihnen dabei die Fantasie abhanden, sodass sie sich nicht mehr vorstellen konnten, dass andere Bewohner Überstadts nicht in den Genuss von Sicherheit und Wohlstand kamen. Und dann erschien ihnen die Erneuerung eines Museumsportals tatsächlich ebenso wichtig wie die Instandsetzung der Elendsquartiere der Arbeiterschaft. Vielleicht sogar wichtiger.

Topps nahm sich vor, dem Chefredakteur der *Überstadt Gazette* eine Artikelserie über das Leben der einfachen und armen Bevölkerung vorzuschlagen, um der Fantasie der Verantwortlichen auf die Sprünge zu helfen.

Die Aufregung bei der Enttarnung des Attentäters hatte die meisten Gäste aus ihrer nächtlichen Müdigkeit gerissen und sie unsanft daran erinnert, dass sie hier nicht auf den verspäteten Ostland-Express warteten, sondern Teil einer Mordermittlung waren. Nachdem Skarabäus Lampe verkündet hatte, dass der Zigarettengecko zwar einen Anschlag geplant hatte, aber keineswegs der Mörder von Nkolo und Lampes Vater sein konnte, verdrehten einige genervt die Augen, andere griffen sich erschrocken an den Hals, um den sie nun immer noch fürchten mussten.

Farolia Topps nahm sich ein Häppchen vom Buffet, auf dem zu dieser vorgerückten Stunde nur noch die unbeliebten Reste lagen, und sah sich kauend im Foyer um.

Am Projektor, der jetzt wieder ausgeschaltet war, standen Moto Hafusi und Professorin Pussala im Gespräch. Die Reporterin war etwas überrascht, dass Hafusi durchaus aufmerksam und interessiert schien und nicht wie alle anderen Gesprächspartner des Goldfisches einen genervten Ausdruck zeigte.

Die Museumsdirektorin sprach am Empfangstresen mit Stadtrat Arson, der ausgesprochen wütend wirkte. Sie gestikulierte aufgeregt. Es sah aus, als ob sie sich dafür rechtfertigte, dass es ein Attentäter auf die Feier geschafft hatte.

Die Tür zu dem kleinen Büro hinter dem Empfang öffnete sich und Harpo Lichtenstein kam mit finsterer Miene heraus. Er trat zum Buffet und kippte zwei Gläser Sekt nacheinander und, ohne abzusetzen, hinunter.

»Dieser Hase hat Nerven! Verdächtigt mich, stellen Sie sich das mal vor«, sagte er zu der Reporterin, als sei sie eine alte Bekannte, die wissen musste, wie abwegig diese Theorie war.

»Und?«, fragte die Manguste ungerührt kauend. »Waren Sie's?«

»Pff«, machte er und ging mit einem weiteren Glas in der Hand zu Monda Swanovski hinüber.

Auch der Detektiv kam jetzt aus dem Büro, um die nächste Person zum Verhör zu bitten. Mit seinem langen Mantel sah er aus wie eine Ärztin aus dem Hospital der Kundigen Frauen, die ihren nächsten Patienten aufruft. Die Reporterin gluckste leise bei der Vorstellung. Sie ging zu ihm, bevor er jemanden zu sich holen konnte.

»Einen Moment, Lampe! Diesmal lasse ich Sie nicht wieder gehen, bevor Sie mir etwas gegeben haben. Wie weit sind Ihre Ermittlungen?«

»Nicht Sie schon wieder. Gehen Sie weg, ich habe zu tun«, sagte er und rollte genervt mit den Augen.

»Keine Chance, mein Herr. Sie sagen mir etwas, sonst geht alles brühwarm an die Nachtredaktion und erscheint morgen in der Frühausgabe. Ich kann mir vorstellen, dass ›Meisterdetektiv kann Mord an Stararchäologen nicht verhindern‹ keine sehr gute Werbung für Sie wäre.« Als er nicht gleich etwas sagte, fuhr sie fort: »Was zum Beispiel ist mit dieser blauen Eidechse, in deren Gegenwart Sie immer so komisch werden?«

Lampe sah die Reporterin mit eisigem Blick an, und eine Wutader begann, auf seiner Stirn zu pulsieren. »Fangen Sie jetzt auch noch an? Es gibt beileibe Wichtigeres als mein Verhältnis zu Min… zu der Dame.«

»›Detektiv bei Mordermittlungen von schöner Frau abgelenkt – keine Ergebnisse‹«, sagte Farolia Topps mit unschuldiger Miene. »Sieht nicht gut aus für Sie, Lampe, gar nicht gut.«

»Sie sind wie ein eingewachsener Zehennagel, Topps.«

»So? Für gewöhnlich vergleichen mich die Leute mit der Pest, aber Geschmäcker sind ja verschieden. Also was ist mit der Eidechse?«

Lampe warf Miniko über den Kopf der Reporterin hinweg einen Blick zu, den sie zu seinem Missfallen sofort erwiderte. Schnell sah er wieder die Manguste vor sich an.

»Nehmen Sie sich vor ihr in Acht, Topps. Sie ist gefährlich, sehr gefährlich. Ich vermute sogar, deutlich gefährlicher als die Person, die Archibald und Nkolo getötet hat.«

Überrascht blickte auch die Reporterin zu Miniko. »Sie halten Sie demnach nicht für diese Person? Sie ist unschuldig?«

»Oh nein, ich glaube, wenn man alle Vergehen der anderen Gäste zusammenzählt, dann hat man nur einen Bruchteil von dem, was diese Frau getan hat. Unschuldig ist sie ganz sicher nicht. Der subische Premierminister hat sie zu seinem Schutz engagiert und ich verwette meinen Gehstock darauf, dass diese Funktion an einen ganz bestimmten Auftrag gebunden ist. Aber etwas sagt mir, dass wir bei diesem Doppelmord nicht nach ihr suchen.«

»Sie werden doch nicht etwa befangen sein, Lampe?« Die Manguste sah ihn mit einem hinterhältigen Grinsen an.

»Jetzt hören Sie aber auf!«

»Na schön«, lenkte die Reporterin ein und ließ ihren Blick wieder durch das Foyer schweifen. »Haben Sie wenigstens etwas aus dem Schuhschnabel herausbekommen?«

Skarabäus Lampe sah ein, dass er Topps etwas geben musste, und fasste ihr kurz die Ereignisse um den vor Jahren verunfallten Bruder von Atlatus September zusammen. Sie machte sich Notizen, wobei ihre Zunge eifrig über ihre Lippen tanzte. Daraus konnte man unabhängig von dem Mord eine gute Geschichte machen. Familientragödien waren bei der Leserschaft sehr beliebt.

»Lassen Sie mich jetzt weiter meine Arbeit machen?«

»Natürlich. Ich wollte nur sichergehen, dass ich auch meine machen kann, indem ich Sie an unsere Abmachung erinnere.«

Der Detektiv schnaufte verächtlich.

»Eine Sache noch, Lampe. Dieser Goldfisch, diese Pussala – ist Ihnen aufgefallen, dass manche Personen ganz normal mit ihr sprechen können, obwohl sie die meiste Zeit doch nicht einmal zu wissen scheint, wo sie sich befindet?«

Er schaute zu der Professorin hinüber, die gerade das Gespräch mit Moto Hafusi beendete und ihn allein stehen ließ, und dachte daran, was ihm Teddy und Graf von Lugosch über die norsische Professorin erzählt hatten.

»Ja, ich weiß«, sagte er.

Bevor der Detektiv Monda Swanovski zum Verhör bitten konnte, betrat Inspektor Sutten das Museum. Er hatte dem Polizeipräsidenten versprechen müssen, dass er die nächsten drei Mordfälle in Überstadt ohne Lampes Mitwirken lösen und außerdem die Unruhen auf den Straßen beenden würde. Er hatte selbstredend keine Ahnung, wie er das eine oder das andere bewerkstelligen sollte, wusste aber umso sicherer, dass Skarabäus Lampe ihm das Leben zur Hölle machen würde, wenn er bei der Aufklärung der Ermordung seines Vaters nicht kooperierte.

Mit grimmiger Miene, die kaum an Wut eingebüßt hatte, knallte er Lampe das Kästchen, in dem sich die Läuse befanden, sowie eine kleine gläserne Phiole mit Blut vor die Brust. Dieses Blut konnte nicht auf die spätere Entlohnung angerechnet werden, sondern diente nur zur Spesendeckung.

»Hier!«, schnauzte Sutten, »aber das eine sage ich Ihnen: Um die Bezahlung kümmern Sie sich selbst, ich lasse nicht meine Leute für Sie bluten!«

Den Inspektor ignorierend winkte Lampe Teddy zu sich und verschwand mit ihm im Büro. Niemand sollte ihre Verlausungstaktik mitbekommen. Vorsichtig öffnete er das Kästchen, und die drei Läuse warfen ihm leidenschaftliche Blicke zu.

»Sie sind wunderschön, mein Herr.«

»Ihre Wimpern sind wie Goldfäden.«

»Ich würde sterben für ein Lächeln von Ihnen.«

Schnell schloss er die Schachtel wieder, der plötzliche Zuneigungssturm war ihm unangenehm.

»Also, Teddy, du setzt eine der Läuse auf Professorin Pussala.«

Lampe wollte herausfinden, was an der Vergesslichkeit des Goldfisches dran war. Vielleicht war es wirklich so, wie der Graf gesagt hatte: Dass die Professorin nur dann zu Verwirrtheit neigte, wenn sie Personen und Situationen nicht kannte. Vielleicht spielte hier aber auch jemand Schmierentheater.

Teddy konnte sich unauffälliger unter den Gästen bewegen als Lampe. Die meisten hatten sich daran gewöhnt, dass er zwischen ihnen herumsprang, und achteten nicht sonderlich auf ihn. Bei ihm würde es sicher nicht ganz so unangemessen wirken, wenn er jemanden berührte.

Die zweite Laus wollte Skarabäus Lampe selbst an einem der Glühwürmchenleuchter auf dem Buffet installieren. Die Speisen waren zwar mittlerweile zu ein paar kläglichen Resten zusammengeschrumpft, aber weil die Kellner immer noch regelmäßig volle Sektflaschen und Kaffeekannen brachten, fanden sich dort auch immer noch Gäste zusammen. Vielleicht konnte die Laus hier zufällig etwas Interessantes aufschnappen.

Blieb noch die dritte Laus.

Er musste den Wunsch niederkämpfen, sie Miniko unterzuschieben. Zum einen hätte er die Eidechse dafür berühren müssen und hatte erhebliche Sorge, dass das seine Denkfähigkeit noch weiter einschränken würde, als ihre bloße Anwesenheit es ohnehin schon tat. Zum anderen wies nichts auf sie als Täterin hin, und er ahnte, dass eher romantische Faszination als sachliche Überlegung seinen Impuls auslöste. Und mit solchem Blödsinn wollte er gar nicht erst beginnen.

Also beschloss er, Frau Mahlzeit mit der Laus auszustatten. Die Museumsdirektorin kannte alle Verdächtigen dieses Falls, sie war wie ein Verbindungsstück und sprach den ganzen Abend über mal mit dem einen, mal mit der anderen. Wenn sie eine Laus trug, würde der Detektiv sicher ein vielseitigeres Bild bekommen, als wenn er die Laus auf nur eine verdächtige Person setzte, die womöglich am Ende gar nicht der Täter – oder die Täterin – war.

Der Detektiv öffnete die Schachtel, nahm eine der Läuse heraus, indem er sie auf seine Fingerspitze krabbeln ließ und schüttelte sie dann vorsichtig in Teddys Hand.

»Alles klar, Partner? Dann los. Und pass auf, dass die Laus euch nicht verrät.«

Gemeinsam verließen sie das Büro.

Dieser verdammte, verführerische Geruch! Alles hier roch danach, aber sie konnte die Quelle nicht finden. Eines der Sektgläser hatte leicht geduftet, aber dann hatten die Glühwürmchenleuchter ihre Aufmerksamkeit abgelenkt, denn das Einzige, was noch verführerischer war als dieser Geruch, war Licht. Wie die großen flackernden Bilder auf der Leinwand, ganz verrückt hatten sie die gemacht.

Sie hatte diesen Duft noch nie zuvor gerochen, aber Generationen von Vorfahren hatten eine Art Geruchsgedächtnis in ihr hinterlassen, das unzählige Düfte kannte. Und dieses Gedächtnis sagte ihr, dass es in diesem Gebäude eine Köstlichkeit gab, wie sie sie noch nie zuvor geschmeckt hatte. Einen Leckerbissen, den sie selbst in Form ihres Geruchsgedächtnisses an ihre Nachfahren weitergeben würde.

Nachdem ein besonders kleiner Gast das Museum betreten und das Glas geleert hatte, war der Geruch auf ihn übergegangen, und als er auf dem Rednerpult zusammengebrochen war, verstärkte er sich noch.

Doch der Hase und sein kleiner Katzenkumpel hatten ihr einige sehr neugierige Blicke zugeworfen, als sie den Leichnam umkreiste, und sie hatte schon zu viele Familienmitglieder durch zusammenschlagende Hände verloren, um ein unnötiges Risiko einzugehen. Deshalb hatte sie sich zunächst von dort zurückgezogen und den restlichen Raum abgesucht.

Später war sie zum Buffet geflogen, musste jedoch erkennen, dass sie sich von der süßen Füllung der Windbeutel hatte in die Irre führen lassen. Eine Frau mit einer sehr großen Brille hatte dort gestanden und sich erst alle Windbeutel auf den Teller gelegt und danach wieder zurück auf das Buffet, während sie unübersehbar das Gespräch ihrer Tischnachbarn belauschte.

Aber irgendwo hier musste das Ziel ihrer Suche sein. Sie fand es schließlich in der Tasche einer Jacke, die an der Garderobe hing. Gierig schnuppernd kroch sie zwischen die Stofflagen. Jetzt war es stockdunkel um sie, doch ihr Geruchssinn trog sie diesmal nicht. Eine kleine Phiole befand sich in der Tasche, sie konnte den verkorkten Verschluss ertasten. An dem Korken befand sich ein winziger, stark duftender Tropfen, doch bevor sie einen Schluck davon nehmen konnte, zerdrückte eine riesige Hand sie am Flaschenhals. Dass jemand das Fläschchen öffnete, etwas von dem Inhalt in eine andere Flasche umfüllte, die Phiole wieder verkorkte und in eine andere Tasche gleiten ließ, bekam sie nicht mehr mit.

Teddy, der wie immer ungeheuer stolz war, mit einer wichtigen Aufgabe betraut worden zu sein, trug die Laus wie eine Trophäe in seiner geschlossenen Faust ins Foyer. Tatsächlich nahm kaum jemand Notiz von ihm und auch sein *Zielobjekt*, das wieder zu Moto Hafusi zurückgekehrt war, beachtete ihn nicht weiter, als er neben den beiden unter einen Tisch krabbelte.

Vorsichtig öffnete der kleine Kater die Hand.

»Mein Leben scheint mir öd und leer ohne Sie«, säuselte die Laus.

»Psst«, machte der Kater, legte die linke Hand hohl auf seine Rechte und schaute sich um. »Sei still, du sollst doch bloß zuhören!«

Er öffnete die Hand langsam wieder, und diesmal sah ihn die Laus nur aus verträumten Augen an.

Von seinem Platz unter dem Tisch hatte Teddy freie Aussicht auf Pussalas Beine. Vorsichtig streckte er den Arm aus und wischte seine Hand an der Hose der Professorin ab. Von der plötzlichen Berührung überrascht zog diese ihr Bein weg und Teddy hielt die Luft an, weil er fürchtete, sie könnte die Laus entdecken. Doch Moto Hafusi sagte nur: »Geh woanders spielen, Kind«, und sprach dann weiter mit ihr.

Die beiden anderen Läuse waren leichter zu platzieren. Skarabäus Lampe war durch die vielen Gespräche mit Frau Mahlzeit wieder so vertraut mit ihr, dass es nicht weiter ungewöhnlich war, dass er ihr die Hand an den Oberarm legte, als er sie ansprach. Er wechselte nur einige oberflächliche Floskeln mit ihr, aber das genügte zur Installation der Liebeslaus. Auch am Buffet störte ihn niemand, als er die Laus auf den Glühwürmchenleuchter setzte.

Der Detektiv sah auf die Uhr. Drei Uhr sechsundvierzig.

Während er selbst wie immer, wenn er in einem Mordfall ermittelte, kaum Müdigkeit spürte, waren bereits einige der Anwesenden der nächtlichen Stunde zum Opfer gefallen.

Stadtrat Arson war nach dem Gespräch mit Ephigynie Mahlzeit auf seinem Stuhl zusammengesunken und schnarchte. Auch Helenes Pflichtbewusstsein war im Begriff, sich in Schlaf aufzulösen. Noch schlief sie zwar nicht, aber ihre Augen blickten etwas glasig und ihre Lider wirkten verdächtig schwer. Harpo Lichtenstein, der nach den Unmengen, die er am Buffet verdrückt hatte, unmöglich noch woanders als in seinem Verdauungstrakt Blut haben konnte, war mitten im Gespräch mit Monda Swanovski eingeschlafen.

Graf von Lugosch hatte als nachtaktiver Wolf keine Probleme mit der späten Stunde und sah in dem unbeabsichtigten Nickerchen des Gürtelbären seine Chance, endlich mit Monda Swanovski (und ihrem Hals) zu reden.

GUTE ALTE
POLIZEIARBEIT

Inspektor Sutten würde diesem vermaledeiten Hasen
schon zeigen, wozu er fähig war. Nachdem sich der
Zigarettengecko als unschuldig an den Morden erwiesen
hatte, blieb immer noch die Suche nach dem Gift, und er
würde es finden.

Er war fest davon überzeugt, dass das Gift selbst zum
Mörder – oder zur Mörderin – führen würde. Die Substanz war immerhin so speziell, dass man es nicht in jeder
Apotheke bekam. Er hatte daher die Museumsdirektorin
gefragt, wie man an die altertümliche Substanz kommen
könne, woraufhin sie ihn in den Keller geführt hatte.

Als er jetzt mit ihr in dem Raum stand, an dessen Wänden sich Hunderte, wenn nicht gar Tausende von kleinen
Glasbehältern auf langen Regalbrettern aufreihten, wurde
dem Inspektor etwas flau im Magen. Hier standen alle altertümlichen Substanzen, die jemals bei Ausgrabungen gefunden worden waren.

»Es ist die größte Referenzsammlung dieser Art«, sagte
die Museumsdirektorin nicht ohne Stolz.

Der Polizist starrte die Wände mit offenem Mund an.

»Weltweit«, fügte Frau Mahlzeit hinzu.

»Referenzsammlung heißt, äh, was?«

»Jede gefundene Substanz wird mit modernsten Methoden durchanalysiert. Danach wird ein Analysebericht angelegt und eine kleine Menge luftdicht aufbewahrt. Unsere Substanzbibliothek entspricht, wenn Sie so wollen, den Typusexemplaren von Artbeschreibungen.«

Suttens Gesichtsausdruck verriet Ephigynie Mahlzeit, dass er auch nicht wusste, was ein Typusexemplar war.

»Schauen Sie, alles, was die Wissenschaft herausfindet, wird irgendwann zum ersten Mal gefunden. Dieser erste Fund wird genau beschrieben und aufbewahrt. Alle weiteren Funde werden mit der Erstbeschreibung verglichen. Das gilt für Skelette, für Felle und Federn und in diesem speziellen Fall eben für Substanzen. Wann immer Ausgrabungen altertümliche Substanzen zum Vorschein bringen, werden sie mit den in dieser Referenzsammlung hinterlegten abgeglichen. Wenn der Stoff bei uns noch nicht vorhanden ist, wird er als neu klassifiziert und nach der Analyse in die Bibliothek aufgenommen.«

Langsam ging der Inspektor an den Regalen entlang. Hier und da bemerkte er Lücken in den Reihen, wo Gläser fehlten.

»Ich verstehe. Was ist mit den fehlenden Behältern?«

»Oh, wir entleihen gelegentlich Substanzen an andere Institute, damit sie vor Ort ihre Forschungen betreiben können. Das sind nur Ausnahmen, meistens reicht es, den Forschenden die schriftlichen Analysen zur Verfügung zu stellen«, sie wies auf ein Regal, in dem nur Aktenordner standen. »Aber hin und wieder kommt es vor, dass nicht nur Inhaltsstoffe, sondern auch Aussehen, Konsistenz und ähnliche Äußerlichkeiten verglichen werden müssen. In dem Fall verleihen wir das Original.«

»Und das steht alles hier so offen herum? Immerhin haben Sie hier unter anderem hochpotente Gifte.«

Frau Mahlzeit guckte erschrocken.

»Oh, aber natürlich nicht! Allein schon, weil es eine Sammlung von unschätzbarem Wert ist! Die Tür ist immer verschlossen, Zugang haben nur Professorinnen und Professoren, und jede Entnahme muss im Entnahmebuch dokumentiert werden. Wer hier ein und aus geht, weiß um die Gefährlichkeit einiger der Substanzen.«

Sie ging zu einem kleinen Pult, holte ihren Schlüsselbund hervor und schloss eine Schublade auf. Sie schlug das hervorgeholte Buch auf und zeigte Inspektor Sutten einige Einträge. In Tabellenspalten waren Substanz, Entnahme- und Rückgabedatum, Name der entnehmenden Person sowie der Grund der Entnahme festgehalten.

»Ich sehe hier auch einige Einträge, in denen Moto Hafusi Stoffe entnommen hat, der ist aber kein Professor, oder?«

»Das ist richtig, seine Habilitation ist ein wenig ins Stocken geraten. Wissenschaftliche Angestellte müssen eine Vollmacht des jeweiligen Professors haben, um Gläser zu entnehmen.«

»Ich verstehe«, murmelte Sutten. »Gilt die Entnahmeberechtigung nur für Professoren des Museums?«

»Ja. Und für Gastforschende. Sie bekommen alle einen Schlüssel für den Raum.«

Der Inspektor nickte. »Gut, dann zeigen Sie mir jetzt bitte das Gift, um das es geht. Das, mit dem subische Opferbräute erlöst wurden.«

Mit wenigen Handgriffen suchte Frau Mahlzeit in einem großen Karteikasten nach der entsprechenden Karte, auf der neben der Identifikationsnummer auch der Standort in den

Regalen vermerkt war. Dann ging sie an den hohen Regalen entlang.

»Regal 13, Reihe 4, Platz 27, hie... es ist nicht da.«

Sie war an der entsprechenden Stelle stehengeblieben und wies auf eine Lücke in den Gläserreihen.

»Dachte ich mir«, sagte der Polizist. »Lassen Sie uns schauen, wer es zuletzt entliehen hat.«

Er schaute der Museumsdirektorin über die Schulter, während sie die Seiten des Entnahmebuchs durchblätterte.

»Frau Swanovski ...«

»Oh bitte, nennen Sie mich Monda, das tun alle meine Freunde!« Wimperngeklimper begleitete ihre Vertraulichkeit.

Skarabäus Lampe räusperte sich. Anbiederungsversuche waren ihm zuwider.

»Frau Swanovski. Erzählen Sie mir bitte, wie es zu diesem Ausgrabungswettrennen zwischen Ihnen und den beiden Toten gekommen ist. Sie hätten die Wissenschaften doch auch einfach so fördern können.«

»Waren Sie jemals reich, Skarabäus?«

»Ja. Allerdings dürfte unser Verständnis von Reichtum auseinandergehen.«

Der Schwan lehnte sich in seinem Stuhl zurück. »Ich rede von Geld, Gimmling und Zert. Ich sage Ihnen etwas: Es ist eine Plage, reich zu sein.«

»Mir kommen die Tränen«, sagte der Detektiv ungerührt.

»Im Ernst. Ich wurde mit einem goldenen Löffel im Mund geboren, das ist Ihnen sicher bekannt. Von klein auf wurde mir jeder Wunsch von den Augen abgelesen, ich musste kaum aussprechen, was ich begehrte, da hatte ich es schon. Und wissen Sie, was das zur Folge hatte? Völlige Bedeutungslosigkeit von allem.«

Der Spott in Lampes Augen wich Neugier.

»Nichts, was man mit Geld kaufen kann, bedeutet mir etwas. Raffinierte Speisen? Ich bekomme sie jeden Tag. Teure Kleidung? Meine Eltern hatten eine persönliche Maßschneiderei. Ein schönes, großes Haus? Ich besitze sieben schöne, große Häuser. All das löst nicht die geringste Gefühlsregung in mir aus. Auf Dauer wurde ich dieses Lebens überdrüssig und suchte mir Abenteuer.«

»Ach, kommen Sie schon, Frau Swanovski. Überstadt brennt seit Wochen, weil Teile seiner Bevölkerung in Armut und Elend leben. Und Sie wollen mir erzählen, wie schwer es ist, wenn man unermesslich reich ist?«

Der Schwan funkelte ihn verletzt an.

»Haben Sie eine Ahnung, wie es sich anfühlt, wenn man nie weiß, ob die Leute einen wegen des Geldes lieben oder um seiner selbst willen?«

Wieder ließ sie ihr in vielen Jahren erprobtes Wimperngeklimper sehen. Ihre Augen schimmerten feucht, und Skarabäus Lampe hatte Mühe, ihre Manipulationsversuche an sich abperlen zu lassen.

»Ich tat also das Einzige, was eine kinderlose Frau in dieser Gesellschaft tun kann, um Aufregung zu finden: Ich drang in Männerdomänen ein. Ich reiste an Orte, an die es keine Frau und erst recht keine anständige Frau je verschlagen würde. Wurde Mitglied in Geheimzirkeln, probierte die exotischsten Drogen aus, beherrsche siebenundzwanzig südländische Volkstänze und halte mehrere Rekorde im Bergsteigen. Verstehen Sie? Um das Leben zu spüren, muss ich mich spüren, alles andere ist Leere.«

»Klingt nachvollziehbar«, gab Skarabäus Lampe zögerlich zu. Auch in seinem Leben hatten finanzielle Hürden keine übermäßig große Rolle gespielt, auch wenn Archibalds Vermögen weit vom Reichtum der Swanovskis entfernt war. Aber er wusste selbst, dass Kaufbares die Nervenzellen niemals so zum Klingen bringen konnte wie Erlebbares.

»Aber ich spürte auch«, fuhr Monda Swanovski fort, »dass alles, was ich tat, nur für mich war. Es hatte keinen Sinn. Es war reine Selbstberauschung. Also versuchte ich, etwas auf die Beine zu stellen, das sinnvoll *und* berauschend war.«

Mit dem Ellbogen auf der Armlehne des Stuhls und dem Kinn im L von Daumen und Zeigefinger hörte der Detektiv zu. Sein Respekt vor dieser Frau wuchs.

»Das Preisgeld bedeutete mir natürlich nichts, aber ich mochte es, mich zu messen. Im Fall meines Sieges bekam ich Ehrerbietung, im Fall meiner Niederlage bekam die Wissenschaft Geld. Gewinn-Gewinn.«

»Haben Sie oft gewonnen?«

»Nein. Nur einmal, um genau zu sein. Es war das erste Wettrennen, und natürlich trat ich mit Ausrüstung an, die die von Nkolo und Ihrem Vater in Menge und Qualität haushoch übertraf. Ich konnte mir mehr Träger leisten, mehr Spurensucher, genauere Messgeräte, all das. Danach sah ich ein, dass der Wettkampf nur fair sein würde, wenn wir drei einen vergleichbaren Ausrüstungsstandard hätten. Von da an verlor ich. Immer.«

»Hm, und wer gewann am häufigsten – Nkolo oder Archibald?«

»Eindeutig Ihr Vater. An dem kam niemand vorbei.«

Kurz hallte die Formulierung in Lampes Kopf nach, er hatte sie kürzlich schon einmal gehört.

217

»Wie fühlte es sich an, ständig zu verlieren? Empfanden Sie das nicht als demütigend?«

Monda Swanovski, die offenbar nicht nur Aufmerksamkeit genoss, sondern vor allem die Tatsache, dass ihr jemand wirklich zuhörte, lächelte ihn an.

»Wer am Ende gewann, kümmerte mich nicht groß. Die Suche nach versunkenen Kulturen, nach altertümlichen Gräbern oder prähistorischen Vorfahren war mir im Grunde Gewinn genug. Kein Geld der Welt hätte mir die Eindrücke und Empfindungen dieser Unternehmungen kaufen können. Ich lernte viel auf diesen Expeditionen.«

Ihr Blick wandte sich verträumt in die Ferne, und zum ersten Mal erschien sie dem Detektiv auch innerlich schön.

»Warum war Ragnelda Pussala eigentlich nicht Teil des Wettrennens? Hatte ein Wettkampf Frauen gegen Männer keinen besonderen Reiz für Sie?«

Der Schwan schmunzelte. »Ein bisschen klingen Sie jetzt fast wie Ragnelda. Ja, sie hat sich tatsächlich an mich gewandt. Sie fühlt sich ständig durch Männer benachteiligt, aber das kann ich aus eigener Erfahrung nicht bestätigen.«

»Das überrascht mich nicht«, sagte Lampe. »Schauen Sie sie an und schauen Sie sich an. Es ist gewiss ein Unterschied, ob man sich als unscheinbarer Goldfisch in einer Männerwelt nach oben arbeiten muss oder schon oben und vor allem sehr schön geboren wurde.«

Ihr Gesichtsausdruck wechselte in schneller Folge zwischen Nachdenklichkeit und Empörung.

»Warum haben Sie Frau Pussalas Ansinnen abgelehnt?«

Das Thema war der Millionenerbin offenbar unangenehm, und eine senkrechte Falte erschien zwischen ihren Augenbrauen.

»Ich mag Frauen nicht, die ihre Misserfolge nur auf äußere Umstände zurückführen. Die lieber andere beschuldigen, als sich zusammenzureißen und für sich selbst einzustehen.«

Lampe runzelte die Stirn.

»Gut, Frau Swanovski«, sagte er. »Wenn Sie mir jetzt noch zeigen würden, was Sie bei sich tragen.«

»Aber natürlich.«

Der Schwan stand auf und jede seiner Bewegungen wirkte atemberaubend. Der Detektiv musste an den Moment denken, als Monda Swanovski am frühen Nachmittag vor dem Museum aus dem Taxi gestiegen war. War das tatsächlich erst ein paar Stunden her? Es kam ihm vor, als hätte er die Szene vor Jahren beobachtet.

Sie breitete ihren Tascheninhalt vor ihm aus. Eine Puderquaste aus echten Federn kam zum Vorschein, außerdem ein Kästchen mit einer Medaille für die Erstbesteigung des Mount Orobis im Südland, ein Bündel Geldscheine wie bei Harpo Lichtenstein (Lampe schätzte ihren Gesamtwert diesmal allerdings auf eintausend Gimmling), eine Fluglizenz und ein Armeemesser mit neun verschiedenen Funktionen. Lampe hielt die Geldrolle in die Luft.

»Sie wissen, dass allein das Geld, das Sie hier bei sich tragen, ausreichen würde, um fünfzig Wohnungen im Arbeiterviertel zu sanieren?«

Nachdenklich nahm sie das Geld in die Hand und betrachtete es.

»Es stimmt schon, was der Zigarettengecko gesagt hat, nicht wahr? Man verliert den Blick für die Verhältnisse.«

Zufrieden, sie zu dieser Erkenntnis gebracht zu haben, lächelte der Detektiv.

»Das denke ich auch. Und vielleicht nicht nur für die unterschiedlichen Erfahrungen von Arm und Reich, sondern auch für die verschiedener Frauen, meinen Sie nicht?«

Lampe sah dem Schwan nachdenklich nach, als er das Büro verließ. Langsam schwebten in seinem Kopf weitere Mosaikstücke an ihren Platz.

»Wo ist der Hase?«

Helene Pick schreckte aus ihrem Dämmerschlaf auf, als Inspektor Sutten sie unvermittelt ansprach. Teddy, der hellwach neben ihr saß, schaute dem Inspektor neugierig entgegen.

»Er, oh, äh, ich glaube, er ist noch in einem Verhör«, sagte das weiße Huhn. »Entschuldigung, ich muss einen Moment eingenickt sein.«

»Hm«, brummte Sutten unwirsch. »Ich brauche ihn für die Suche nach der Mordwaffe, aber dann muss es auch ohne ihn gehen.«

»Ich kann doch mitkommen«, sagte Teddy aufgeregt. Er langweilte sich, weil es seit der Entdeckung des antiken Giftes und der Installation der Liebeslaus für ihn nichts zu tun gegeben hatte.

»Na, so weit kommt's noch.«

»Ich kann alles, was mein Partner auch kann! Na gut, fast alles. Ach, lassen Sie mich doch mitkommen!«

Sutten warf Helene einen Blick zu, die sehr müde aussah.

»Nehmen Sie ihn mit, Herr Inspektor. Ich kann ihn ja doch nicht die ganze Zeit auf seinem Stuhl halten. Zumal ich im Moment etwas … unpässlich bin.« Sie gähnte.

Der Inspektor wusste, dass Skarabäus Lampe große Stücke auf den kleinen Straßenkater hielt. Und er wusste auch, dass Skarabäus Lampe nur große Stücke auf Personen hielt, die seiner Meinung nach etwas Besonderes waren.

»Na schön. Aber dass du ja nicht meine Arbeit behinderst, Kleiner! Wir müssen in den Forschungstrakt. Und wenn der Detektiv aus seinem Verhör kommt«, sagte er an Helene gewandt, »sagen Sie ihm bitte, er soll mit dem Einsammeln der Läuse warten, bis ich wieder da bin. Ich will bei dem Rapport dabei sein.«

»Also«, sagte er, als er den ersten Raum mit dem Universalschlüssel aufschloss, den Frau Mahlzeit ihm gegeben hatte, »wir suchen einen Behälter mit Gift. Ein Schraubglas, ein Fläschchen, eine Phiole …«

»Eine Pistole?«, fragte Teddy.

»Phiole. Ein kleines Glasgefäß.«

Auf den ersten Blick fühlte Inspektor Sutten sich in einen Dschungel versetzt, als er das Zimmer betrat. Unzählige Topfpflanzen standen auf nahezu allen freien Flächen. Augenscheinlich gehörten sie alle zur selben Art, doch die Etiketten, mit denen sie gekennzeichnet waren, unterschieden sich leicht. Auf ihnen standen Angaben wie *M. q. quadrifoliata x M. q. felidaris, F2*. Die Beschriftung sagte dem Inspektor nichts, der Duft der Pflanzen dafür umso mehr. Süß und frisch oder – wie es Skarabäus Lampe formuliert hätte – rosa und hellgrün. Der Geruch bestätigte dem Inspektor, dass er auf der richtigen Fährte war.

Zwischen den Pflanzen war ein Lepidoptarium zur Zucht von Schmetterlingen eingerichtet worden. Kleine Motten flogen darin herum, vermutlich die Ergebnisse der Zucht, denn Motten waren letztlich ja auch nur Schmetterlinge mit ungewöhnlichen Arbeitszeiten.

»Was ist denn das für ein Urwald?«, fragte Teddy. »Ich

dachte, Aro … Archoleogen graben nur im Sand. Und was ist das hier?«

Der kleine Kater hatte sich einem kompliziert aussehenden Aufbau aus mehreren Glaskolben und Röhren zugewandt. Daneben standen einige flache Glasschalen mit Pulvern, Kristallen und Pflanzenteilen. Auch in dem angerußten Kolben über dem Gasbrenner waren einige Probenrückstände sichtbar.

Der Inspektor erkannte die Konstruktion als eine improvisierte Destillationsapparatur. Doktor Dannados hatte eine ähnliche in seinen Katakomben.

»Damit kann man ein Gemisch von Substanzen in seine einzelnen Stoffe zerlegen. Zumindest, wenn ich Doktor Dannados richtig verstanden habe. Schau mal, jemand hat etwas aus den Pflanzen hier extrahiert.«

»Extrah…?«

»Rausgezogen. Jemand hat einen Bestandteil aus diesen Pflanzen zu gewinnen versucht.«

Teddy, der die Bedeutung von alldem hier nicht erfassen konnte, wandte sich gelangweilt ab. »Was ist denn nun mit dem Gift?«

»Das suchen wir jetzt. Du in den Schreibtischschubladen, ich in den Kisten hier im Regal.«

In den Kisten fanden sich unzählige Fachartikel. Sutten überflog die Titel: »Geschlechtsspezifische Beigaben in norsischen Hühnergräbern unter besonderer Berücksichtigung des Personenstandes der Verstorbenen«; »Rekonstruktion südländischer Mausoleen unter Zuhilfenahme alt-graffanischer Reliefskripte«; »Alt-subische Opferbräute: Traditionelle Vivisektion unter Sedativwirkung«.

Die meisten Titel klangen uninteressant, nur den Text

222

über die Opferbräute zog er heraus. Er verstand nicht viel, aber im Abschnitt über das eingesetzte Sedativum entdeckte er die gleiche Beschriftung, die auch an den Blumentöpfen stand: *Mellis quadrifoliata quadrifoliata*, die subische Honigblume. Jemand hatte hier offenbar versucht, verschiedene Unterarten der Pflanze miteinander zu kreuzen. Und die Motten waren zur Bestäubung nötig.

Womöglich hatte der Detektiv mit seiner Vermutung, dass für die Giftmorde die jahrtausendealte Originalsubstanz verwendet worden war, Unrecht. Vielleicht hatte hier jemand basierend auf den ursprünglichen Bestandteilen ein ganz neues Gift erschaffen.

»Honigblume, sehr interessant«, murmelte er.

Teddy horchte auf. »Honigblume? Das ist doch das Gift von den Of... Opferbräuten, das ich gefunden habe.«

»Du hast das gefunden? Nicht der Hase?«

»Nee, der fragt doch immer bloß die Leute aus. Ich war im Museum und habe das Gift gefunden. Ich finde meistens wichtige Sachen. Im Zirkus habe ich auch wichtige Sachen gefunden.«

»Soso.«

Eine Weile arbeiteten sie schweigend. Teddy durchsuchte die nächste Schreibtischschublade, und Sutten versuchte, aus weiteren Aufzeichnungen schlau zu werden.

»Was machst du sonst noch bei dem Hasen?«

»Manchmal helfe ich ihm, seine Insekten zu bestimmen. Neulich hatte er einen *Speyeria aglaja vithata* als *S. a. borealis* einsortiert, was total falsch war. Oder wir gucken Leute auf der Straße an. Aber oft sitzt er einfach nur rum und liest Zeitungsartikel über sich selbst. Danach schnauft er meist und sagt, die Leute hätten keine Ahnung.«

Der Inspektor musste sich ein Schmunzeln verkneifen.

»Aha, und was sagt er sonst noch so?«

»Er sagt, Sie sind 'ne Plage.«

Sofort schlug Suttens Belustigung in Empörung um. »Na, da hört sich doch wohl alles auf! Ich eine Pla…«

»Er sagt auch, dass Sie ein guter Polizist sind. Sie hätten zwar weniger Fantasie als ein Stein, seien aber sehr gewissenhaft, solange man Sie nicht in die Nähe von Spuren lässt.«

»Das ist doch …« Sutten wusste nicht recht, was er dazu sagen sollte.

»Hier, ist das das Gift?« Teddy hielt eine kleine Phiole hoch, die er in einer der Schubladen gefunden hatte. Ein Leuchten trat in Inspektor Suttens Augen.

»Zeig her!«

Er nahm die Flasche und las das Etikett, doch wer immer es beschriftet hatte, hatte dem Inspektor nicht den Gefallen getan, dabei eine lebende Sprache zu verwenden. »Hm«, machte er nachdenklich, entkorkte die kleine Flasche vorsichtig und roch an ihrem Inhalt. Das Leuchten in seinen Augen erstarb. »Das ist es nicht, Junge. Das, was wir suchen, riecht rosa und hellgrün.«

Teddy kicherte. »Jetzt klingen Sie wie Skarabäus.«

Der Inspektor räusperte sich verstimmt. »Süß und frisch, das, was wir suchen, riecht süß und frisch. Das hier«, er hob das Fläschchen, »riecht dagegen etwas muffig.«

Er stellte die Flasche auf den Schreibtisch und seufzte. »Komm, wir müssen weitersuchen.«

Als Nächstes wandte er sich dem einfachen Feldbett an der Wand zu. Frau Mahlzeit hatte erzählt, dass viele Wissenschaftler im Museum nicht nur arbeiteten, sondern auch schliefen.

Dem Inspektor war ein wenig unwohl dabei, die Laken zu durchsuchen. Aber es gab eine Zeit für Rücksicht und eine für Ermittlungen, und jetzt ermittelte er. Entschlossen schlug er die Decke zurück.

»Was für ein entsetzliches Unglück. Gestern Morgen fanden wir Frerus September tot in der Grabkammer BkY/93-11. Er muss dort am Vorabend eingesperrt worden und erstickt sein. Mein Herz ist gebrochen – Frerus, mein geliebter Freund seit Kindertagen. Wie konnte das nur geschehen? Wir habe doch Sicherheitsmaßnahmen ergriffen. Und wie soll ich Atlatus beibringen, dass sein Bruder tot ist?«

Helene hatte ihre Unpässlichkeit überwunden und sich, nachdem sie mit einem Rundumblick festgestellt hatte, dass die Gesamtsituation unverändert war, einen weiteren Band von Archibalds Tagebüchern genommen.

Er war älter als der erste, seine Kanten waren abgestoßen und die Seiten vergilbt. Sie hatte zunächst wahllos darin geblättert und war dann bei dem Eintrag über den Tod von Frerus September hängengeblieben. Betroffen las sie die Zeilen und blätterte weiter. Den nächsten Eintrag hatte Archibald zwei Tage nach dem Unglück verfasst.

»Die Arbeiten ruhen. Die subische Gendarmerie hat eine Untersuchung angeordnet, aber wir stehen ohnehin alle noch unter Schock, niemand denkt momentan an Arbeit. Barnabas und ich gehen immer wieder das Sicherheitsprotokoll durch, um zu verstehen, wie das schreckliche Unglück geschehen konnte. Jeder Mitarbeiter – auch die subischen Helfer – muss sich vor dem Betreten der Grabkammer in eine Liste ein- und bei ihrem Verlassen wieder austragen. Vor der Abfahrt von der Ausgrabungsstelle zum Lager gibt es außerdem einen Anwesenheitsappell, bei dem alle Namen aufgerufen und dann abgehakt werden. Erst danach werden die Kammern bis zum nächsten Tag luftdicht versiegelt.

Sowohl in der ersten als auch der zweiten Liste stand hinter seinem Namen ein Haken. Der gute Frerus hatte sich ausgetragen, er hätte gar nicht in der Kammer sein dürfen. Wir haben noch keine Idee, wie und warum er danach noch einmal in die Kammer gegangen ist.«

Vier Tage später hatte Archibald notiert:

»Nach gründlicher Prüfung durch uns und die subischen Ermittler ist Frerus nach dem Abendappell noch einmal in die Kammer gegangen, ohne jemanden zu informieren. Es kann nur so gewesen sein, denn nach unserem Protokoll war die Kammer leer. Es war sicher, sie zu verschließen. Womöglich hatte er nur etwas vergessen.

Oh, es ist so fürchterlich tragisch.«

Sie blätterte noch weiter in dem Buch, aber in den folgenden Einträgen ging es nur noch um die Ausgrabungen. Nur etwas weiter hinten stieß sie auf eine Notiz, in der stand, dass Atlatus September das Museum wegen des Unfalltodes seines Bruders verklagt hatte. Archibald war darüber offenbar sehr erschrocken gewesen.

Helene schaute voller Mitleid zu dem Schuhschnabel hinüber. Sie hatte sich schon gefragt, warum er immer wieder so versteinert vor Archibalds Porträt gestanden hatte. Vermutlich wäre es auch für ihn interessant, Archibalds Bericht zu lesen. Sie beschloss, Skarabäus Lampe zu fragen, was mit dem Tagebuchband geschehen solle. Er würde schon wissen, in wessen Hände er gehörte.

Eine Stunde später kam Inspektor Sutten frustriert zurück ins Foyer. Sie hatten das Gift nicht gefunden, nur weitere Fläschchen mit anderen Substanzen. Der Detektiv sammelte gerade die Buffetlaus vom Glühwürmchenleuchter, um sich im Büro ihren Bericht anzuhören. Sutten folgte ihm. Beide setzten sich an den Tisch und beugten sich dicht zu der Laus hinunter, um alles zu hören, was sie mit ihrer piepsigen Stimme vortrug.

»Wollen Sie mit mir ausgehen, verehrter Herr?

Rapport: [Atmosphärisches Rauschen].«

Die Laus sprach es als »Klammer auf Atmosphärisches Rauschen Klammer zu«. Danach sagte sie nichts mehr. Der Inspektor wurde ungeduldig.

»Es war wohl länger niemand am Buffet, den sie hätte belauschen können«, meinte Skarabäus Lampe. Gerade als beide bedauerten, dass die Laus keine Vorspulfunktion hatte, setzte sie ihren Bericht fort.

»*Fortsetzung Rapport, Person 1: An Ihrer Stelle hätte ich die Aufstände längst zerschlagen. Man kann sich doch nicht so von seinem Volk auf der Nase herumtanzen lassen.*

Person 2: Überstadt ist keine Diktatur, die Leute haben das Recht, für ihre Sache einzustehen.

[Geschirrklirren]

Person 1: Diktatur, Diktatur! Diktatur ist relativ, mein Lieber. Sehen Sie mich eher als Vater, der auf seine Kinder aufpasst.

Person 2: Pah!

Person 1: Wenn die Kinder den ganzen Haushalt auseinandernehmen, muss man eben kurzen Prozess machen.

Person 2: Schöner Vater sind Sie.

Ihre Augen sind wie Bergseen im Mondenschein*«, schloss die Laus und schaute Lampe verliebt an.

Offensichtlich hatten sich der subische Premierminister und Stadtrat Arson am Buffet über die Aufstände unterhalten.

»*Fortsetzung Rapport, Person 1: Ein guter Vater muss auch streng sein können.*

Person 2: So streng, dass er Demonstranten, pardon: Kinder, erschießen lässt?

Person 1: Jetzt sind Sie unfair [Schluchzen].

Person 2: Na, beruhigen Sie sich. Aber es ist kein Geheimnis, dass kritische Stimmen in Ihrem Land oft auf seltsame Weise verschwinden.

Person 1 [laut schluchzend]: Das ist nicht wahr.

Person 2: Und außerdem verhindern Sie ja gar nicht, dass die Kinder den Haushalt auseinandernehmen. Subien hat nicht nur genauso viele Probleme wie Überstadt, sondern auch größere. Was ist mit der Armut in Ihrem Land? Der ungebildeten Dorfbevölkerung? Und neuerdings hört man von Schmuggel, weil Sie wissenschaftliche Forschung durch ausländische Institutionen faktisch verboten haben. Nennen Sie das einen funktionierenden Haushalt?

[Naseputzgeräusch]

Person 1: Er funktioniert für mich, das ist das Wichtigste.

Darf ich Ihnen mein Herz zu Füßen legen?«

Lampe fand die Unterhaltung in höchstem Maße spannend. Dass sie allenfalls peripher mit ihrem Fall zu tun hatte, störte ihn nicht. Sutten, dem die Liebeserklärungen unangenehm waren, räusperte sich verlegen.

»*Fortsetzung Rapport, Person 2: Ah, sehen Sie, jetzt kommen wir der Sache schon näher. Sie wollen in Saus und Braus leben auf Kosten Ihres Volkes. Eine kleine reiche Elite saugt die einfachen Leute bis aufs Blut aus. Nein, da ist mir Überstadt mit*

seinem in Stein gemeißelten Recht auf freie Meinungsäußerung
wirklich lieber.

Person 1: Ach, dann haben Sie hier kein Elend, und die Leute
tanzen Ihnen einfach nur zum Spaß auf der Nase herum? Man
hat mir gesagt, dass hier die Arbeiter an Armut und Krankheit
sterben. Na, und wenn es sowieso arme Leute gibt, dann kann ich
doch ohne Scham dafür sorgen, dass es wenigstens mir gut geht.

Person 2: Das ist schlimmste Ausbeutermentalität, Scheich!
Die Armut hier hat, äh, andere Gründe, die die Magistratur
auch noch in den Griff bekommen wird.

Person 1: [heftiges Schluchzen].

Sie haben das Wesen eines Engels«, schloss die Laus ihren
Bericht.

Skarabäus Lampe ignorierte den romantischen Zusatz
und spürte ein Gefühl des Triumphs. Der Stadtrat merkte
offenbar nicht, wohin ihn seine flammende Verteidigung der
freien Meinungsäußerung über kurz oder lang führen würde,
aber er wusste, dass in diesem Gespräch die Lösung aller
sozialen Probleme von Überstadt lag. Er lächelte.

»Was lächeln Sie denn so? Das hat doch alles nichts mit
diesem Fall zu tun«, blaffte Inspektor Sutten ihn von der
Seite an. »Einmal mehr haben Sie Spezialkräfte der Polizei
angefordert, und einmal mehr haben diese keine neuen Erkenntnisse geliefert. Das bringt doch alles nichts.«

Skarabäus Lampe lächelte noch etwas breiter. »Sie haben
Recht, Inspektor. Für den Fall bringt das hier nichts. Aber
für Überstadt.«

»Na, Sie machen mir Spaß! Sie verpulvern hier meine
Ressourcen, es ist schon fast Morgen und wir sind noch kei-
nen Schritt weiter. Warum helfen Sie mir nicht lieber, das
Giftfläschchen zu finden?«

»Oh, ich würde nicht sagen, dass wir keinen Schritt weiter sind, mein lieber Inspektor. Tatsächlich stehe ich kurz vor der Aufklärung der Morde.« Skarabäus Lampe lächelte Sutten geheimnisvoll an, der einen Moment lang sprachlos war.

Verstohlen sah sich der kleine Kater um, bevor er seine Hand in die Hosentasche vor ihm schob. Vorsichtig zog er heraus, was er darin ertasten konnte. Es war ein Meißel.

Er war enttäuscht gewesen, dass er und der Inspektor das Gift nicht gefunden hatten. Doch während Sutten sich mit dem Fehlschlag abgefunden hatte und nun mit Lampe den liebeskranken Läusen zuhörte, hatte er nicht einfach aufgeben wollen. Sein *Partner* Skarabäus Lampe verließ sich schließlich auf ihn. Also hatte er beschlossen, hier weiterzusuchen.

Er vergewisserte sich, dass die blaue Eidechse ihm nicht wieder in die Quere kam, und streifte unauffällig zwischen den Gästen umher.

Da er seinen Lebensunterhalt auf der Straße unter anderem dadurch bestritt, wohlhabende Bürger mit flinken Fingern um ihre Besitztümer zu erleichtern und diese dann gegen Fressalien zu veräußern, fiel es ihm nicht schwer, die Gäste unbemerkt zu durchsuchen. Als Erstes hatte er sich Moto Hafusi vorgenommen und sich dazu wie zuvor unter den Tisch neben ihm gehockt.

Teddy betrachtete den Meißel verständnislos und schob die Hand wieder vorsichtig in Hafusis Hosentasche, die tief und ausgebeult war. Nacheinander fand er darin drei Pinsel, einen kleinen Hammer und eine Taschenlupe. Und jede Menge Sand. Aber nichts, was auch nur entfernt Ähnlichkeit mit einem Gefäß hatte.

Ärgerlich wischte er seine sandige Hand an seiner eigenen Hose ab. Er fragte sich, ob der Salamander seine Expeditionskleidung jemals wusch.

Kurz überlegte er, ob er Harpo Lichtenstein durchsuchen sollte. In den Taschen des reichen Gürtelbären würde er sicher etwas finden, das von Interesse war. Vielleicht nicht für den Fall, aber für die Herren, die es ihm in Nahrung umtauschen würden, ganz bestimmt. Aber Lichtensteins cholerisches Temperament ließ ihn dann doch davon absehen. Der brachte es fertig, ein unschuldiges Kind zu ohrfeigen. Oder eben ihn.

Während er noch überlegte, hörte er ein leises Wimmern. Teddy neigte leicht den Kopf, um die Richtung festzustellen, aus der es kam, aber es hatte aufgehört. Angestrengt lauschte er zwischen den wegen der Übermüdung der Gäste nur noch gedämpften Geräuschen des Foyers hindurch, hörte jedoch nichts. Er glaubte schon, sich getäuscht zu haben, als der leise dünne Laut wieder erklang. Er kam vom Boden.

Neben Hafusis Füßen entdeckte der kleine Kater die Liebeslaus. Sie schien schwer verletzt zu sein. Vorsichtig hob Teddy sie auf. Ihr fehlten drei Beine und ihr Hinterleib wies einen unnatürlichen Knick in der Mitte auf.

Teddy sah sofort, dass schnelles Handeln geboten war, wollten sie noch irgendwelche Informationen von der Laus bekommen. Er rannte zu dem kleinen Büro und stürzte, ohne anzuklopfen, hinein. Skarabäus Lampe und Inspektor Sutten waren noch mit der ersten Laus beschäftigt, aber ansonsten allein, sodass Teddy frei sprechen konnte.

»Schnell, ich habe die zweite Laus gefunden! Sie ist verletzt, ich glaube, sie macht es nicht mehr lange.«

Lampe kam ihm sofort entgegen und nahm ihm behutsam die verletzte Laus ab, die jetzt schwach hustete. Schreck, der vermutlich eher von der Beschädigung wertvoller Polizeikapazitäten als von den Verletzungen herrührte, stand in Inspektor Suttens Gesicht.

»Hallo?«, sprach Lampe die Laus an.

»Sie ... hust ... sind sehr ... husthust ... schön«, antwortete sie matt. Ihre Stimme war kaum noch zu verstehen.

»Rufen Sie Dannados an, Inspektor. Er soll sofort herkommen. Schnell! Vielleicht kann er noch etwas für die Laus tun.« Lampe schüttelte leicht seine offene Hand, in der die Laus lag. Der Inspektor griff zum Telefon.

»Hören Sie«, sagte Lampe, »alles wird gut, aber Sie müssen uns jetzt sagen, was Sie gehört haben. Es ist sehr wichtig.«

Die Laus hustete wieder und holte dann schwer Luft.

»*Raaapport: Pers... Person 1: Wwir kommen hi... hier nie wieder ... hust ... raus.*

Per... hust ...son 2: Und schuuuuld ... i... ist nur ... der ... der ... Haaase.«

Ein Zittern lief durch die schwer verletzte Laus, und Lampe befürchtete schon, sie habe das Schlimmste hinter sich, als sie weitersprach.

»*Fortsetz... Rapport, Perso... 1: Du, du meinst ... Archi... bald?*

Perso... 2: Den aaauch, aber vor allem, vor allem ... den Detetetektiiiv.

Ich llliebe Sie, lieben Sie mich ... hust, hust ... auch? Iich will nich sterbn, ohne gelieb zu werdn.*«

Ihre Worte wurden immer abgehackter.

»Bleiben Sie bei uns, Hilfe ist unterwegs. Was haben Sie noch gehört?«

»*Fottsetze Rappo...*, *Pers... 1: Hab Vo-vorsoge getroff... wird mich nich kriegn.*

Pers... 2: He, was has du da auf de... Schul... hust ...ter? Das ist ... hust ... Liebeslau...«

Die Aufnahme endete mit einem hässlichen Knacken, vermutlich der Moment, in dem die Laus entdeckt und in ihren gegenwärtigen Zustand versetzt worden war.

»Verdammt«, fluchte Skarabäus Lampe. »Das hätte nicht passieren dürfen! Hallo? Bleiben Sie bei uns! Reden Sie weiter!«

Die Laus atmete nur noch flach. »Lieben Sie mich?«

»Ja! Ja, verdammt, ich liebe Sie!«

Dann sackte die Laus zusammen. Behutsam legte der Detektiv sie zurück in die Schachtel, er wusste nicht, ob sie noch lebte. Schweiß stand ihm auf der Stirn, als er sich wieder aufrichtete, und er wischte sich eine Haarsträhne aus dem Gesicht. Teddy und Inspektor Sutten sahen ihn verstört an, dann gluckste der kleine Kater in seine Hand.

»Was ist, was guckt ihr denn so?!«

»Haben Sie gerade einer Laus gesagt, dass Sie sie lieben?«, fragte Sutten geziert.

Skarabäus Lampe streckte sich und straffte seinen Mantel.

»Ja, na und? Sie hat ihr Leben für uns riskiert!« Dann zündete er sich eine Zigarette an. »Kommt der Geier? Vielleicht gibt es noch Hoffnung.«

Teddy erinnerte sich an seine ursprüngliche Mission und verließ das Büro wieder. Er ging zu Ephigynie Mahlzeit – nicht unauffällig, sondern schnurstracks. Als Teil von Skarabäus Lampes Familie konnte er sich ihr völlig unverdächtig nähern. Sie beugte sich zu ihm herab, legte ihm fürsorglich einen Arm um die Schulter und fragte ihn, was er mache.

»Och, ich guck bloß so rum«, sagte er, während seine Hand in ihrem schwarzen Kaftan verschwand und ein Puderdöschen hervorzog. Er machte sich nicht die Mühe, es unauffällig zurückzustecken, sondern drückte es der verdutzten Direktorin in die Hand.

»Hier, haben Sie verloren.«

Verflixt, dachte er und stromerte weiter. Das hier war wie eine Lotterie und er zog immer nur Nieten. Er musste überlegter vorgehen.

Skarabäus Lampe hatte bis jetzt Lichtenstein, den Schuhschnabel, Graf von Lugosch und Monda Swanovski verhört, also hatte er diese Personen im Verdacht. Teddy hatte mitbekommen, dass der Detektiv bei dieser Gelegenheit auch deren Taschen durchsucht, aber das Gift offensichtlich nicht gefunden hatte. Es hatte demnach nicht viel Sinn, wenn Teddy nun dieselben Taschen noch einmal durchsuchte. Aber was war mit den Jacken und Mänteln an der Garderobe, die die Kellner den Gästen bei ihrer Ankunft abgenommen hatten?

Er schlich zu dem kleinen vom restlichen Foyer durch Paravents abgetrennten Bereich rechts neben dem Empfangstresen, in dem mehrere Kleiderständer aufgereiht standen. Hier konnte er vom Foyer aus nicht gesehen werden, und er entspannte sich etwas.

Da er nun nicht mehr unmittelbar in Gefahr schwebte, einen plötzlichen Wutausbruch ausbaden zu müssen, wühlte er als Erstes in dem Mantel des Kunsthändlers herum. Teddy ekelte sich ein bisschen vor dem Kragen aus echter Lammwolle. Die Verarbeitung von Wirbeltierhaaren war zwar nicht verboten, aber verpönt. Außerdem wurden die Auflagen, dass das Tier durch die Schur keinen Schaden nehmen durfte und seine Wolle freiwillig gespendet haben musste, kaum überprüft. In den Straßen Überstadts sah man immer wieder geschorene Schafe, die der nackte Überlebenskampf dazu gebracht hatte, ihre Wolle zu verkaufen. Alle Welt wusste vom Elend in der Wollgewinnung, aber das hielt die Superreichen nicht davon ab, sich trotzdem damit zu schmücken.

Bemüht, die Wolle nicht zu berühren, öffnete Teddy den Mantel mit spitzen Fingern und durchsuchte alle Taschen. Wie vermutet, fand er darin einige Münzen sowie ein kleines schwarzes Beutelchen mit Diamanten. Ohne zu zögern, ließ er den Beutel in seine eigene Tasche gleiten.

Neben dem grässlichen Mantel hing das dünne weiße Cape, das Monda Swanovski über ihrem noch dünneren Chiffongewand getragen hatte.

Noch bevor Teddy den Gegenstand, den seine Hand in der zweiten Tasche ertastete, herauszog, wusste er, dass er das Gift gefunden hatte, und jubelte innerlich. Dann zog er die Hand zurück und besah sich seinen Fund. Es war ein kleines Fläschchen aus braunem Glas, er musste es gegen das Licht halten, um die bröckelige Paste am Boden zu erkennen. Am Flaschenhals klebte eine zerdrückte Motte, und Teddy erkannte sofort, dass sie zur gleichen Art gehörte wie die in dem Lepidoptarium. Triumphierend schloss er die Hand und lief zurück zum Büro.

Während sich viele der im Museum Eingeschlossenen nichts mehr wünschten, als endlich in ihr Bett kriechen zu können, begann für das restliche Überstadt ein neuer Tag.

Das Schwarz der Nacht war dem Blau der Dämmerung gewichen, und auch wenn es noch nicht ganz hell war, versprach der wolkenlose Himmel Sonnenschein.

Die Reihen der Demonstranten vor dem Museum füllten sich jetzt wieder. Schon bald erhoben sich die bekannten Sprechchöre, die seit nunmehr bald vier Wochen zum normalen Straßenlärm der Stadt gehörten.

Lampe stand wieder an seinem gewohnten Rauchplatz hinter der Säule des Eingangsportals und dachte nach. Nein, der Ausfall der Liebeslaus hätte nicht passieren dürfen. Er wusste, wer die beiden Archäologen getötet hatte, aber ihm fehlten Beweise. Der Rapport der Laus hätte die Schuldfrage eindeutig bewiesen. Doktor Dannados hatte zwar festgestellt, dass die Laus noch lebte, aber viel Hoffnung hatte er dem Detektiv nicht gemacht. Ihre Verletzungen waren sehr schwer. Die dritte Laus, die er an Frau Mahlzeit angebracht hatte, hatte unglücklicherweise nur ihr Gespräch mit Inspektor Sutten aufgezeichnet, als sie beide in der Substanzbibliothek im Keller des Museums waren.

Nun stand er also ohne Beweis da. Es gab Indizien, haufenweise sogar, aber es waren eben nur Indizien.

Vor dem überstädtischen Justizsystem musste auch ein Meisterdetektiv die formalen Anforderungen für eine Verurteilung erfüllen. Vielleicht reichten den Geschworenen die Indizien, vielleicht aber auch nicht, und der Gedanke, dass der Mord an seinem Vater ungesühnt bleiben könnte, lag ihm schwer im Magen.

Mit etwas Glück würde der Fall mit einem Geständnis vor Zeugen enden, das würde andere Beweise überflüssig machen. Aber verlassen konnte er sich nicht darauf. Dennoch musste er das hier jetzt zu Ende bringen.

Er schaute auf die Uhr. Acht Uhr vierzehn. Die Trauergäste waren seit fast achtzehn Stunden hier, die Museumsangestellten sogar noch länger; dazu hatten sie kaum Schlaf und nur unzureichende Verpflegung bekommen. Würde er sie noch länger hier festhalten, um handfeste Beweise zu finden, dann würden zu den allgemeinen sozialen Unruhen in Überstadt auch noch Proteste der Bürgerrechtsvereinigung FFF (Freiheit für Freie) e.V. kommen. Und Lampe war nur allzu klar, dass in diesem Fall ein Inferno über die Stadt hereinbrechen würde, gegen das sich der dreitägige Gewaltausbruch vor zwei Wochen harmlos ausnehmen würde.

Seufzend drehte er sich um, um wieder hineinzugehen.

Beinahe hätte er sich den Kopf an der Tür angeschlagen, die plötzlich aufflog, weil Teddy herausstürmte.

»Ich hab das Gift«, sagte er atemlos und hielt Lampe das Fläschchen hin. »Es war in Frau Swanovskis Umhang.«

Vorsichtig nahm der Detektiv es in die Hand und entfernte die tote Motte vom Glas. Das Fläschchen schien sehr alt zu sein; der Korken war brüchig, das Etikett vergilbt und die Schrift ausgeblichen. Es war tatsächlich die Ursubstanz aus dem Keller.

»Bei Monda, sagst du? Hast du sonst noch etwas gefunden?«

»Nein, nichts, Frau Mahlzeit hatte nur Schminke bei sich, Moto Ausgrabungswerkzeug und jede Menge Sand und Lichtenstein ...«, der Kater unterbrach sich.

»Ja?«

»Äh, nichts, nur einige Münzen.« Skarabäus Lampe musste nicht wissen, dass er Harpo Lichtenstein um die Diamanten erleichtert hatte.

»Na schön. Das war sehr gute Arbeit.«

Als Lampe genauer hinsah, bemerkte er, dass zwischen Korken und Flaschenhals einige Krümel sowie eine lange Faser eingeklemmt worden waren. Langsam breitete sich ein Lächeln auf seinem Gesicht aus. Er hatte seinen Beweis.

»Komm, Partner«, sagte er, »ich habe einen Monolog zu halten.«

AUSGLEICHENDE GERECHTIGKEIT

Lampe beendete jeden Fall mit einem langen Monolog, Teddy nannte ihn Lampes Marotte, in dem er den Mörder – oder die Mörderin – überführte. Das setzte nicht nur ein wundervoll dramatisches Finale unter seine Fälle, sondern half ihm auch, die letzten noch umherfliegenden Mosaikteile an ihren Platz zu geleiten. Da Lampe niemanden in seine Überlegungen einzuweihen pflegte, war der Monolog die erste Gelegenheit, sie laut auszusprechen.

Alle Augen waren auf den Detektiv gerichtet, der vor den Riesenturmalinen von Musansk neben dem Rednerpult stand. Ephigynie Mahlzeit hatte ihm angeboten, einen Scheinwerfer auf ihn richten zu lassen, doch nach kurzem Zögern erschien ihm das doch etwas zu theatralisch.

Inspektor Sutten und die beiden Zitrusfrüchte lehnten in einiger Entfernung an der großen Säule am Durchgang zu den Schauräumen. Im Fall des ermordeten Zirkusdirektors war es während der Überführung zu einer Geiselnahme gekommen, und Lampe war erleichtert, dass Sutten seine Waffe dabeihatte, er selbst hatte seinen Revolver zu Hause gelassen, nachdem Helene ihm gesagt hatte, sie würde kündigen, wenn er ihn auf die Trauerfeier seines eigenen Vaters mitnehme, aber es sei natürlich seine Entscheidung.

Innerlich lachte er bitter. Wie wenig er gestern Morgen gewusst hatte. Über seinen Vater, den Wissenschaftsbetrieb und die Beschaffenheit der Welt im Allgemeinen.

Er räusperte sich und blickte den Anwesenden in die rotgeäderten, übermüdeten Augen. Ein Kellner brachte mehrere Kannen Kaffee und füllte Tassen.

»Meine Damen und Herren, wir sind heut…, ich meine gestern hier zusammengekommen, um Archibald Lampe, meinem Vater, einen würdevollen Abschied zu bereiten. Doch stattdessen mussten wir den plötzlichen Tod des Vorsitzenden der Archäologischen Gesellschaft, Professor Barnabas Nkolo, mitansehen. Dieser Todesfall stellte sich als kaltblütiger, heimtückischer Mord heraus, weshalb ich das Museum abriegeln ließ. Für die Unannehmlichkeiten, die dadurch entstanden sind, entschuldige ich mich, aber der Schritt war unerlässlich.«

Sowohl Cüglü bin Schleich als auch Harpo Lichtenstein, die von Anfang an lautstark gegen ihre Festsetzung protestiert hatten, hoben an, um ihren Standpunkt ein weiteres Mal zu verdeutlichen. Doch Lampe schnitt ihnen mit erhobener Hand die Worte und im Fall des Scheichs auch die Tränen ab.

»Nur wenige Untersuchungen waren danach nötig, um festzustellen, dass auch der Tod von Archibald Lampe ein Mord war. Jemand hatte innerhalb von drei Wochen die Doppelspitze der internationalen Archäologie ausgelöscht und dieser Jemand war hier mit uns eingesperrt.«

Obwohl Frau Mahlzeit nicht erst jetzt von den Morden erfuhr, wurde sie bei der Verdeutlichung des Szenarios wieder bleich, und Helene, die neben ihr saß, reichte ihr ein Glas Wasser.

»Ich darf Ihnen versichern, dass dieser Tag auch für mich nicht eben angenehm war. Ich musste erfahren, dass es außer dem Vater, den ich kannte, einen anderen Archibald Lampe gab«, er zögerte kurz, sprach dann aber weiter. »Und dass dieser Archibald Lampe einigen von Ihnen das Leben schwer gemacht hat. Der Mann, der zuvor von ihm gefundene Artefakte wieder einbuddelte, damit sein kleiner Sohn – ich – sie noch einmal finden konnte, war als Forscher anders. Ehrgeizig bis zur Skrupellosigkeit, nicht bereit, seinen Ruhm – oder seine Forschungsgelder – mit anderen zu teilen, respektlos vor den Kulturen, die er erforschte.« Lampe warf dem subischen Premierminister einen Seitenblick zu. »Ich hatte nicht das zweifelhafte Vergnügen, Professor Nkolo näher zu kennen, aber ich vermute, er hätte es nicht an die Spitze der Archäologischen Gesellschaft geschafft, wenn er nicht ganz ähnliche Charaktereigenschaften aufgewiesen hätte. Diese Härte führte dazu, dass mehr als eine Person hier Grund hatte, die beiden zu hassen.«

Die Trauergäste waren jetzt hochkonzentriert. Fast alle hatten sich mithilfe des starken Kaffees zurück ins Leben gebracht, um die Auflösung nicht zu verpassen. Lediglich Helene sank der Kopf immer wieder auf die fedrige Brust.

»Die Gutachten, die die beiden immer wieder über die Verkäuflichkeit von archäologischen Funden erstellten, erschwerten die Arbeit von Kunsthändlern wie Herrn Lichtenstein hier.«

Alle sahen jetzt den Gürtelbären an, der den Detektiv misstrauisch taxierte. »Er war darauf angewiesen, dass bestimmte Stücke für den Handel freigegeben werden, aber Nkolo und mein Vater waren sehr streng, wie mir Frau Mahlzeit berichtete. Das brachte Herrn Lichtenstein vor allem dann in Schwierigkeiten, wenn er Kaufinteressierten bereits verbindliche Zusagen gemacht und seine Provision ausgegeben hatte. Großzügigere Gutachter und solche, die sich ihr Gutachten für ein paar zusätzliche Gimmling noch einmal durch den Kopf gehen lassen, werden sein Leben sicher leichter machen. Ich überlasse es dem Inspektor, ob er Ermittlungen bezüglich der veruntreuten Kundengelder einleiten will.«

Er schaute kurz zu dem Inspektor und wandte sich dann direkt dem Gürtelbären zu. »Doch Sie sind nicht der Mörder von Barnabas Nkolo und Archibald Lampe. Es fehlt Ihnen an Raffinesse, Morde so – das heißt vor aller Augen und mithilfe eines uralten Giftes – zu begehen. So etwas verlangt nach Selbstbeherrschung, exakter Planung und Nerven aus Stahl. Dinge, die Sie nicht mitbringen, wie mir Ihre lautstarken Gefühlsausbrüche mehrfach bewiesen haben.«

Zufrieden über die Entlastung und wütend über die unterstellte Plumpheit zeigte der Kunsthändler eine unentschlossene Grimasse.

Skarabäus Lampe zündete sich eine Zigarette an, nahm einen tiefen Zug und blies Rauch in Richtung des riesigen Kronleuchters.

»Wir alle kennen und schätzen die Sammlung des Nationalmuseums. Doch im Grunde handelt es sich bei den meisten Stücken um Raubkunst. Ohne Einheimische in die Erforschung und Deutung der Stücke einzubeziehen, schleppen überstädtische Gelehrte seit Jahrzehnten historische Kulturgüter aus zumeist wenig erschlossenen Ländern heraus, als wären es Selbstbedienungsläden. Und auch wenn das im Dienste der Erkenntnis passierte, entriss diese Praxis den betroffenen Ländern ihre Vergangenheit, ihre

Kultur, ihre Seele. Unterbrechen Sie mich, wenn ich falsch liege, Scheich.«

Das Krokodil, dessen Unterlippe bereits gefährlich zitterte, sagte: »Ja, genau so ist es. Mein schönes Land wird geplündert.«

»Also verbot der subische Premierminister diese Selbstbedienung und legte der Archäologie, wenn Sie mir dieses Wortspiel erlauben wollen, weitere Steine in den Weg. Mein Vater begann mit dem Segen der Archäologischen Gesellschaft, Funde zu schmuggeln.«

Frau Mahlzeit stieß bei diesen Worten einen Laut zwischen Entsetzen und Protest aus.

»Er ließ Funde umdeklarieren, sodass sie weder dem subischen noch dem überstädtischen Zoll auffielen. Diese fortgesetzte Respektlosigkeit reicht zweifellos für ein Motiv, doch sie reicht nicht für die Tat.«

Der Detektiv machte eine Pause, um an seiner Zigarette zu ziehen.

»Auch wenn Scheich bin Schleich in seiner Funktion als Staatsoberhaupt ohne Frage die Möglichkeit gehabt hätte, diese Plünderung durch Mord zu beenden, ohne selbst anwesend zu sein«, Skarabäus Lampe warf Miniko einen Seitenblick zu, »hatte er drängendere Sorgen. Er fürchtete – wohl auch wegen seiner *unkonventionellen* politischen Karriere – um sein eigenes Leben und hat zu diesem Zweck sogar eine persönliche Leibwache angestellt. Den Scheich trifft daher an den beiden Morden keine Schuld.«

Lampe drückte seine Zigarette in einem Kristallaschenbecher aus, ging langsam zwischen den Tischen hindurch und blieb schließlich neben Atlatus September stehen. Alle Augen folgten ihm.

»Der Tod eines Angehörigen schmerzt, erst recht, wenn der Verstorbene ein Zwillingsbruder ist. Und wenn man glaubt, der Tod sei vermeidbar gewesen, kann aus dem Schmerz ein Wunsch nach Genugtuung werden. Als Ihr Bruder bei Ausgrabungen unter der Leitung von Archibald starb, Herr September, fanden Sie Halt in der Überzeugung, mangelnde Sicherheitsbestimmungen seien der Grund für Ihren Verlust gewesen.« Skarabäus Lampe wandte sich dem Schuhschnabel zu, der wie versteinert dasaß. Die anwesenden Gäste sahen September neugierig an. Einige seufzten voller Mitgefühl.

»Ja, auch Wut kann einem Halt geben. Der Wunsch nach Bestrafung. Sie hielten sich an diesen Gedanken fest, weil Sie den tragischen Unfalltod Ihres Bruders nicht akzeptieren konnten. Rache ist fraglos ein starkes Motiv, aber Sie gingen einen anderen Weg. Sie klagten. Und als Sie vor Gericht verloren, klagten Sie wieder, über Jahre hinweg.« Der Detektiv machte erneut eine Pause. »Ihre Klagen waren vergebens, aber womöglich habe ich etwas, das Ihnen weiterhilft.«

Zum ersten Mal zeigte der graue Vogel eine Reaktion. Er wandte seinen Kopf und sah den Detektiv an. Ohne seinen Blick von September abzuwenden, streckte Lampe seine Hand nach hinten in Helenes Richtung. »Helene, das Buch bitte.«

Als nichts passierte, drehte er sich um. Helene war wieder eingeschlafen. Teddy hatte es auch gesehen, griff sich Archibalds Tagebuch und brachte es dem Detektiv. Der gab es an Atlatus September weiter.

»Das Tagebuch meines Vaters, in dem er beschreibt, wie Ihr Bruder zu Tode kam. Nehmen Sie es, Atlatus, vielleicht schaffen Sie es damit, endlich Ruhe zu finden.«

In der ihm eigenen Langsamkeit streckte der Schuh-schnabel die Hand aus und nahm das Buch entgegen. Es war unmöglich zu erraten, was in seinem Kopf vorging, sein Gesicht war so unbewegt wie eh und je.

»Nervenkitzel«, sagte Lampe und drehte sich wieder den restlichen Gästen zu. »Nervenkitzel war das, was dem Leben einer Millionenerbin einen Sinn gab.«

Alle Blicke waren jetzt auf den Schwan gerichtet, der publikumswirksam die Wimpern niederschlug.

»Frau Swanovski war so reich und so schön, dass nichts ihr etwas bedeutete. Und sie wünschte sich so sehr, für mehr als Schönheit und Reichtum geschätzt zu werden. Also rief sie das legendäre Ausgrabungswettrennen mit den beiden Stararchäologen ins Leben. Beim ersten Mal gewann sie – vermutlich war der Überraschungseffekt ihr bei dem Wett-kampf mit zwei allzu siegesgewissen Männern behilflich. Beim zweiten Mal verlor sie, zeigte aber so viel sportliche Charaktergröße, dass es ihr dennoch Achtung einbrachte.«

Der Schwan errötete leicht.

»Doch dann verlor sie wieder. Und wieder. Und wieder. Gegen die Ausbildung und Erfahrung der beiden Männer kam sie nicht an. Sie hat seit dem ersten Sieg nie wieder gewonnen und das, was sie eigentlich als Dienst an sich und der Wissenschaft ins Leben gerufen hatte, wurde zum Eigentor. Sie wurde verlacht, zum Inbegriff elitärer Selbst-überschätzung.«

Die Gäste schauten abwechselnd zwischen Lampe und dem Schwan hin und her.

»Der Tod der beiden unbesiegbaren Rivalen würde die Veranstaltung beenden, ohne dass Frau Swanovski das Ge-sicht verlor. Hätte sie den Wettkampf offiziell gestoppt, hätte man ihr vorgeworfen, klein beizugeben. Dass das Fläschchen mit dem Gift schließlich bei ihr gefunden wurde, schien ins Bild zu passen.«

Der Detektiv hielt das Fläschchen mit dem Gift hoch. Nicht nur Monda, sondern auch Inspektor Sutten, der einen Gutteil der Nacht mit der Suche nach dem Gift zugebracht hatte, riss die Augen auf.

»Gift, aber wieso?! Bei mir?« Echtes Entsetzen zeigte sich im Gesicht des schönen Schwans.

»Aha«, triumphierte Sutten, »ich wusste doch, dass dieser Dame nicht zu trauen ist! Gute Arbeit, Lampe, dann will ich sie mal verhaften.« Er zückte die Handschellen.

»Einen Moment, Inspektor«, sagte Lampe. »Sie war es nicht.«

Der Inspektor blieb verdutzt stehen. »Nicht?«

»Nein«, rief Monda Swanovski verzweifelt, »ich war es wirklich nicht!«

Wieder wanderte Skarabäus Lampe zwischen den Tischen umher. Sein Gehstock klickte leise auf dem Marmorboden im Takt seiner Schritte.

»Als ich Frau Swanovski verhörte, fand ich keinerlei Feindseligkeit gegen die beiden Männer, nur Sportsgeist. Sie trieb bei diesem Wettkampf nicht Siegeswille, sondern die Aufregung. Der Weg war das Ziel, wie es so schön heißt.« Skarabäus Lampe sah die Millionenerbin jetzt direkt an. »Nun, da die Konkurrenten und damit der Wettbewerb tot sind, muss sie sich eine neue Beschäftigung suchen, die ihrem Leben und der Gesellschaft etwas hinzufügt.«

Er lächelte. »Armes, reiches Mädchen«, sagte er sanft, und ihre Augen begannen, feucht zu schimmern.

In diesem Moment erhob sich Stadtrat Arson von seinem Stuhl. Er wedelte mit seiner Zigarettenspitze in Lampes Richtung.

»Wieso sollte es denn überhaupt jemand von uns gewesen sein? Hier haben sich ehrbare Leute eingefunden, Stützen der Gesellschaft, während da draußen der Pöbel tobt!« Er wies in Richtung der Fenster, hinter denen der Aufruhr wieder deutlich an Lautstärke gewonnen hatte. »Diese Leute hatten immerhin einen Attentäter hier eingeschleust und einen Anschlag auf mich geplant!«

Vereinzelt war zustimmendes Gemurmel zu hören.

Skarabäus Lampe lächelte spöttisch. »›Attentäter‹? ›Anschlag‹? Na, wir wollen doch die Angelegenheit in der richtigen Größe belassen, nicht wahr? Der ›Attentäter‹ war kaum mehr als ein Maulwurf, auch wenn es sich um einen Gecko handelte. Und der ›Anschlag‹ war erstens eher ein Pennälerstreich und zweitens wurde er noch nicht einmal durchgeführt. Sie hätten maximal einen Tag auf der Toilette verbracht, Stadtrat, und mehr als groben Unfug hätte man dem Gecko schwerlich vorwerfen können.«

Stadtrat Arson hob zu einem Proteststurm an, doch der Detektiv redete einfach weiter.

»Nein, die Menge da draußen will keine Gewalt, sie will Gerechtigkeit. Eine Gerechtigkeit, die Sie ihr mit Ihrer Fehlentscheidung zu Gunsten des Museums bewusst verwehrten. Obwohl die einfachen Leute allen Grund gehabt hätten, Sie um die Ecke zu bringen, haben sie jemanden mit R i z i n u s ö l hier reingeschickt.« Er spreizte das Wort »Rizinusöl« etwas, wodurch es besonders lächerlich klang.

»Doch nachdem Nkolo gestorben war und es plötzlich nicht nur draußen, sondern auch hier drinnen von Polizei wimmelte, verließ den Gecko der Mut. Er griff erst zu seiner

Waffe«, Lampe begleitete das Wort mit Anführungszeichen, die er in die Luft malte, »als er merkte, dass seine Tarnung aufgeflogen war. Nein, Stadtrat, es wird Ihnen nicht gelingen, sich hier als Opfer hinzustellen.«

Lampe zeigte Richtung Eingangsportal. »Das da draußen geht ganz allein auf Ihr Konto. Übernehmen Sie endlich die verdammte Verantwortung dafür.«

Wieder erhob sich zustimmendes Gemurmel, die Doppelmoral machte die Leute flexibel. Das Nilpferd sackte etwas in sich zusammen, wodurch sein Kopf auf dem hageren Körper noch größer wirkte.

»Aber«, fügte Lampe hinterlistig hinzu, »vielleicht wollen Sie Ihre Entscheidung ja noch einmal überdenken. So leidenschaftlich, wie Sie gegenüber dem subischen Premierminister die Vorzüge von Überstadts Gesellschaftsform verteidigt haben, scheint Ihnen ja das Elend der einfachen Arbeiter sehr nahezugehen.«

»Woher wissen Sie …?«

»Liebesläuse, Stadtrat Arson. Sie hatten Mithörer. Mithörer, die Ihr Gespräch mit dem Scheich nicht nur vor einem Gericht, sondern auch vor, sagen wir mal einem Reportermikrofon wiedergeben können.« An der Stelle zwinkerte Lampe Farolia Topps zu, die erst ungläubig, dann amüsiert schaute, als hätte der Detektiv soeben einen famosen Witz gemacht.

»Denken Sie einfach noch einmal nach, Ihnen wird schon das Richtige einfallen.«

Langsam drehte er sich um, und sein Gesicht wurde wieder ernst. Eine Weile sagte niemand etwas in dem großen Foyer. Als die Anwesenden begannen, unruhig zu werden, sprach Lampe weiter.

»Ich fand hier viele Motive. Mein Vater war keineswegs der liebenswerte Zausel, den alle mochten. Doch die Mordmethode war so speziell, dass der Kreis der Verdächtigen schnell kleiner wurde. Am Ende blieb eine Person übrig, die nicht nur bei beiden Morden anwesend war, sondern auch Zugang zu der tödlich wirkenden Substanz hatte, die die beiden Archäologen vom Leben zum Tod befördert hatte.«

Lampe machte eine dramatische Pause.

»Moto Hafusi.«

Frau Mahlzeit gab einen erschrockenen Laut von sich. Die anderen Gäste wirkten eher ungläubig. Sie sahen zwischen Skarabäus Lampe und dem zweiostländischen Riesensalamander hin und her. Moto Hafusi sprang empört auf.

»Ich?! Das ist ja absurd!«

»Moto Hafusi hat jahrelang versucht, an Archibald vorbeizuziehen, um sich selbst einen Namen in der Archäologieszene zu machen«, fuhr Lampe unbeeindruckt fort. »Doch mein Vater war nicht bereit, seinen Platz an der Spitze der wissenschaftlichen Gemeinschaft zu teilen. Nicht ein einziges Mal hat er darauf verzichtet, Ausgrabungen vor Ort zu koordinieren, damit Hafusi zeigen konnte, was in ihm steckte. Seine Habilitation geriet ins Stocken, er konnte keine eigenen Projekte vorweisen, und auf wissenschaftlichen Artikeln stand er immer nur an zweiter Stelle.«

Der Salamander blickte zu Boden, und seine Kiefer arbeiteten.

»Mein Vater saß auf seiner Professur wie ein Korken in einer Flasche. Selbst als er älter wurde und die körperlichen Strapazen der Ausgrabungsexpeditionen nicht mehr so einfach wegsteckte, weigerte er sich, Platz zu machen für die nachfolgende Wissenschaftsgeneration.«

Alle im Raum hatten Archibald gekannt und wussten, dass der Detektiv Recht hatte. Damit erschien auch seine Erzählung plausibel und das skeptische Gemurmel wurde leiser.

»Irgendwann wurde Hafusi klar, dass nur Archibalds Tod seine Regentschaft beenden würde. Als Assistent meines Vaters wusste er genau, wann Archibald wo sein würde, was er aß, wann er schlief, kurz: Er kannte seine täglichen Gewohnheiten wie seine eigenen. Mit diesem Wissen war es ein Leichtes, ihm das Gift zu verabreichen.«

»Moment mal«, rief Frau Mahlzeit, »aber Moto kannte sich doch gar nicht mit Giften aus und selbst wenn: Zugang zur Substanzbibliothek bekam er nur mit Archibalds Unterschrift, das wäre doch aufgefallen!«

Skarabäus Lampe wandte sich erst Frau Mahlzeit zu, dann den anderen Gästen. Dann lächelte er hintergründig.

»Das ist richtig, Frau Mahlzeit. Allein hätte Hafusi diesen Plan nicht durchführen können. Es gab noch eine weitere beteiligte Person, und diese Person war das eigentliche kriminelle Superhirn hinter dem Plan. Professorin Ragnelda Pussala.« Er wies mit seinem Stock auf sie.

Nachdem der Detektiv die Anwesenden in Bezug auf Moto Hafusi schon beinahe überzeugt hatte, sahen sie ihn jetzt an, als wäre er ebenso verwirrt wie der Goldfisch. Farolia Topps, die während des ganzen Monologs eifrig mitgeschrieben hatte, hörte damit auf und zog eine Augenbraue hoch.

Die Professorin ließ sich nichts anmerken und schaute wie von einem sehr weit entfernten Ort in die Runde.

»Warum schauen mich denn alle an?«, fragte sie, aber Lampe ging nicht darauf ein.

»Ihre Spezialisierung erlaubte ihr, vor aller Augen ein Labor einzurichten, in dem sie die fragliche Substanz analysieren, produzieren und extrahieren konnte. Niemand fand etwas dabei. Sie war ja Fachfrau für alt-subische Begräbnisriten.«

Frau Mahlzeit sprach aus, was alle dachten.

»Aber Professorin Pussala weiß doch die meiste Zeit noch nicht einmal, wo sie sich befindet – nichts für ungut, werte Ragnelda.«

Skarabäus Lampe lächelte wieder.

»Ja, auch das ist wahr. Zumindest hat sie alle glauben lassen, dass es wahr ist. Sie hat alle davon überzeugt, dass sie die meiste Zeit im gelobten Land des Vergessens lebt. Wie alle Goldfische hat zwar auch Frau Pussala einen Hang zur Vergesslichkeit. Aber das Ausmaß an Gedächtnisschwund, das sie gestern hier und vermutlich auch schon in den letzten Wochen gezeigt hat, war Scharade. Das perfekte Alibi, denn niemand würde auf die Idee kommen, dass hinter einer so komplexen Tat ein seniler Goldfisch stecken könnte.«

»Und welchen Grund sollte sie gehabt haben?«, fragte die Museumsdirektorin immer noch skeptisch.

»Frau Pussala war Opfer eines Unrechts, das so alt und so weit verbreitet ist, dass sich heute kaum jemand daran stört, obwohl es in jeder Fabrik, jeder Familie, jeder Verwaltung passiert. Ein Unrecht, an dem jeder von uns teil hat, weil wir es gar nicht wahrnehmen. Sie hat es ihr Leben lang hingenommen, wie es die meisten Opfer hinnehmen, weil es so sehr der normale Lauf der Welt zu sein schien, eine unabänderliche Tatsache tierischen Zusammenlebens.«

Die Gäste warfen einander ratlose Blicke zu.

»Viele von Ihnen«, fuhr der Detektiv fort, »sind ebenfalls Opfer dieses Unrechts, ohne es zu merken.«

»Was für ein Unrecht sollte das sein?«, rief Stadtrat Arson, dem der Gedanke nicht gefiel, dass es in seiner Stadt noch mehr Anlass für Unruhe gab.

»Wollen Sie es ihm sagen?«, fragte Skarabäus Lampe Frau Pussala. »Oder Sie, Frau Topps? Helene, du vielleicht?« Er blickte nacheinander alle Frauen im Raum an, doch nur Frau Mahlzeit antwortete.

»Sie wurde benachteiligt«, sagte sie leise.

»Ganz genau, sie wurde benachteiligt. Weil sie eine Frau ist, meine Damen und Herren.«

Während ganz langsam Neugier in den Gesichtern der Frauen erwachte, zeigte sich trotzige Gegenwehr in denen der Männer. Lampe wanderte langsam zwischen den Tischen umher, als wäre das Foyer eine Theaterbühne, die er auszufüllen versuchte.

»Wir alle haben gelernt, Zuversicht in die Fähigkeiten von Männern zu haben und Misstrauen gegenüber denen der Frauen. Nicht nur selbsternannte *Frauenfreunde* wie Graf Kritor von Lugosch hier«, er wies auf den Wolf, der unbehaglich auf seinem Stuhl herumrutschte, »trauen der Leistung von Frauen nicht über den Weg, sondern jeder von uns, meine Herren. Ich kann noch nicht einmal sicher sagen, dass ich selbst nicht so bin.« Er machte eine kurze Pause. »Professorin Pussala hatte die gleiche Ausbildung wie mein Vater und Herr Nkolo, sie hatte die gleiche Arbeitserfahrung, die gleiche Anzahl an veröffentlichten Facharbeiten, was ihr gleich zweimal eine Nominierung für den renommierten Hobelpreis einbrachte. Doch immer wieder wurden die Männer bevorzugt. Sie bekam den Preis nicht, sondern mein Vater. Sie erhielt nicht die so dringend benötigten Fördergelder, sondern die beiden Männer.«

Seine Ausführungen über die ungleiche Behandlung von Männern und Frauen verdichteten sich im Schweigen der Anwesenden, Lampe spürte es genau.

»Nachdem sie jahrelang auf Gerechtigkeit gewartet hatte, wurde ihr klar: Archibald muss weg. Und weil Moto Hafusi aus anderen Gründen zu dem gleichen Schluss gekommen war, fand sie in ihm einen willigen Gehilfen. Anfangs versuchte sie, das antike Opferbrautgift selbst herzustellen, doch die modernen Zutaten reichten nur für ein starkes Beruhigungsmittel. Also nahm sie von der Ursubstanz, von der sie wusste, dass sie in kürzester Zeit tödlich wirkt. Gemeinsam war es den beiden ein Leichtes, meinem Vater die entsprechende Menge Gift zu verabreichen. Alles lief glatt, Archibalds Tod wurde als natürliches Herzversagen eingestuft, niemand schöpfte Verdacht.«

Entsetzt darüber, dass jemand die wertvolle Referenzsammlung entweiht hatte, um zu morden, schlug Ephigynie Mahlzeit sich die Hand vor den Schnabel.

»Während der Mord an meinem Vater schon lange beschlossene Sache war, war Nkolos Tod eher Sache des Zufalls. Weder Hafusi noch Professorin Pussala konnten zum Zeitpunkt von Archibalds Ermordung wissen, dass Nkolo bei der Trauerfeier hier sein würde. Sie wussten ja noch nicht einmal, ob es eine Trauerfeier geben würde. Doch als Frau Mahlzeit Hafusi die Liste mit den geladenen Gästen der Trauerfeier präsentierte, kam ihnen die Idee, sich auch Nkolos zu entledigen, der den Weg zu ihrer beider Karriere ebenso versperrte wie Archibald. Moto war eng in die Planung der Trauerfeier eingebunden. Er kannte nicht nur die

Gästeliste vor allen anderen, sondern auch den Ablauf des Abends, die gereichten Speisen und Getränke. Und damit war auch Nkolos Schicksal besiegelt.«

Der Detektiv blieb jetzt vor Frau Mahlzeit stehen, die bleich vor Schreck ins Nichts blickte.

»Da selbst ihre Geschlechtsgenossin Monda Swanovski Frau Pussala in der Vergangenheit die Solidarität verwehrt hatte, weil auch sie Geschlechtervorurteile in sich trägt, beschloss die Professorin, ihr die Morde anzuhängen. An der Stelle hatte der sorgsam ausgeheckte Plan eine große Lücke. Ob sie durch Pussalas natürliche Vergesslichkeit entstand oder weil die beiden leichtsinnig wurden, weiß ich nicht. Nicht nur, weil Frau Swanovski kein ausreichendes Motiv hatte, war schnell klar, dass sie nicht die Mörderin gewesen sein konnte.«

Lampe sprach jetzt direkt zu Pussala und Hafusi.

»Sie beide machten mir beinahe einen Strich durch die Rechnung, als Sie die Liebeslaus, die ich an Frau Pussala anbringen ließ, entdeckten und ausschalteten. Doch die Flasche, die sie Monda so hastig untergeschoben hatten, wird ihnen nun zum Verhängnis. Ich fand daran eine Faser von einem Nordlandpullover, wie ihn hier nur Frau Pussala trägt, die gebürtige Nordländerin ist. Und Sand. Die genaue Untersuchung steht natürlich noch aus, aber ich verwette meinen Ruf als Detektiv darauf, dass er in seiner Zusammensetzung exakt dem entspricht, den Moto Hafusi in seinen Hosentaschen hat.«

Der Salamander griff überrascht an seine Hosen, ließ die Hände dann aber langsam sinken.

»Ha, ich wusste, dass das Giftfläschchen wichtig ist!«, rief Inspektor Sutten.

»Beten Sie, Hafusi«, sagte Lampe grimmig, »dass die Laus überlebt, sonst kommt noch eine dritte Leiche auf Ihr Konto – diesmal sogar ein Staatsbeamter.«

Eine Pause entstand. Alle Augen ruhten jetzt auf der norsischen Wissenschaftlerin. Die hielt ihren weltentrückten Blick noch einen Moment aufrecht, dann wurden ihre Augen klar und kalt.

»Zwanzig Jahre«, sagte sie und ihre Stimme hatte etwas Drohendes, »zwanzig Jahre Ausbildung, Arbeit, Erfahrung. Und immer wieder bekamen Männer, was ich verdient hätte. Einen Lehrstuhl gab man mir, mehr nicht. Archibalds Name wird in die Geschichtsbücher eingehen, genauso wie Nkolos. Man wird sich über ihren Tod hinaus an sie erinnern – für ihren *Dienst an der Wissenschaft*. Wenn ich hingegen sterbe, wird meine Geschichte auserzählt sein. Genau wie die Geschichte aller Frauen hier – außer vielleicht Monda, die wegen ihres Reichtums und ihrer Schönheit in den Köpfen weiterleben wird.«

Der Goldfisch machte eine Pause, um den Frauen Zeit zu geben, das Gesagte zu überprüfen. Als ihnen klar wurde, dass die Professorin Recht hatte, zeigte sich Bestürzung auf ihren Gesichtern.

»Die großen Gelegenheiten bekommen immer Männer. Weil die Gelegenheiten von Männern geschaffen werden. Sie sitzen in Komitees für Preisvergaben, sie entscheiden über Geldmittel. Ein Mann aber wird einem anderen Mann immer eher vertrauen als einer Frau.«

Jetzt zeigte sich das unangenehme Wiederkennen auch in den Gesichtern der anwesenden Männer.

»Sie alle«, Pussala richtete sich an die Männer, »die Sie an Geldquellen und auf Machtpositionen sitzen, tragen mit

Ihren einseitigen Entscheidungen dazu bei, dass Frauen namenlos in der Gesellschaft untergehen. Niemand wird Straßen oder Plätze nach uns benennen, Statuen für uns errichten oder Gedenkplaketten an unsere Geburtshäuser nageln. Ja, meine Damen. Sie und ich sind nicht einmal Fußnoten der Geschichte. Nach Frau Mahlzeit kommt eben der nächste Direktor. Nach Frau Topps ein anderer Schreiberling. Und nach Frau Pick wird …«

Skarabäus Lampe fiel ihr ins Wort. »Das reicht jetzt, Frau Pussala!« Ihm gefiel der Gedanke an Helenes Tod nicht, aber noch weniger das Wissen, dass Frau Pussala Recht hatte. Auch wenn er und Teddy sich immer an Helene erinnern würden, würde es ihr zu Ehren keine Trauerfeier geben. Außerdem hatte der Goldfisch seinen Monolog, seinen schönen Monolog, den er so gern zu einem kinematografiereifen Abschluss geführt hätte, unterbrochen.

Missmutig wandte er sich Inspektor Sutten zu, um Moto Hafusi und Ragnelda Pussala abführen zu lassen, da sprach der Goldfisch weiter.

»Da es nun aber für die Geschichtsbücher keinen Unterschied macht, ob ich lebe oder tot bin, macht es für mich auch keinen Unterschied.«

Einen Moment schauten alle die Professorin fragend an, dann schaltete Skarabäus Lampe. Er ließ seinen Gehstock fallen und stürzte zu ihr hin.

»Nein, tun Sie das nicht!«, schrie er.

Die norsische Wissenschaftlerin hatte ihren Flachmann aus der Tasche gezogen, ihn an die Lippen gesetzt und einen Schluck genommen, noch bevor Lampe bei ihr war. Er schlug ihr den Flachmann aus der Hand, der durch die Luft flog, dabei einen Schwall Flüssigkeit wie eine Fahne hinter sich herzog und schließlich vor dem Inspektor zu Boden fiel. Die weiter auslaufende Flüssigkeit verströmte einen intensiven Geruch nach Zuckerwatte und Schnittblumen.

Lampe kniete sich neben die Professorin, die zusammengebrochen war. Es war zu spät. Sie lebte noch, aber ihr Atem ging schwer, und der entrückte Ausdruck in ihren Augen war diesmal nicht gespielt.

»Schnell, einen Arzt!«, rief der Detektiv Inspektor Sutten zu, dann drehte er alle Ventile an Pussalas Briser auf, damit sie mehr Sauerstoff bekam.

»Sehen Sie?«, flüsterte die Professorin und lächelte schwach, »Sie rufen auch nach einem Arzt, nicht nach einer Ärztin.«

Lampe sah sie mit einem Ausdruck hilfloser Schuldigkeit an.

»Es tut mir leid. Sie haben Recht.«

Ein Husten schüttelte ihren Körper. »Nicht … Ihre Schuld. Es ist …«, Lampe rückte mit seinem Ohr näher, um ihre sterbende Stimme zu verstehen, »… es ist das … Systeeee…«

Ihr Kopf kippte zur Seite und Lampe fühlte ihren Puls. Dann blickte er zu Inspektor Sutten und Frau Mahlzeit. »Professorin Pussala ist tot.«

Für die Museumsdirektorin, die seit Nkolos Tod ein wahres Sperrfeuer an erschütternden Nachrichten über das Museum und seine Angestellten, Freunde und Förderer hatte aushalten müssen, war das zu viel. Mit einem Seufzen sank sie ohnmächtig zu Boden.

Schweigend schauten alle zu, wie der Detektiv eine Tischdecke über der Toten ausbreitete. Danach ließ er sich einfach auf einen der Stühle fallen und zündete sich eine Spezialzigarette an.

Eigentlich hätte er Genugtuung empfinden sollen, eine gewisse Zufriedenheit darüber, dass er den Doppelmord aufgeklärt hatte. Doch nicht nur die Worte der Professorin über die Ungerechtigkeit der Welt flogen ihm wie Irrlichter durch den Kopf, sondern auch alles, was er in den letzten vierundzwanzig Stunden über seinen Vater erfahren hatte.

Er fühlte sich plötzlich sehr müde.

»Führen Sie Hafusi ab, Inspektor. Und dann lassen Sie uns sehen, dass wir alle nach Hause kommen.«

EIN NEUER TAG, EINE NEUE ZEIT

Nach der langen Nacht im gedämpften Licht des Foyers schlossen alle entsetzt die Augen, als Lampe die beiden Flügeltüren des Museums öffnete und sich gleißendes Sonnenlicht in die Eingangshalle ergoss. Langsam, als könnten sie nicht recht glauben, endlich wieder frei zu sein, setzten sich die Gäste in Bewegung und traten nach draußen.

Einen Moment blieb die ganze Gruppe auf der Treppe vor dem Portal stehen: Skarabäus Lampe mit Helene und Teddy, flankiert von Inspektor Sutten, der den wütenden Moto Hafusi abführte, und Doktor Dannados, der die Schachtel mit der schwerverletzten Liebeslaus trug. Daneben Frau Mahlzeit und Stadtrat Arson, im Hintergrund eine Korona aus den festlich gekleideten, aber mittlerweile etwas derangiert aussehenden Gästen. Die Aufstellung sah aus, als würden sie alle für ein Gruppenfoto posieren. Nur die beiden Zitrusfrüchte, die die Leiche von Professorin Ragnelda Pussala trugen, hielten sich rücksichtsvoll im Hintergrund.

Der Lärm der protestierenden Menge vor dem Museum erreichte jetzt, da sie sich der versammelten Oberschicht gegenübersah, eine ohrenbetäubende Lautstärke. Schon flogen die ersten Lebensmittel, und die ersten Polizisten zogen ihre Bananen, da kam dem Detektiv eine Idee. Er zwinkerte erst dem Inspektor und dann Farolia Topps zu. Die schaltete sofort in Bereitschaftsdienst und zückte Notizblock und Kamera. Als Lampe die Arme hob und sich den Aufständischen hinter dem Absperrgitter zuwandte, dämmerte ihr, was er vorhatte, und sie richtete die Kamera auf die Demonstranten.

»Ihr Leute«, rief Lampe, »hört mir zu! Bitte, seid doch leise!«

Es dauerte einen Moment, bis die Menge sich etwas beruhigte. Doch Lampe kam zunächst nicht dazu, weiterzusprechen.

»Wo sind meine Diamanten? Ich bin bestohlen worden!«

Der Kunsthändler Harpo Lichtenstein drängelte sich nach vorne zu Skarabäus Lampe, um seiner Empörung angemessen Raum geben zu können. Sein Gesicht zeigte das gleiche Rot wie sein Anzug.

»Wir müssen zurück ins Museum, Detektiv, jemand hat meine Diamanten gestohlen!«

Lampe warf Teddy einen unauffälligen Seitenblick zu und rollte mit den Augen. Zu dem Gürtelbären gewandt sagte er: »Es tut mir leid, Herr Lichtenstein, aber Diamantenraub rechtfertigt kaum eine weitere Nacht im Museum. Außerdem fällt er nicht in meine Zuständigkeit. Wenden Sie sich bitte an den Inspektor.«

»Aber …«

»Kann ich jetzt weitermachen? Herzlichen Dank.« Er richtete sich wieder an die Menge, die dem kurzen Wortwechsel irritiert gefolgt war.

»Ihr Leute! Der Stadtrat Arson möchte Euch etwas sagen!« Er wandte sich dem Stadtrat zu und fragte mit zuckersüßer Stimme: »Ist doch so, Herr Stadtrat, nicht wahr?«

Die Überraschung im Gesicht des Stadtrats wich ganz und gar untechnokratischer Wut, als er merkte, was Lampe vorhatte. Seine Augen flackerten hektisch auf der Suche nach einem Ausweg. Erwartungsvolle Stille lag jetzt über dem Museumsvorplatz.

Lampe grinste Arson an und formulierte stumm das Wort »Liebeslaus« mit den Lippen. Der Stadtrat erkannte, dass der Detektiv ihn gründlich ausmanövriert hatte.

»Schön, Lampe, Sie haben gewonnen, ich werde die Sanierung des Arbeiterviertels veranlassen«, sagte er zu ihm.

Skarabäus Lampe stellte ein Ohr auf. »Was? Was haben Sie gesagt, Herr Stadtrat? Ich habe es nicht richtig verstanden. Sie müssen etwas lauter sprechen.«

Farolia Topps kicherte in sich hinein. Dieser Lampe war wirklich ein ausgebuffter Hase.

»Das Arbeiterviertel wird saniert.«

»Wie bitte? Ich kann Sie immer noch nicht verstehen.«

Jetzt platzte dem Stadtrat der Kragen und er brüllte los. »Sie gehen mir auf die Nerven, Mann, das Arbeiterviertel wird sanie…«

Der Rest ging im frenetischen Jubel der protestierenden Arbeiter unter. Hüte flogen in den blauen Himmel, Fackeln wurden gelöscht, Demonstranten fielen sich in die Arme, und einige schüttelten sich sogar über die Absperrung hinweg mit den Polizisten die Hände. Auch Ephigynie Mahlzeit, die als Museumsdirektorin unfreiwillig in die unglückliche Position zwischen Staat und Gerechtigkeit geraten war, jubelte. Farolia Topps kam mit ihrer Kamera kaum hinterher, den geschichtsträchtigen Moment angemessen einzufangen.

Zum ersten Mal, seit Skarabäus Lampe vom Tod seines

Vaters erfahren hatte, fühlte er sich wieder über das Chaos erhaben. Nicht nur in dem Puzzle in seinem Kopf lagen alle Teile nach der Aufklärung der Morde da, wo sie hingehörten, sondern auch in Überstadt. Zufrieden sah er zu, wie Inspektor Sutten, Doktor Dannados und die Zitrusfrüchte mit ihrer jeweiligen Fracht in einen Mannschaftswagen stiegen, der sie zum Polizeipräsidium bringen würde.

Die Gästetraube hinter ihm löste sich jetzt langsam auf, und nach Unmengen von Händedrücken in wechselnden Konstellationen leerte sich der Platz vor dem Museum langsam. Auch er wollte mit Helene und Teddy nach Hause fahren und rief ein Motortaxi. Während das Huhn und der Kater einstiegen, spürte er plötzlich eine Hand auf seiner Schulter. Noch bevor er sich umdrehte, verriet ihm der nachtblaue Duft mit den dunkelroten und jadegrünen Schlieren, wer es war.

»Glückwunsch, Detektiv«, sagte Miniko, »Sie haben nicht nur die Mörder überführt, sondern nebenbei auch noch für Weltfrieden gesorgt.«

Im Sonnenlicht war die Eidechse noch schöner. Ihre hellgrünen Augen wirkten beinahe golden. Eingedenk ihrer letzten Unterhaltung musste Lampe alle Konzentration aufbringen, damit sein Blick nicht wieder glasig wurde.

»Nur keinen Spott, Miniko. Kümmern Sie sich um Ihre Angelegenheiten, ich kümmere mich um meine.«

Sie ließ wieder dieses verfluchte helle Lachen hören, das Lampe an Glas denken ließ.

»Spott?«, fragte sie mit großen Augen. »Sie werden es wohl nie begreifen, Detektiv.«

»Was soll ich begreifen?«

»Wer Feind ist«, sie lächelte, »und wer Freund.«

Und bevor der Detektiv reagieren konnte, hauchte sie ihm einen Kuss auf die Wange und verschwand dann im Gefolge des subischen Premierministers in Richtung eines großen schwarzen Wagens.

Skarabäus Lampe sah ihr nach. Er wusste nicht, ob er mit seinem gesunden Fuß aufstampfen oder die Hand an die Stelle legen sollte, wo ihn ihre Lippen berührt hatten. Diese Frau machte ihn wahnsinnig!

»Und? Geht es noch?« Doktor Dannados kontrollierte den Arm des Detektivs.

»Aber ja, kein Problem.«

Nach dem Abschluss des Falls hatte Inspektor Sutten Lampe einen Tag zum Ausschlafen gegeben und dann die vereinbarte Bezahlung der Liebesläuse eingefordert. Hämisch lächelnd lehnte er nun im Türrahmen von Dannados' Labor und beobachtete, wie der Geier die Bezahlung überwachte.

Auf Lampes Arm saßen zwei der drei eingesetzten Läuse und sogen gierig sein Blut. Zusätzlich zapfte Dannados ihm mit einer Kanüle weiteres Blut ab.

»Und? Was macht unser Patient?«, fragte Resfaldo Sutten.

»So weit keine Probleme. Lampe steckt es gut weg.«

»Ich meine doch nicht Lampe, der kriegt gerade, was er verdient hat. Ich meine die Laus!«

»Ach, Randolph.« Der Geier schaute zu seinem Schreibtisch und Sutten trat interessiert näher. »Er ist noch sehr schwach, deshalb muss ich ihn händisch bezahlen. Ich bin auch nicht sicher, ob er je wieder arbeiten kann, aber ich denke, er wird durchkommen.«

Um ihr jeden Transportstress zu ersparen, hatte der Doktor die Laus in ihrer Schachtel belassen, die allerdings jetzt mit weichem Baumwollstoff ausgelegt war. Die Laus lag unter einem weiteren Tuch und schlief offenbar. Ihre Verletzungen waren nicht zu sehen, und Sutten war ganz dankbar dafür.

»Randolph? Haben Sie ihn so getauft?«, fragte er.

»Natürlich nicht. Die Läuse haben alle Namen, wussten Sie das nicht? Die beiden da drüben sind Margarete und Thor. Es macht sich eben kaum jemand die Mühe, sie danach zu fragen.«

Sutten rollte mit den Augen. Noch eine ungerechte Rücksichtslosigkeit gegen noch eine missachtete Minderheit, hörte das denn nie auf?

»So, fertig«, sagte Dannados, zog die Kanüle aus Lampes Arm und verstaute die satten Läuse in einer weiteren Schachtel. »Jetzt müssen Sie nur noch zweimal herkommen, dann sind Ihre Schulden abbezahlt.«

Lampe schmunzelte über die Formulierung und rollte seinen Hemdsärmel wieder herunter. Dann nahm er seinen Gehstock und stand auf.

»Wie wär's, Inspektor? Steht Ihnen der Sinn nach einem Sandwich und einem Kräuterlikör?«

Überrascht hob Sutten die Augenbrauen, weil er Friedensangebote von Skarabäus Lampe nicht gewohnt war. Aber er wollte kein Spielverderber sein und so nickte er.

Als die beiden das Labor verließen, sagte Doktor Dannados gerade: »Oh, Randolph, du bist aufgewacht, wie schön. Schau, ich habe deine Bezahlung, ganz frisch gezapft.«

Eine winzig kleine Stimme sagte: »Danke. Ich hab dich sehr lieb, Hedwig.«

»Ich habe dich auch lieb, Randolph.«

Lampe und Sutten blieben wie festgefroren stehen. Sie starrten einander an und dann zurück ins Labor.

»Hedwig???«, fragte Lampe mit drei Fragezeichen. »Sie sind eine Frau?«

Doktor Dannados drehte sich um. »Natürlich. Sie wären überrascht, wenn Sie wüssten, was man als Frau tun muss, um in einer Männerwelt respektiert zu werden.«

Die beiden Männer waren sprachlos.

»Sie wären weiter überrascht, wenn Sie wüssten, wie viele offizielle Stellen von getarnten Frauen besetzt sind.« Nach einer Pause fügte der Pathologe, der eine Pathologin war, hinzu: »Ist Ihnen nie aufgefallen, dass Stadtrat Trieson sich, obwohl er kurze Haare hat, manchmal eine imaginäre Haarsträhne hinter das Ohr streichen will?«

Das Lächeln auf Doktorin Dannados Gesicht war schwer zu deuten. War es Triumph, weil die Tarnung so gut funktioniert hatte, dass sie selbst ihre engsten Mitarbeiter jahrelang getäuscht hatte? War es Bitterkeit, weil die Welt so beschaffen war, dass diese Tarnung für Frauen überhaupt notwendig war? War es eine über allem stehende Gleichgültigkeit?

Ratlos brachen die beiden Männer auf.

Als sie später in einem Bistro saßen und auf ihr Sandwich Meinherr warteten, erhob Skarabäus Lampe sein fingerhutgroßes Glas Kräuterlikör.

»Auf die Frauen, Inspektor. Die sind uns einfach haushoch überlegen.«

Sutten, der eigentlich seine ganz eigene Meinung zu Frauen hatte, aber Lampes Feststellung im Moment beim besten Willen nichts entgegenzusetzen hatte, nahm seinen Schnaff und kippte ihn mit einem Schluck herunter.

Eine Woche war vergangen seit der ereignisreichen Nacht im Museum.

Die Magistratur hatte ihre Verhandlungen über die Situation in den Arbeitervierteln wieder aufgenommen. Stadtrat Arson war immer noch wütend über die Art, wie Skarabäus Lampe ihm die Sanierungsankündigung abgepresst hatte, und versuchte zunächst, sie rückgängig zu machen. Doch zum einen stellte Stadträtin Trieson (Gesundheit und Familie), die öffentlich immer noch als Mann auftrat, sich quer. Und zum anderen fürchtete Arson die Macht der Presse.

Farolia Topps hatte einen gefeierten Leitartikel über die Ereignisse im Museum und ihre Bedeutung für die Anliegen der Arbeiter geschrieben, für den sie zur Chefredakteurin befördert worden war. In dem Artikel hatte sie Arsons Gespräch mit Scheich Cüglü bin Schleich zwar nicht erwähnt, aber Arson fürchtete, dass Lampe ihr eine Abschrift des Liebeslausberichts ausgehändigt hatte. Und eine Chefredakteurin hatte mehr Einflussmöglichkeiten als eine einfache Reporterin.

Also gab Arson schließlich klein bei, und die Stadträte einigten sich darauf, zunächst die offene Kloake im Elendsviertel zu beseitigen und die ersten zwanzig Gebäude sanieren zu lassen, die man nach dem Losverfahren auswählen würde.

In der Zeitung war außerdem zu lesen, dass der subische Premierminister nach seiner Rückkehr in sein Heimatland eine Lockerung des Ausfuhrverbotes für altertümliche Gegenstände angekündigt habe, um den grassierenden Schmuggel einzudämmen. Stattdessen wolle er die einheimische Wissenschaft fördern und für die nötige Infrastruktur sorgen, damit die Stücke vor Ort untersucht werden könnten. Hierzu habe er für die Universitätsgebäude als Erstes dreißig Deckenventilatoren bestellen lassen, wurde der Premierminister zitiert.

Des Weiteren hatte Monda Swanovski eine Stiftung zur Förderung von Frauen ins Leben gerufen. Ziel der Stiftung sei es, weibliche Leistungen in den Bereichen Politik, Wissenschaft, Medizin und Kultur sichtbarer zu machen. Stadtrat Trieson würde die Schirmherrschaft für die Stiftung übernehmen. »Es wird Zeit, dass Frauen gesehen und gehört werden«, sagte er. Auf dem abgedruckten Foto, das ihn neben der Millionenerbin zeigte, schien der Stadtrat sich eine unsichtbare Haarsträhne hinter das Ohr zu streichen.

Auf den Straßen von Überstadt war nach Wochen der Verwüstung wieder Ruhe eingekehrt. Die Aufräumarbeiten nach den Ausschreitungen waren in vollem Gange: Fassaden wurden gereinigt, Dreischnecks instand gesetzt, Barrikaden weggeräumt. Das Wetter schien beim Neuanfang der Stadt helfen zu wollen, denn es war ungewöhnlich mild und sonnig.

Teddy, Helene und Skarabäus Lampe saßen in der Stube vor dem Kamin. Draußen dämmerte es, und das Feuer warf lebendige Schatten auf die Wände. Skarabäus Lampe nahm einen Schluck von seinem Kräuterlikör und schloss entspannt die Augen, während Helene ihm die neuesten Nachrichten vorlas. Einen Moment herrschte Stille, dann setzte sich der kleine Kater, der auf der Armlehne von Skarabäus‹ Sessel gelegen hatte, auf.

»Du, Skarabäus? Ich … ich hab da ein Problem.«

»Was denn, Partner?«

»Jetzt mal angenommen, nur angenommen, jemand hätte in dem Museum etwas gefunden, etwas Wertvolles …«

Der Detektiv lächelte und schloss die Augen wieder. Er hatte sich schon gefragt, wann Teddy das Thema zur Sprache bringen würde.

»Ja?«

»Und es stellt sich dann raus, dass das Wertvolle jemandem gehört ...«

»Ja?«

»Muss man dem das dann zurückgeben?«

Lampe sah den kleinen Kater an und schmunzelte. Bevor er antworten konnte, schaltete sich Helene entrüstet ein.

»Aber natürlich, alles andere wäre ja gemeiner Diebstahl.«

»Ja, ja, schon klar, aber was, wenn die Person, der das Wertvolle gehört, ein Grobian ist und sowieso schon ganz viel Wertvolles hat? Dann auch?«

Wie immer, wenn Teddy moralische Fragen wälzte, empfand der Detektiv auch jetzt Stolz und Liebe. Er hob die Hand, um den Kater zu streicheln, aber der zog unwirsch den Kopf zurück.

»Jetzt sag doch mal! Muss man?«

Lampe nahm noch einen Schluck von seinem Likör und tat so, als müsste er nachdenken.

»Na ja, du könntest dieses Wertvolle natürlich auch jemandem geben, der es dringender braucht. Du hast ja mitbekommen, was in den Elendsvierteln los war. Ich könnte mir vorstellen, dass das Wertvolle dort viel Gutes bewirken kann.«

»Hm«, machte Teddy, und man konnte förmlich sehen, wie es hinter seiner Stirn arbeitete. Skarabäus Lampe warf Helene einen Blick zu, der ihr sagte, dass die Entscheidung des kleinen Katers in jedem Fall die richtige sein würde.

Teddy ließ sich wieder auf die Armlehne nieder und als

Lampe ihm jetzt über den Kopf streichelte, ließ er es nicht nur geschehen, sondern begann zu schnurren.

Das weiße Huhn war froh, dass Skarabäus wieder normal war. Die seltsame Versteinerung, in der er sich nach der Todesnachricht befunden hatte, war ihr unheimlich gewesen. In gewisser Weise hatte ihn die Nacht im Museum geheilt.

»Wie fühlst du dich, Junge?«, fragte sie ihn.

Lampe dachte einen Moment nach.

»Weißt du, ich habe so viele Erinnerungen an die Abenteuer, die ich mit Archibald erlebt habe. Die Geräusche der Wüste, die Gerüche der Taiga, der dicke Dodo, der ständig hinter mir herrannte, um mir etwas über Geschichte beizubringen. Dabei lag die Geschichte direkt vor unseren Füßen.«

Gedankenverloren lächelte er das Feuer an. Vor dem Fenster senkte sich der Abend über die Stadt.

»Habe ich ihm je gesagt, wie dankbar ich für diese Kindheit bin, Mamsy? Ich glaube nicht.«

»Ich bin sicher, das hat er gewusst, Junge. Er hat ja gemerkt, wie neugierig du bist, wie hell im Kopf, und vielleicht hat er dir die einzige Kindheit gegeben, von der er wusste, dass sie dir guttut.«

Lampe sah sie an. »Meinst du?«

Sie nickte.

»Ich …«, begann Skarabäus Lampe zögerlich, »… ich glaube, ich bin traurig, dass es den Mann aus meiner Kindheit nicht mehr gibt.«

Wie der Meisterdetektiv Skarabäus Lampe so dasaß und endlich Worte für seinen Verlust fand, wirkte er so verletzlich, dass Helene ein Stechen in ihrem Herzen spürte. Sie hätte ihn gerne umarmt, doch sie wusste, dass es nur eine

Sache gab, die ihn noch mehr verstört hätte als der Tod seines Vaters: Wenn sie plötzlich mit Zärtlichkeiten anfing.

Statt ihn zu umarmen, hob sie nur ihr Glas.

»Auf deinen Vater, Junge.«

»Ja. Auf meinen Vater.«

Sein ehemaliges Kindermädchen war nicht ganz sicher, aber für einen Moment sah es so aus, als glänzten seine Augen feucht. Aber sie konnte sich auch getäuscht haben.

ENDE

EPILOG

DIAMANTENFUND VOR MAGISTRATURPALAST

Der Magistrat staunte gestern Morgen nicht schlecht, als auf den Stufen des Palastes ein Päckchen gefunden wurde, das einen Beutel mit Rohdiamanten enthielt. Laut Zeugen befand sich auch eine Karte dabei, die die Diamanten als Spende für die Sanierung der Arbeiterquartiere auswies. »Es ist ein erfreuliches Geschenk, das zeigt, dass die Armen der Stadt nicht nur meine Sympathien haben«, kommentierte Stadtrat Gilbert Arson (Kultur und Finanzen).

Zu Menge und Wert der Diamanten machte die Magistratur keine Angaben. Auch der Spender sei unbekannt, da er offenbar anonym zu bleiben wünsche. »Die Karte liest sich wie von einem Kind geschrieben«, teilte Arson mit, »aber das kann ja nicht sein, denn in dem Fall dürften wir die Spende nicht annehmen, haha.« Die Magistratur hat dieser Zeitung die Karte zur Verfügung gestellt, von der wir exklusiv für unsere Lesenden hier ein Faksimile abdrucken.

Hir, ein Geschenk. Für die Fabeserung der Eländsfirtel, damit di armen Läute nich mehr krank werdn.

Ein Vreund